海外法学译丛

独角兽
法学精品

失义的刑法

LAW WITHOUT JUSTICE

Why Criminal Law Doesn't Give People What They Deserve

[美] 保罗·罗宾逊 (Paul H. Robinson)
迈克·卡希尔 (Michael T. Cahill) ◎ 著
谢杰 等 ◎ 译

上海人民出版社

目 录

导论 / 1

第一章 实现正义与偏离正义 / 9

第一节 正义的界定 / 9

第二节 聚焦于正义的缘由 / 11

第三节 追求与实现正义 / 13

第四节 偏离正义的实际代价 / 14

第一部分 在纷繁复杂的世界中弘扬正义

第二章 对操纵和滥用的担忧 / 19

第一节 联邦狱警是“治安官”吗? / 20

第二节 不采纳被告对法律产生合理误解的抗辩(以及紧急避险和未成年抗辩) / 22

第三节 “嗖的一声,就推了下去” / 26

第四节 不当限制或否认合法的免责理由 / 32

第五节 被羞辱,崩溃了、爆发了 / 36

第六节 遵循纯粹的客观标准 / 38

第七节 防止客观标准过度吸收个人特征 / 40

第三章 增强可信度 / 43

第一节 缺席的正义 / 43

第二节 追诉时效 / 47

第三节 霍华德的结局 / 52

第四节 年轻人的过错 / 52
第五节 严格责任 / 53
第六节 排除强迫供述和没有律师在场的辨认 / 58

第四章 有限资源的物尽其用 / 61
第一节 串谋杀人的辩诉交易 / 63
第二节 辩诉交易和证人豁免 / 68
第三节 萨米的结局 / 76

第二部分 牺牲正义以促进其他目标

第五章 罪刑法定 / 81
第一节 后院的三百具尸体 / 82
第二节 罪刑法定原则 / 86
第三节 马什案结果 / 89
第四节 海难食人案 / 91
第五节 否定正当理由(为了法律明确性) / 97
第六节 达德利案结果 / 98
第七节 设置界限:罪刑法定原则和改变准则 / 99

第六章 犯罪与犯罪人的控制 / 102
第一节 逃逸被视为谋杀 / 104
第二节 威慑机制 / 109
第三节 改造机制 / 115
第四节 电视暴力 / 117
第五节 权利剥夺机制 / 119

第七章 控制警察权和检察权 / 125
第一节 纵虎归山 / 127
第二节 非法证据排除规则 / 133
第三节 及时裁判规则 / 141

第四节　艾勒案余波 / 143
第五节　加热导管中的照片 / 145
第六节　双重危险 / 151
第七节　伊格内托案后续 / 155
第八节　无行为能力 / 156
第九节　可卡因案 / 158
第十节　诱捕 / 164
第十一节　道德信誉与合法性:权衡评估 / 169

第八章 刑法之外的社会利益 / 172
第一节　“罪恶”的野营 / 172
第二节　违规行为的刑事定罪 / 174
第三节　林赛案后续 / 176
第四节　公司犯罪 / 176
第五节　外交人员强奸案 / 180
第六节　外交与公务豁免 / 182

第三部分　恢复道德信赖

第九章 刑事司法改革 / 189
第一节　举证责任转换 / 189
第二节　改进裁决体系 / 194
第三节　应用替代惩罚的方法 / 196

第十章 重构民刑关系 / 203
第一节　以行政责任代替违反行政法规的刑事责任 / 203
第二节　在保证罪责刑一致的前提下减少警察及检察官的不法行为 / 207
第三节　廓清危险性与可责性的界限 / 210

结论　在纷繁复杂的社会生活中实现公平正义 / 215
后记 / 218

导 论

一、问题意识

无论是在法律实践中，还是在社会日常生活中，人们都渴望公平正义，即得到我们所应该得到的。无论是法律专业人士，还是普通社会公众，我们都渴望建构一个公平正义的法律体系。在正义的法律体系下，人们可以求得在社会日常生活中无法实现的公平正义。特定的行为人侵害了他人，那么法律就要求该行为人付出代价，承担相应的法律责任。相反，如果特定人没有实施罪错行为，那么我们期待法律不予介入，使其免受责任的追究。

公平正义理念之所以在刑法中显得尤为重要，是因为刑法体系中的成本、责任及代价是最高的。如果一个杀害他人的行为人没有被追究故意杀人罪的刑事责任，则会引发众怒，是因为这种不公正的案件处理结果会向潜在的犯罪人释放杀人无需畏惧的错误信号，但更大程度上是因为实施罪错行为的人没有得到应当的惩罚。相似地，如果无辜的人被追究刑事责任，人们会义愤填膺，其原因可能是这种非正义的案件处理结果呈现出刑事司法体系的腐败，很有可能在未来会殃及更多的普罗大众，但更大程度上是因为人们同情被错误定罪处罚的人，其受到了不应当承担的责任与处罚。刑法理应实现正义，而在上述两种情况下，正义都迷失在刑事司法实践之中，人们因此而感受到冒犯、不安与愤怒。

刑事司法实践中不乏刑法迷失正义的情形。以林德罗·安德瑞德案①(本书第六章将详细分析)为简要例证——安德瑞德在两家韩国商品超市(K-Mart)盗窃 9 张光碟，价值共计 154 美元。由于安德瑞德因入室盗窃、轻微盗窃、持有大麻等前科被多次判处轻微刑罚，加上本次两宗盗窃罪，根据加州的“三振出局”法 25 年以上监禁的法定刑，其面临 50 年以上监禁的刑罚风险。加州每年至少要为每一位安德瑞德这样的长期服刑的罪犯支付 26 000 美元的成本。②除此之

---

① See Lockyer v. Andrade, 538 U.S. 63(2003).

② See Justice Anthony M.Kennedy, Speech at the American Bar Association Annual Meeting, at 4 (Aug. 9, 2003), available at http://www.supremecourtus.gov/publicinfo/speeches/sp_08-09-03.html.

外，还要付出更为严峻的代价：对于轻微多次犯罪的行为人处以远重于单次严重暴力犯罪的刑罚。

实际上，“三振出局”法的支持者也不会认为这种刑事法律规则对特定犯罪行为施加了公正且应得的刑罚，其核心的支持理由主要还是依托于震慑效果，即“三振出局”能够有效地锁定“不良分子”并将其赶出社会日常生活，从而不对他人造成妨碍与困扰。社会公众中较为关注犯罪率与犯罪控制的观点往往会过度强调“三振出局”的有效性，①并选择支持类似的刑事法律规则。②但这里存在一种对刑法运作机制的误解。③现代刑法设计了诸多明显的“严打”犯罪规则，从而明显超越了对特定犯罪应当判处刑罚的比例性。这种对应得刑罚的偏离会导致刑事司法实践规律性地制造非正义案件。

应当看到，在现实的刑事司法系统中，总会出现一些不公平、不正义的结果。世界上也不存在一个完美的刑事司法体系，可以有效地惩治每一个违法犯罪者，对每一个特定犯罪行为都进行精确的量刑。媒体报道中不时会出现冤假错案或者放纵犯罪的情形。这些个案对于反映刑法实践中的不公平性确实具有一定的价值，但刑事司法体系本身的不完美性显然也不是新闻。刑事司法无法时刻实现完美正义的原因是显而易见的：调查犯罪与起诉犯罪人的司法资源存在有限性；刑事诉讼参与人知识与能力的有限性导致无法避免的差错总会客观存在；刑事司法体系的事实判断部分依赖于证人证言等主观性较强的证据；司法偏见与腐败的潜在影响，等等。因此，刑法在法律适用过程中出现失去正义的结果是偶尔却注定会发生的现象。

然而，刑事司法失灵的事件发生并被公众知悉后，人们不免会对这些冤假错案、过度严厉刑罚及不应当免责的犯罪人被免责等结果感到非常失望。④与

---

① See Deborah W.Denno, The Perils of Public Opinion, 28 Hofstra L. Rev.741, 54 (2000); cf. Julian V. Roberts, Public Opinion and Youth Justice, 31 Crime & Just. 495, 499—500(2004). Julian V. Roberts & Loretta J. Stalans, Public Opinion, Crime, and Criminal Justice(Westview 1997). 2334.

② See Francis T.Cullen et al., 27 Crime & Just.1, 38(2000) and by The Wall Street Journal/NBC.

③ See Michael Vitiello, Reforming Three Strikes' Excesses, 82 Wash. U.L.Q.1, 24 n. 192(2004); see also Cullen et al., supra note 4, at 39.

④ 当代学者对于刑事司法体系未能主持正义的举动已经坦然接受，但大多普通民众尚未能如此。他们依然认为要根据行为人的道德应罚性来决定其刑事责任和应受处罚。See, e.g., John M.Darley et al., Incapacitation and Just Deserts as Motives for Punishment, 24 Law & Hum. Behav. 659(2000); Cass R.Sunstein et al., Do People Want Optimal Deterrence?, 29 J.Legal Stud. 237(2000); Kevin M.Carlsmith et al., Why Do We Punish? Deterrence and Just Deserts as Motives for Punishment, 83 J.Personality & Soc.Psych.284(2002).

此同时，参与刑事诉讼的专业人士也认为这些不正义亟须被遏制与避免。冤假错案会让人们非常困扰，尤其是那些被媒体披露的判处死刑而事后发现错误定罪的案件。大量没有被广泛披露但实际上影响范围更为普遍的问题，包括刑罚配置不公，即判处的刑罚明显偏离犯罪人应当承担的责任幅度。尽管目前还没有足够的资源或者利益团体驱动实质性地改变刑法不公的状态，但至少社会公众与刑事司法体系一致性地认为这是亟须反思与值得努力寻求改变的问题。

偏离正义的定罪量刑并非全都是无规律或者不可预测的，相关案件或者刑事司法实践体现出刑法选择偏离应得刑罚的尺度进行定罪量刑。刑法并非在制度失灵或者实践中滥用的情况下偏离公平性标准，而是基于制度安排与设计去选择按照偏离应得刑罚的方式予以运作。这意味着，在特定情形下，一个明显的杀人犯被认定为无罪，或者一个应当被认定为无罪或罪轻的人被判定为有罪或重罪，不是因为错案或者适用法律错误，而是刑法体系本身催生或者规定了这样的处理模式。刑法与正义之间形成了由法律本身所创制的鸿沟。这也是本书研究的失义刑法问题与传统错案、冤案所体现出的不公平及非正义问题之间的区别。

刑法理应实现正义而非反其道而行之，实践中偏离公平正义与应得刑罚的定罪量刑显得十分异常与令人担忧。刑法为何在实践应用中牺牲正义？为何要设计一些对犯罪人处以偏离其应得刑罚的刑事法律规则？

本书尝试回答上述问题。我们分析妨害而非推进正义实现的刑事法律规则，并通过真实的案例解构这些失义的刑法规范及其司法实践；解释为何刑法与正义之间会存在距离与偏差，以及这种偏离在何种情况下是可以接受的，甚至是有益的——尽管这看起来令人费解与惊讶；分析这些导致刑法与正义之间形成鸿沟的法律规则内在的原理、可能的正当性基础及实际效用；探索通过何种方式缩小或者消弭刑法与正义之间不为人们所接受的偏差。偏离应得刑罚的刑法规则本质上是对正义与其他实用性价值的权衡。本书的目标是反思刑法与正义之间的关系。刑法为了实现其他价值而设计的法律规则可能与正义价值构成冲突。刑法对特定犯罪行为予以认定、对犯罪人进行处罚，理应以正义为导向，罚当其罪、不多也不少，使犯罪人获得其应当得到的刑罚。因此，正义的目标价值是刑法的基准，其他价值偏离这种基准，显然有必要对这种偏离进行深度反思与解构。

一种潜在的疑问是，严肃地分析与评价偏离正义标准的刑法规则的正当性基础与实用效果，其本身似乎高估了牺牲正义价值的刑法规则。这些权衡正义与实用性追求的刑事法律通常是政治过程的产物，源于忽略、扭曲道德价值与牺牲正义的政策，其中不乏情绪化立法与在危机中采取的极端司法措施。有学者将其概括为"刑法的病态政治"，①我们也提出了类似的质疑。②民主政治过程会因为特定的利益群体驱动推进情绪化的立法，媒体舆论与民意呼声也会对司法过程产生难以预测的实质性影响。但这并不妨碍本书对偏离正义价值的刑事立法与司法以及支撑这种刑事法律现象的潜在逻辑进行理性分析。推出并适用违背应得刑罚的刑法规则，势必具有强大的理性论证、正当性基础与实用性考量，审查这些刑事法律的目标价值及其实现（或者无法实现）的实践机制，更有助于深入反思刑法与正义之间的应然关系，进而探索刑法改革的有益路径。

二、目标与结构

本书旨在实现以下理论与实践目标，其也引导了本书的结构：

1. 甄别刑法规则对正义价值的偏离

本书的首要任务是发现刑事立法与司法如何制度化地牺牲正义。第一章对刑法正义，即对犯罪人判处其应得的刑罚，进行了界定并分析了偏离正义的代价。第二章至第八章描绘与调查了各种导致偏离正义价值的具体刑法规则，我们称之为"偏离规则"。通过细致的案例分析可以展示出"偏离规则"的运作机制，以及由这些规则带来的刑法与正义之间的距离。刑法与正义的鸿沟会触碰到人们对正义的直觉判断，也会淋漓尽致地展现出制度如何在正义的直觉与特定目标的追求之间作出选择。

本书分析的偏离正义的案例可能存在一定的"极端性"，或者说至少是不常见的。使用极端的案例分析制度性的问题，似乎存在一定的疑问。然而，刑事立法与司法实践中偏离正义的现象，其概率究竟是多少，没有且客观上也无法通过实证的方式予以确认。偏离规则在实践中造成刑法偏离正义的频率、范围、程度和规模等均无法被估算。立法采纳之前、司法实际使用偏离规则之

① William J.Stuntz, The Pathological Politics of Criminal Law, 100 Mich. L. Rev.505 (2001).

② See Paul H.Robinson & Michael T.Cahill, The Accelerating Degradation of American Criminal Codes, 56 Hastings L.J.633(2005); Paul H.Robinson & Michael T.Cahill, Can a Model Penal Code Second Save the States from Themselves?, 1 Ohio St. J.Crim. L.169 (2003).

过程中,实际上也没有对此进行系统化的实证研究。偏离正义的刑法实践本身就很难被发现,所以,在常见与不常见本身存在明显不确定性的情况下,通过"极端"案例剖析问题并不是一种刻意的选择,而是必然的路径。

将偶发性的极端偏离正义与相对频繁的略微偏离正义进行比较是一种危险的做法。例如,一种刑法规则的适用,导致特定犯罪人被判处的刑罚超过其应得刑罚的10倍,但这在实践中发生的概率很低,或者说只有在极端情况下才会发生;另一种刑法规则的适用,导致特定犯罪人被判处的刑罚超过其应得刑罚的2倍,其在实践中发生概率可能相对更高。但我们不能对这两种偏离正义的现象作出孰轻孰重的对比,因为两者都是不可接受的。事实上,我们所探讨的每个案例都突出展现了一个既会演绎出极端后果,又经常产生更多正义结果的规则。

即使具有明显的非常态性,我们也绝对不应当忽视极端性案件中呈现出的不公正问题给整个刑法制度信誉、社会道德效应所带来的损害。刑事法律制度本应合理引导、影响人们的社会行为,但一个极端的不公正案例就有可能将长期积累的刑法信誉毁于一旦。本书第一章具体分析了刑法信誉的建构与损耗问题。需要强调的是,本书所研究的极端案件与所谓的刑法失义问题,不是传统的冤案与错案或者法律适用错误语境下的不公平与非正义,而是刑事法律制度安排下的偏离应得刑罚问题。只要这种制度安排客观存在,那么类似非正义的现象就会持续、非正义的案件就会被复制,而刑法信誉与权威也会逐渐在社会公众认知层面受到损害。我们寻求澄清这种刑法信誉受损的巨大代价,并探索扭转不良趋势的改革方向。

2. 偏离规则的类型化与批判性分析

不同偏离规则所内含的价值目标及其规范建构依据决定了其分类研究的基本框架。偏离规则的基础原理不仅是其建构与发展的原因,而且能够从更深层次的视角展现刑事司法系统中正义与其他目标价值之间的冲突与平衡。

本书第二章至第八章重点分析了七种偏离应得刑罚的刑法规范原理,它们都为特定或者一组刑法规则偏离应得刑罚提供了正当性基础,总体上均可类型化为实践限制与竞争利益两种模式。

实践限制覆盖了偏离抽象正义需求的刑法规则,这些规则之所以偏离正义是为了在最终意义上提高与推进正义利益。这些刑法规则在大部分案件中寻求制造公正的结果,尽管在有些案件中没有能够做到,甚至在为了执行现实中的刑事司法机制而妥协的案件中阻碍了正义的结果。虽然支持与反对这些刑法规则的意见都认可以应得刑罚为导向的刑法正义理念，但是基于实践限制双方对于如何实现正义仍存有分歧。本书第二章至第四章对此进行了分析。

竞争利益所覆盖的刑法规则同时偏离了正义的现实与应然。这些刑法规则制造了应得刑罚与刑事责任之间的差距。其不仅不能通过理念上实现正义而获取正当性，反而是有意识地或者默示地牺牲了正义而实现了其他价值或者利益。我们认为，这些价值目标可以通过其他不损害、不扭曲且不妨碍刑事司法实现正义的刑法机制而得以推进。本书第五章至第八章对此进行了分析。

本书通过经验与规范两个层面分析这些偏离正义的刑法规则是否具有合理性，并反思这些特殊的刑法制度安排与正义及其自身维护价值之间的关系。以重罪谋杀规则为例，该规则具有多种正当性基础，因而会出现在多个章节的分析中。我们发现，不以应得刑罚为导向的刑法规则往往会背弃其自身所依托的价值、利益或者正当性基础。一些既有的偏离正义标准的刑法规则不能够或者不再有助于推进其所预期的价值与利益；还有一些偏离正义的刑法规则可能有助于实现其预定的价值目标（也有可能无益，因为目前并没有完善的实证调查予以证明），但实际上也可以被那些基于应得刑罚而配置刑事责任的刑法规则所替代；确实存在一些偏离正义的刑法规则，其只能通过偏离应得刑罚的方式实现利益平衡，因而在某种程度上得以被容忍，但也应当探索偏离正义程度最小化的规则运作方式。

3. 改革的建议

本书第九章与第十章讨论如何消除或者减少既有刑事法律体系中偏离应得刑罚的现象。现有的部分偏离规则显然有利于推动一些重要的目标与价值的实现，但其能够且应当融入其他规则予以替代或者补充，从而实现正义价值与其他利益之间的优化平衡，甚至是在不损耗公平正义原则的情况下更为有效地推进特定的利益。本书主要提出了两大改革路径。

其一，刑事法律体系内部改革路径。由于担心法律认识错误、精神病辩护等正当化事由的辩护被滥用，刑法规则设计了非常严格的操作标准，从而导致很多不应当被判处严厉刑罚的行为人被予以定罪量刑。因此，有必要完善被告人在正当性抗辩事由方面的证明责任规则，从而控制正当性抗辩事由方面的偏离规则。同时，有必要通过更为科学的刑罚单元优化刑罚配置体系，并以替代监禁措施丰富刑罚种类，从而在不减损应得刑罚正义价值的基础上实现有针对性的犯罪控制实用目标。

其二，刑事法律体系外部改革路径。在特定情形下，相对于偏离正义标准的刑法制度安排，民事、行政等非刑事法律机制提供了一种实现多样化利益需求的替代性方案。例如，对于当前的轻微犯罪与公司犯罪进行非刑罚化处遇，适用民事制裁或者行政处罚；在后刑罚阶段通过民事预防风险性措施替代现有的以刑罚为手段的预防性羁押，从而使得预防性措施真正脱离刑罚的掩盖。

这些改革措施并非全新主张，但本书从强化应得刑罚的正义追求、辨识偏离正义的刑法规则、最大限度平衡正义价值与其他利益的角度，论述刑法改革对于实现正义的重要意义。

三、实践启示

当代刑法不断通过修正立法的方式实现正义价值与其他利益之间的平衡。本书深度评价这些制度性偏离正义的刑法规则，其所探讨的问题重大且契合当下现实。应当看到，尽管实用主义、法律经济学等不时冲击传统的刑法规则体系，但是，无论是刑法实务还是刑法的道德理性，都要求以应得刑罚为基准对犯罪人配置刑事责任。当代刑法不可避免地融入了正义之外的其他利益与价值，而这些价值往往会与正义形成冲突。例如，震慑作为一种刑法制度安排需要预设的利益需求，注重对潜在犯罪人的防控而非对既有案件中犯罪行为的应得刑罚的判定。既然多元化的价值目标势必会进入刑法改革领域，我们就有必要正视这些偏离正义的刑法规则为何创制、如何运作及怎样优化，从而在最低程度减损正义价值的基础上最大限度地实现利益均衡。

随着社会经济的不断发展，刑事法律制度及其变革的驱动元素与价值导向也处于相互竞争、动态变化的过程之中。在本书之前，并没有系统性的研究深度分析偏离正义的刑法规则。本书虽然以应得刑罚的正义观念为核心展开，但同样非常重视多元化的利益导向，并不完全、整体否定偏离正义刑法规则在其他价值层面的功能与效用。所以，犯罪与抗辩、客观行为规则与主观责任规则、定罪与量刑及实体与程序等诸多刑法规则，都会以整合性的分析方式被纳入多元化的价值与利益体系中进行权衡。

当代刑法呈现出两种截然不同、相互冲撞的发展趋势：其一，刑事法律制度安排持续地以牺牲应得刑罚为代价交换其他利益，典型表现为在刑罚的掩盖下实施预防性羁押措施，对经济违规、行政违法行为设置监管性犯罪等。实用主义的价值增量不断融入刑法制度之中。其二，刑法规范的社会影响功能在实践中开始被不断地强化,人们开始认识到强制性的刑罚震慑与制裁无法有效地塑造刑法规范的指引功能。因此,刑法制度一方面希望构建一个行为控制系统,通过刑罚震慑降低犯罪行为对社会造成的风险,另一方面又需要刑法通过正义的象征保持强有力的制度信誉,引导人们遵从刑法。本书尝试探索刑法制度如何在应得刑罚的正义标准下,融合甚至超越刑罚震慑的实用价值,最终实现人们对刑法规范的主动遵从。

第一章

实现正义与偏离正义

第一节　正义的界定

让我们来设想一下这样的情境：(1)一个杀人犯或者强奸犯没有被判处刑罚。其原因并非在于证据或者司法能力缺失，而是刑法及其具体的刑事司法规则规定，即使其实施了相关犯罪行为，刑法也应当不予处罚。(2)一个没有罪责的人被判处刑罚。同样地，其原因不是悲惨的适用法律错误或者事实判断的错误，而是刑法及其具体的刑事司法规则要求，即使行为人没有罪过，刑法也应当予以处罚。

上述两种情境在现实法律世界中是真实存在的，实际上其普遍程度超越我们的想象。这也构成了本书探讨的主题。法律制度作出这样的安排显然是存有疑问的，直觉告诉我们，这是一种错误的刑法规则，应当在实践中予以纠正。但需要反思以下问题：为什么这样的刑法制度安排会在实践中存在？为什么刑事法律规则与社会公众所理解的正义要求存在如此巨大的差距？

我们首先廓清本书所研究的正义的概念。我们认为，刑法制度所寻求的正义应当是罚当其罪，即使得每个行为人获得其应当被判处的刑罚，不多也不少。对此，绝大多数人都不会持有异议。本书详细分析了偏离正义理念的刑法规则。这些制度安排有意识、系统性地使得行为人获得的刑罚偏离其应得刑罚——畸重或者畸轻。

然而，需要设问的是，如何确认行为人的应得刑罚水平？特定的行为人所应当被判处的刑罚似乎是一个价值判断，人们或许对此存有较大的争议。如何确认我们所讨论的刑法规则违反的是正义标准，而不是人们主观上各自所臆断的正义感觉？合理的回应如下：

其一，尽管应得刑罚的主观态度确实反映了价值与判断的特征，但这种对于正义的直觉判断具有高度共享性。对于特定刑事案件中的定罪量刑问题，人们能够且通常持有共通的应得刑罚判断结论。这并非因为特定案件中的特定犯罪行为与特定的刑罚标准之间具有奇妙的必然联系，而是人们对于不同犯罪行为（犯罪人）的相关可责性具有特定的直觉正义判断。如果把不同危害程度的犯罪案件放在一个坐标轴上进行相对可谴责性的排序，人们往往能够形成危害性程度的共识判断。大量研究证明，人们对于应得刑罚的判断具有形成广泛与深度共识的能力。①实证调查也证实了这种社会公众共享的正义直觉。②

其二，既有刑法制度中的部分规则所赖以存在与发展的目标导向，明确与正义价值相抵触。虽然刑事法律制度在执行过程中都会被冠以"实现正义"、"让犯罪人受到应有的惩罚"等宣传口号，但不少刑法规则所推进的利益与价值并非正义或者应得刑罚，而是控制犯罪、震慑犯罪等可能与应得刑罚相抵触的其他实用性价值。③

刑法制度架构中显然还存在其他在人们看来有违正义标准的争议问题。例如，死刑制度的存废是一个长期存在、广泛争论的公平正义问题。但此类重要问题的争议并非本书探讨的领域。我们集中分析的偏离正义规则，限定为刑法制度安排过程中公开选择的违反人们共享的正义直觉的刑事法律规范设计。人们普遍认同正义标准，无论何时显然都将实现公平正义作为社会的目标追求。但奇怪的是，刑事法律体系在建构具体规则时往往会损害应得刑罚的实现。

刑法制度为何会选择偏离正义标准？是否应当取消或者限制这些刑法规则？偏离正义标准的规则是否具有正当性基础？是否应当优化这些规则？本

① 实际上，舆论在评估何者是正义所需时往往是不可靠的。我们在这里不是指媒体对司法的耸人听闻的指责，而是普通大众共有的情绪与意见。即使是罪犯也知道报复私刑和正义公刑之间的区别。媒体报道通常会省略、修饰或扭曲一些事实，但在冷静反思以及中立环境中产生的、为大众所共享的正义原则却是可以适用的。

② See Paul H.Robinson & John M.Darley, Justice, Liability, and Blame: Community Views and the Criminal Law(Westview 1995)(hereinafter Robinson & Darley, Justice, Liability, and Blame).

③ Paul H.Robinson & John M.Darley, The Role of Deterrence in the Formulation of Criminal Law Rules: At Its Worst When Doing Its Best, 91 Geo. L.J.949, 971—974(2003)(hereinafter Robinson & Darley, Role of Deterrence).

书尝试回答这些问题。

第二节　聚焦于正义的缘由

我们为何要如此关心刑法正义或者应得刑罚？正如前文所述，偏离正义标准的刑法规则意在实现其他价值或者利益，这些并非基于正义导向的价值目标意味着应得刑罚并非刑事法律体系所追求的唯一目标。因此，在确定了正义标准的内涵之后，进一步需要追问的是，相对于其他价值与利益而言，应得刑罚为何属于核心目标？

一、正义的中心性

应得刑罚应当构成刑法的核心目标与价值，其主要理由是：

第一，正义是建构刑事法律制度的基石。罪刑法定、无罪推定、一般预防、特殊预防等都是非常重要的刑事法律原则与功能，但其本质上均属于适用刑事法律制度所追求的价值或者利益，而非建构刑事法律制度的起点。社会制度中对于刑事法律制度安排的需求缘起于正义。因此，在刑事制度体系中为了追求其他价值而放弃正义标准显得本末倒置。

实用主义的犯罪控制目标是唯一有可能与应得刑罚竞争刑事法律制度基石地位的价值目标。应得刑罚原理是对过往行为是否以及如何承担应有的刑事责任的事后判断，而实用主义原理是对如何控制未然犯罪行为的事前评估。纯粹的实用主义会基于犯罪控制收益大于成本而选择处罚无责任的行为人，或者在没有犯罪控制效果的情况下使得具有罪责的行为人不受刑事处罚。但是，社会公众共享的正义直觉决定了应得刑罚优先于犯罪控制。人们选择将刑罚制度独立于侵权责任制度，其内涵的直觉认识是，侵权责任是为了弥补损失，而刑法并不是关于行为矫正的制度安排，其核心应当是惩罚罪错者，而且是对犯罪人施加其应当得到的刑罚。

第二，绝大部分刑法规则事实上都是以正义标准为导向的，这也完全符合社会公众共享的直觉。刑法的常态是如人们的常识判断那样去实现正义。刑法固然具有地方性知识的特点，但公平正义是跨文化的刑法价值。人们对于刑法的期待更多地表现为正义诉求而非犯罪控制。刑法偶尔的偏离正义都会引发人们的追问。更为重要的是，以应得刑罚为基础的刑事法律体系，相对于牺牲正义标准而追求其他价值的刑法制度而言，会因为获得社会公众认可与遵从而取得更好的犯罪控制效果。[①]因为只有一个公平正义的强制体系才能获取长久、深远与广泛的合法性认同。

第三，正义标准之外的其他价值诉求不足以支持其对应刑法规则的正当性基础。即使是竞争力最强的犯罪控制模式，其在实现实用主义目标过程中实际上也具有非常明显的瑕疵，并且需要依赖于应得刑罚来实现实用主义的犯罪控制目标。也就是说，实用主义犯罪控制原理其本身呈现出事与愿违的状态，刑法制度的行为矫正与社会安全推动功能同样需要仰仗应得刑罚予以实现。对实用主义犯罪控制最标准的批判来源于报应主义——对特定犯罪行为施加其应得的刑罚是一种道义义务，不需要考虑潜在的收益或者未然的效用。但我们对实用主义犯罪控制目标的批判并不本源性地依赖或者坚持报应主义，而是提出实用主义应得刑罚的原理，从犯罪控制价值实现的角度强化正义标准的意义。

二、正义的中立性

我们并不贬低实用主义犯罪控制的既有价值，也不会从正当性与重要性的角度，对与正义价值具有竞争性的刑法目标进行否定。相反，我们认为这些目标是非常重要的。例如，追求应得刑罚之所以重要的原因便在于我们相信此种行为有助于实现实用主义的目标——有效的犯罪控制。

应当肯定的是，刑法完全有理由去追逐正义之外的其他价值或者利益，多元化利益的客观存在及其实际内涵的正当性决定了我们没有必要继续沿着传统的分析框架对正义与其他价值孰优孰劣进行比较。但长期以来刑法理论与实践在分析问题时都倾向于论证一种特定利益的优先性，从而为牺牲其他利益提供合理性依据。本书摆脱这种既有的思维模式，抛开不同利益追求之间的实体争议。本书的反思是：是否存在一种区别于目前非此即彼型目标设定的替代性方案，其能够同时促进两种或者多种在当前看来是互为竞争的刑法利益诉求，而使得以牺牲一种利益为代价去提升另一种利益的无奈选择失去必要性？我们认为，在不偏离正义标准的情况下，完全有可能实现在当前看来

---

① See Paul H. Robinson & John M. Darley, Does Criminal Law Deter? A Social Science Investigation, 24 Oxford J. Legal Stud. 173(2004), appendix available at http://www.law.upenn.edu/fac/phrobins/OxfordDeterrenceAppendix.pdf; Robinson & Darley, Role of Deterrence, supra n.4; Paul H. Robinson, Punishing Dangerousness: Cloaking Preventive Detention as Criminal Justice, 114 Harv. L.Rev.1429(2001).

是竞争性利益之间的双赢或者多赢，所谓的利益权衡完全可以避免。

第三节　追求与实现正义

作为正义标准核心概念的应得刑罚实际上具有两个层次的内涵：

应得刑罚可以被视为基于社会公众所共享的正义理念对犯罪行为或者犯罪人作出定罪量刑的责任分配。在此种观点下，我们可以通过询问他人的所思所想来找出正义所需，然后据此执行。姑且让我们称这种依据人们的个人感觉所建立起的更为普遍的正义含义为“自下而上的应得刑罚”。有人认为，从功利主义的角度来看，这种应得刑罚理念是一个非常明智的分配原则，因为它构建起刑法在社会中的道德权威，具有极高的犯罪控制效力。[①]换句话说，遵循人们的直觉正义是十分不错的，因为它们可以促进人们对法律的遵守，从而获得一些实际的好处。让我们称这种自下而上的理论的支持者为应得刑罚实用主义者(或采取更具技术性的说法，应得刑罚功利主义者)。

又或者，应得刑罚可视为是由道德和善意的抽象原则决定的定罪量刑的分配原则——哲学家或法学学者可能以道义主义或报应主义来称呼它。这是自上而下的观点，即我们需要从一些基本的抽象道德原则出发，再进一步在个案中得出构成正义的更具体的规则。自上而下观点的拥趸者并没有引用任何实际性的利好来对此予以说明，只是认为在以道德原则所界定的应得刑罚的基础上定罪量刑不过是一件正确的事情(或者道德所要求)罢了。这些自上而下的理论的拥趸者可以被称为应得刑罚道义主义者(在此更具技术性的说法为报应主义者)。

两种应得刑罚概念之间的分歧对本书所探讨的主题起到了辅助作用。本书所关注的重点是这些正义观念与现行法律之间的鸿沟。我们在其他地方也探讨了两种应得刑罚概念之间的差异。[②]然而在很大程度上，我们着眼于二者之间的相似之处。显而易见，现行法律与此二者之间的鸿沟会招致异议，但这些差异又蔚为众多且难以弥合，因此在大多数情况下，它们使得道德主义与实用主义概念之间的差异也显得无关紧要。我们会讨论一两个违反了一种却没有违反另一种应得刑罚概念的例子，或者说相较某一概念，更严重地违反另一

① See generally Paul H.Robinson & John M.Darley, The Utility of Desert, 91 Nw.U.L.Rev.453(1997)(hereinafter Robinson & Darley, Utility of Desert).

② See Robinson & Darley, Justice, Liability, and Blame, supra n.3.

概念的例子。

有些传统的功利派学者认为，所谓的与应得刑罚相“偏离”的概念根本就是毫无意义的，因为“应得刑罚”本身只能大概设定出量刑的外限，并不要求确定具体的刑罚数额。[①]但是，报应派的支持者却并不认为应得刑罚是模糊不清的、可以随意变动的概念。比如，冯·赫希（Von Hirsch）便指出，应得刑罚实际上对案件进行了顺序排列：应罚性较低的罪犯所受的刑罚应当轻于应罚性较高的罪犯。[②]前文也曾提及，如果量刑数额在有限的范围内进行变动，那么大多数的量刑差异都是因应罚性程度的不同而区别开来的，[③]特定案件的应得刑罚会局限于一个非常狭小的范围。这一范围并不是通过特定应罚性程度与特定刑罚量之间的特殊对应关系而确定的，而是因区分每种情况与其他大量案件应罚性不同的需要而逐步设立起来的（注意，应得刑罚概念只可限制量刑数额，不适用于行刑方法）。[④]

第四节　偏离正义的实际代价

我们已经说过，大多数人都认为对于刑事法律体系而言，实现应得刑罚是一个十分不错的目标，且其亦具有如此这般的肯定理由：根据应得刑罚的需要来定罪量刑是公正、公平且道义的。此外，也有人出于民主的考量来支持应得刑罚的施行：如果大多数人都认为刑事司法系统应当努力实现应得刑罚，那么司法系统就应当依愿行事。就算支持者提出的理论和道义上的理由仍不足以支撑应得刑罚的适用，不依照应得刑罚来分配刑责所带来的严重且实际的现实代价，也会从反面来捍卫这一观点。

对报应主义者而言，偏离应得刑罚的代价是显而易见的：主持公正本身已经足够具有价值，任何与之相出入的行为都会损害其意义。上文中我们也曾

---

① See Norval Morris, The Future of Imprisonment 73—76(U.Chicago 1974); Norval Morris & Marc Miller, Predictions of Dangerousness, 6 Crime & Just.1, 35(1985).

② See Andrew von Hirsch, Past or Future Crimes: Deservedness and Dangerousness in the Sentencing of Criminals 40(Rutgers 1985).

③ 最近的实证研究表明，普通大众的正义直觉是非常精细复杂的，且似乎与应得刑罚的观点相一致。See, e.g., Robinson & Darley, Justice, Liability, and Blame, supra n.3.See Paul H.Robinson, Desert, Crime Control, Disparity, and Units of Punishment, in Penal Theory and Practice: Tradition and Innovation in Criminal Justice 93—107(Antony Duff et al., eds., 1994).

④ Janice Nadler, Flouting the Law, 83 Tex.L.Rev.1399(2005).

提及，与应得刑罚相偏离还会产生功利性的代价。近年来，实证研究工作的热点是复杂的社会因素对犯罪控制效力的影响。尽管早前的学者会忽视一般民众未经教育打磨的、无关紧要的直觉意识，但最近学界开始逐渐意识到，称职的功利主义者必须对这种直觉意识予以重视。因为相比刑法框架下官方刑罚的威慑，社会因素的影响可能具有更为强大的力量；然而，正是刑事司法系统通过主持正义所赢得的名声决定了其在塑造大众行为的过程中掌控社会力量的能力。因此一个纯粹的功利主义者在考虑所有可能影响犯罪控制效力的因素时，也会将偏离应得刑罚的代价纳入其中。

敦促人们遵守社会规则的能力并不是源于官方刑事惩处的威胁或存在，而是源于社会和个人道德控制交互力量的作用。法律并不是高高在上、与这些社会和个人力量无甚关联的，实际上，刑法在创造和维系社会共识的过程中发挥着核心作用，而社会共识对于道德规范的维护又是必需品。在如此复杂多样的社会中，刑法可能是唯一能够跨越文化、种族差别的社会层面的机制。因此，刑法在现实生活中最为重要的作用可能便在于构筑、塑造和维系社会规范和道德准则，并由此培育或掌控其在人际关系和个人道德中获得遵从的能力。

此外，如果社会大众经过深思熟虑后，认为刑法规制的对象的确是应受谴责的，刑事司法系统便赢得了值得信赖的名声，在某些行为的犯罪性模棱两可、恰当性捉摸不定的边缘性案件中，人们会更乐意将刑法作为道德权威去遵守并受其规制。刑法这一作用的重要性不应被低估：在我们这样纷繁复杂的社会中，一个看似没有伤害的行为也可能会引发灾难性的后果，如果司法系统将这样的行为纳入犯罪圈，决策者会希望民众纵使在无法立即直觉性地感知其被禁原因的情况下也能遵守这一法律。倘若民众相信法律准确指明了审慎思考和道德行为的方向，那么，民众的遵守程度便会进一步提升。

刑法的上述两项能力——(1)在何者是应受谴责的事项上辅助和融贯社会共识的形成；(2)在边缘性案件中因人们视其为道德权威来得到遵从——二者均极大地依赖于刑事司法体系在其规制的民众中所拥有的道德信赖程度。因此，刑事法律的道德信赖对于有效的犯罪控制可谓至关重要，且如果其定罪量刑的规则符合人们的正义观感，这一道德信赖又会得到提升，也就是说，刑法对于刑责的分配与大众依靠自我理解所认为的恰当的刑责分配相一致。反之，如果刑事司法系统的定罪量刑偏离了大众认知下的应得刑罚，其道德信赖以及由此而生的犯罪控制效力也会有所降低。

有人会反驳说，我们在本书中所讨论的此种与应得刑罚的偏离在实际生活中并不会经常发生，因此也不会对人们的遵从意愿产生严重的不利影响；更何况可能只有一小撮经常与刑法打交道的人才能感觉到某些规则与应得刑罚的出入。对此我们只能说，就算这些规则本身是不为大众所知的，各行各业的人们依然可以从直接参与诉讼或媒体宣传来知晓其施行的后果。如果某一偏离是刑事司法系统依规运转所产生的可预见的结果，人们可能会对容忍这些反复出现且可预见的偏差的法律系统丧失尊重。①如果造成偏离的原因是不明朗的，那么在没有具体法规可供声讨的情况下，民众可能会对整个刑事司法系统产生怀疑之感。②

当然，我们也并不能因为会产生与应得刑罚相偏离的代价而因噎废食，在其中作出权衡才是必要之举。我们正在尝试制定一些规则来规范这些权衡的行为。因为它们在现实世界中往往被忽略，所以认识到其存在是非常重要的。当应得刑罚的实施太过复杂难以推行时，一些看似有些许偏离的刑法规则反而可能是推进应得刑罚实现的实际方法，其也因此具有了正当性。正如我们在第二章至第四章所言，我们必须评估这些规则的实际基础，衡量因为其表观偏离而带来的任何潜在的“损害道德信用的代价”。在第五章至第八章，我们讨论了当应得刑罚与法律意欲达到的其他目标相冲突时，则必须权衡通过偏离应得刑罚的途径来实现该目标、通过其他方式来实现该目标或者牺牲该目标三者各自的成本和效益。

因此，但凡有人基于报应主义、功利主义，或仅仅是出于强烈的民主意识想让那种认为刑法正是且应是惩恶之法的广泛且深刻的通俗观念发声，本书的分析便有了用武之地。（我们笃信很少有读者会对应得刑罚漠不关心，且会在地位平等可相互替代、而其中之一者较之另一者能够更好地促进应得刑罚的实现的两种法律制度面前不显露出任何偏好。）我们的前提只在于说明，如果应得刑罚是重要的，在其会不可避免地受到制约的情况下，我们应当竭力创设出能够最大程度实现应得刑罚的法律规则。

---

① See Robinson & Darley, Utility of Desert, at 495—496.

② See Robinson & Darley, Utility of Desert, at 484.

DYBF 第一部分

在纷繁复杂的世界中弘扬正义

偏离应得刑罚的第一种模式叫做实践限制，其涵盖了一系列理论上有悖于正义，但最终又是为了实现实质正义的刑法规则。现实生活中，正义可能会缺席，时间、学识及金钱的有限性都会影响我们识别和惩罚罪犯。因此，我们必须作出一些妥协，在现有的时间、学识及金钱条件下，来尽可能地实现正义。有的时候，这些妥协会要求我们创设一些规则，走捷径实现罪罚相当。这些规则会在某些，甚至许多个案中造成对正义理念的偏离，但是我们认为在绝大多数的情况下它们会实现结果意义上的公正，并且相比没有走捷径的规则更为有效。最终，这些妥协将会把我们导向现实的正义，而不是将我们带偏。

这些规则是否真的会导向更公正的结果，这个问题是有争议的。虽然如此，但重要的是，争议点起码是清楚的，能够明确正反双方争论的是实际效果，而非规则本身。这些规则的倡导者与反对者都认可以应得刑罚为导向的原则，只是基于相关的实践限制，对于如何实现结果上的正义存有分歧。

本部分第二章至第四章将依次分析三种不同的实践限制原理，这些原理导致了偏离应得刑罚的刑法规范的产生。第二章讨论的是这样一种担忧：在某些情况下，完全遵循应得刑罚的刑法规则会导致陪审团被操纵而作出不当的无罪判决。这个原理可以用来解释为何在司法实践中，许多无罪辩护以及减刑事由会受到严格限制，甚至完全不被认可。第三章涉及诸如诉讼时效、严格责任的适用等规则，这些规则回应的是对证据的可靠性，以及用存疑或不完全的证据来证明一个人有罪与否非常艰难的担忧。第四章转向司法实践中辩诉交易和证人豁免等制度。这些制度的设置均基于这样一种主张：由于可利用的时间、资源以及取证能力均有限，有时必须通过在个案中妥协来实现正义的最大化。

正是这些担忧促生了所有偏离应得刑罚的刑法规范，它们是基于经验得出的，而非自然法则，它们依据的是这样一个前提：相比那些理论上似乎更为公正的规范，这些规则和制度更加能够推动正义的实现。这个前提是对客观事实的断言，可被证实，也可被证伪。所以，可以通过客观分析来确定偏离应得刑罚的刑法规范的合理性，如此一来，对于这些偏离理论的正当性的争论可以最终得到解决。也因此，将焦点从学者痴心的抽象辩论转向实证研究是十分重要和必要的。

第二章

对操纵和滥用的担忧

即便是在最佳的情况下，刑事司法系统仍是不可预知和不尽完善的。我们对于相关人事的认知存在局限性，准确无误是无法实现的。如果有法律职业共同体成员不追求结果公正，为了胜诉而蓄意利用系统中的漏洞，那么这种内在的不完善性将会被无限放大。正是为了避免出现这种滥用情况，有时才会导致对完全基于应得刑罚的刑事责任制度的偏离。

按照这种说法，一些理论上看似以应得刑罚为导向的刑法规则，有可能会受到被告及其律师使的一些花招（gamesmanship）的影响，他们会利用这些规范实现不当的无罪判决，一旦他们的主张获得支持，判决结果往往是不公正的。这样的规范在理论上似乎是合理的，但潜在的滥用风险让它们在实际操作过程中适得其反，也正因如此，完全以应得刑罚为导向的刑法规则并非处处受到认同。

这一章讨论的是作为被告提出的辩护理由，但不被法院认可的那些规范。举个例子，一些被告[例如下文第一个案例中的胡里奥·马雷罗（Julio Marrero）]宣称他们不应当被判有罪，因为他们作出的行为是基于对法律错误的，但又合理的理解，这种误解让他们深信自己并未犯罪。这样的抗辩理由，包括下文还会涉及的不成熟免责理由（immaturity）和两害择一的正当理由（lesser evils），[①]通常都不会被法庭认可，因为它们需要法官进行逐案判断，费时费力，而且很有可能导致法律的不确定性。

有的时候，涉及的其实是辩护理由可以适用的合理范围问题。被告[例如下文中将提及的安德鲁·戈德斯坦（Andrew Goldstein）]会试图举出证据证

---

① 两害择一与未成年以及对法律合理误解的抗辩有所不同，前者是一种“正当事由”，是宣称行为人的行为是可以接受的，甚至是值得称道的；后两种是“免责事由”，不涉及对行为正当性的辩护，而是主张行为人作出行为时存在一些特殊情况，因此可以不负法律责任。

明其存在精神失常或者其他可予原谅的疾病,以此来为他们的行为开脱。此时,法院不会直接否定被告的主张,而会限缩该主张的适用范围,或者改变被告辩护的程序语境(procedural context)。(比如,在涉及精神病的案件中引入“有罪但身患精神疾病”的判决。)

最后,这个问题不仅会涉及辩护理由的范围,还有可能牵涉到犯罪行为的界定问题。案发时被告人的心态会对定罪量刑产生重大影响,对滥用的顾虑可能导致对相关罪责条款的解释更偏向客观。比如,过失或轻率的标准,以及过失杀人的激情要件[古纳加斯(Gounagias)案中的焦点问题,本章结尾处将会进行讨论],都可能涉及“理性人”的认知和反应问题。对于“理性”采严格客观的解释标准,可以驳斥被告提出的从他个人角度来看是“理性”的主张。但是,有的时候,至少在某些情况下,被告要在法律的框架下“理性地”行事确实非常困难,甚至可以说是不可能的,这样的话,他们由此提出的抗辩又有可能是合理的。

对于所有这些规则而言,最关键的问题在于对滥用的担忧是否合理,以及这种担忧是否真的强烈到需要前瞻性地全盘否定相关的无罪辩护。对于某项规则,认可它可能导致滥用发生,否定它可能造成不公出现,因此,在作出决定前必须再三权衡。

第一节 联邦狱警是“治安官”吗?

胡里奥·马雷罗来自纽约的布朗克斯(Bronx),是一名越战老兵,战后在康涅狄格州丹伯里(Danbury)的一座联邦监狱里做着狱警的工作。他家里有六个孩子,年纪从 3 岁到 11 岁不等,此外他妻子肚子里还怀着两个,全家都指望着他生活。

作为一名狱警,马雷罗需要面对形形色色的罪犯,也经常受到死亡威胁。因此,为安全起见,他下班之后都会随身携带手枪。枪是从纽约一个枪贩手中买来的,那个枪贩知道马雷罗并没有持枪许可证,但他觉得马雷罗作为一名联邦狱警,应该是不需要许可证的,于是把枪卖给了他。这个枪贩因为接触过另外几个联邦狱警,了解到他们没有许可证却也在购买枪支,所以这么认为。他还解释给马雷罗听:“按照纽约的枪支管理法规,联邦狱警属于治安官,只要出示相应的身份证件,就不需要持枪许可证。”①

① 摘自马雷罗对案件事实的陈述。

有一天(1977 年 12 月 19 日),马雷罗下班后去麦迪逊大街的一家俱乐部玩,刚要进门,他就被一名警察要求搜身,这名来自第七警察分局的加里·杜根(Gary Dugan)警官随后在他身上搜出了一支装弹的口径为 0.38 英寸的手枪。马雷罗解释说他是一名联邦狱警,并马上向他出示了证件。加里警官给丹伯里监狱打了个电话,确认他真的是那里的狱警。马雷罗以为没事了,但没想到仍然遭到逮捕。十天之后,他被指控犯非法持有枪支罪。

法庭上,马雷罗认为自己无罪,而控方称他触犯了《刑法》第 265 条的规定,属于 D 级重罪。根据刑事诉讼法的规定,如果马雷罗是一名治安官,那么他将可以被免责。而根据刑诉法进一步的规定,"治安官"包括任一"州监狱或惩教机构(penal correctional institution)的警卫"。控方抓住这一点,认为"州"一词后面不仅紧跟"监狱",而且还修饰后面的"惩教机构"。因此,"治安官"的范围涵盖任一"州监狱"或"州惩教机构"的警卫,而本案中的马雷罗作为"联邦"监狱系统的一名警卫,自然不属于"治安官",也就不能免于刑罚。

一审法院法官没有认同控方对法条所作的解释,而是支持了马雷罗的说法,即"州"仅仅修饰"监狱",不修饰"惩教机构"。由此,一审法官驳回了检察机关的指控。之后,检察机关抗诉,两年之后,二审法院根据 3∶2 的投票结果,推翻了一审法院的判决。大多数人的结论是通过体系解释,上述法条并不排除适用于下班以后的联邦狱警。该案最终被发回下级法院重审。

重新审理的时候,马雷罗仍然辩称他应当被判无罪,理由是他对上述误导性的法条的理解,即使是错误的,也是一种合理的错误。其他狱警,以及在监狱中的教化人员,都作此理解,包括卖枪给他的枪贩亦是如此。更重要的是,所有接触过该案的法官共有六位,其中一审法院的法官,以及五名上诉法官中的两名都跟马雷罗的理解相同,这已经占了其中的一半。法规如此之复杂,法官对其的争议也如此之大,马雷罗进而主张这些足以证明他的误解是完全合理的!

然而,重审法院(换了一个法院)还是遵循了"对法律的无知和误解不成其为犯罪的借口"(ignorance or mistake of law is no excuse)的旧准则,没有认可马雷罗合理误解的辩词。最终,他被判有罪,处三年有期徒刑,并处 500 美元罚款。这也使他永远失去了之前的工作。他选择了继续上诉,但是上诉法院驳回了他的诉讼请求,维持了原判,这一次,法院甚至都没有出具书面说明。

时间来到了十年以后的 1987 年,州最高法院,即纽约上诉法院,再次就该案作出了说明。法院认为,鼓励公民熟知和遵守法律的公共政策与对法律产生合理误解的抗辩,两者权衡之下,前者更为重要,更值得保护。

虽然立法机关之后对上述误导性的法规作了修改，但是仍然无法完全填补语言上的漏洞。今天，那些非法持有枪支但是可以免于刑罚的人被界定为涵盖“任一州矫正机构（state correctional facility）或惩教机构的教化人员”。那就仍然存有一个疑问，一个在非属州的“惩教机构”工作的警卫是否可以免于刑罚呢？看了这个条文的表述之后，一般人也很容易得出错误的结论。①

第二节　不采纳被告对法律产生合理误解的抗辩（以及紧急避险和未成年抗辩）

不仅是马雷罗案中的纽约州，基本上全美所有司法辖区的法院都不接受合理误解法律的抗辩理由。当然也有例外，新泽西州的法院便认可该种抗辩，如果被告确实真诚、努力地去弄清法律规定的具体含义，后基于对规定合理但错误的理解作出违法行为，则被告将被免于刑罚。②

对于这种辩词，司法机关普遍持否定态度，原因在于担心它会被被告方滥用。同样持反对观点的人认为，采纳这种辩词将会导致刑事案件公正率下降。他们也承认否定合理误解的抗辩有时会带来个案的不公正，但是从整体上看，认可带来的结果会更加严重，会使得那些应受刑罚之人逃脱法律制裁。③

---

① 马雷罗案的案件事实来源于：State v. Marrero, 507 N.E.2d 1068（N.Y.1987）；State v. Marrero, 71 A.D.2d 346（N.Y. App. Div. 1979）；State v. Marrero, 404 N.Y.S.2d 832（1978）；Indictment of Julio Marrero, Supreme Court of the State of New York, State v. Julio Marrero, Dec.29, 1977；Notice of Motion for the Defendant, Supreme Court of the State of New York, State v. Julio Marrero, Mar.1, 1978；Answering Affidavit for the District Attorney of New York, Supreme Court of the State of New York, State v. Julio Marrero, Mar.20, 1978；Notice of Motion for an Order Pursuant to CPL Section 160.50(1)d, Supreme Court of the State of New York, State v. Julio Marrero, Sept.22, 1978；Notice of Motion, Supreme Court of the State of New York, State v. Julio Marrero, Nov.6, 1981；Brief for the Prosecution, Supreme Court of the State of New York, State v. Julio Marrero, Dec.15, 1981；Indictment of Julio Marrero, number 5423/77 in the Supreme Court of the State of New York, State v. Julio Marrero, Dec.21, 1981；Request to Charge for the Defendant, Supreme Court of the State of New York, State v. Julio Marrero, Jan.20, 1982；Affirmation of Facts, Attorney for Mr. Marrero, Supreme Court of the State of New York, Jan. 1982；Brief for the Defendant-Appellant, Court of Appeals of the State of New York, State v. Julio Marrero, July 1986。

② 然而，如果是基于官方对法律所作的错误说明而提出的合理误解抗辩，则一般都能得到认可，依据的是禁止反言原则。

③ See John Austin, 1 Lectures on Jurisprudence 483（Robert Campbell, ed., 5th ed., Murray 1885, reprint 1972）；People v. Snyder, 652 P.2d 42, 44（Cal. 1982）；cf. Dan M.Kahan, Ignorance of the Law Is an Excuse—But Only for the Virtuous, 96 Mich. L. Rev. 127, 129（1997）.

此外，马雷罗案也暴露了否定合理误解抗辩所带来的负面作用，该案的结果显然谈不上公正。马雷罗有理由相信自己的行为不是犯罪，而别人又给了他看似可靠的建议，让他对此更加深信不疑。所有法官中的一半法官都与他理解的一致，他的误解完全是合理的。一个人的行为如果符合法律对一般人的合理预期，那么他就不能被强加刑事责任，否则便是不公正的。①

再者，从现在的刑事立法趋势来看，这种合理的误解将会越来越常见。正如我们将在第八章讨论的那样，最近几年，针对情节轻微或者不甚明确的违规行为，以及其他一些按照传统观点，没有明显社会危害性，不构成犯罪的行为提起的诉讼急剧增多。②对这些行为的惩罚不单单是罚款，还有可能处以更为严厉的刑罚。这种扩大打击范围的趋势本就令人不安，现在再加上司法机关对法条的复杂性、误导性，以及由此导致的人们错误理解法条而违法的可能性所持的否定态度，行为人被不公正地强加刑事责任的风险将大大增加。

规范被滥用的危险与司法不公的危险，哪个更值得重视呢？如果允许合理误解的抗辩，是否它就会经常性被轻率地提起，或者基本上都会成功被法庭认可？就这个问题，至今还没有任何实证研究，更不用说完美解答了。上面提到新泽西州的法院允许该种抗辩，但是没有数据表明那里的被告非常容易就该种抗辩获得支持，也没有任何报道说那里的罪犯往往都能就该种抗辩获得不当的无罪判决。我们唯一看到的是一份纽约州法院的司法意见书，其中提及了规定该种抗辩的法条，但值得注意的是，意见书上的观点是否定该种抗辩的。③

基于同样的担忧，其他一些正当的免责和减轻情节也受到了同样的待遇，许多法院都拒绝承认它们。但是，否定它们其实都有悖于应得刑罚的抽象要求，按照应得刑罚的原则，这些人都不应受到惩罚。下文涉及的将是另外两种抗辩理由——两害择一(lesser-evils)与未成年抗辩(immaturity)。

两害择一，有时候也称为两害取舍(choice of evils)或紧急避险(necessity)抗辩，或者简单叫做一般正当事由(general justification)抗辩，说明的主要是行为具有内在的正当性。具体而言就是行为人虽然造成了一定的损害，但是却

---

① See Paul H. Robinson & John M. Darley, Justice, Liability, and Blame: Community Views and the Criminal Law(Westview 1995).

② 这些行为有一个专用的法律术语，叫做“malum prohibitum”，直译过来就是“法律所禁止的行为”，与之相对的是“malum in se”，意为“本质上显然的恶劣行为”。

③ See State v. Guice, 621 A.2d 553, 558(N.J. Super. 1993).

因此避免了相比之下更为严重的损失或危害。单从它的概念来看,两害择一的抗辩理论上似乎是无懈可击的,它适用于那些在特定情形下正当的,甚至可以说是非常值得去做的行为。家人快要饿死或冻死的时候,为了救家人擅闯别人的林间小屋,或者放火焚烧农作物来筑起防火墙,避免火势蔓延烧到城市,这些行为都不应当受到人们的谴责,惩罚这些行为人很明显是有违应得刑罚原则的。①

然而,在司法实践中,两害择一的抗辩似乎并不是那么令人信服,许多司法辖区都不予认可,只有极少数地区的法律中规定了这种抗辩。②与合理误解法律的抗辩一样,对此不认可的理由也是对可能出现被人为操纵的担忧。立法者不希望将界定犯罪与否的权力拱手让人,如果它被擅长花言巧语的律师所利用,那么陪审团就可能会被误导,作出荒唐的判决(当然也有可能被陪审团所滥用)。③

但是,这里对偏离应得刑罚的争论还是建立在一种假设之上的。④如果进行实证研究,结果似乎会明显地偏向于两害择一抗辩的支持者。这种正当事由仅关注行为,而不涉及精神状态,一个案件中是否存在该种事由,可以通过在法庭上出示证据加以证明。就算知道法院允许该种抗辩,行为人也不可能事先设计好自己的行为,他无法控制客观的环境,而客观环境才最终决定他的行为是否具有正当性。该种抗辩能否成立,关键在于评价和平衡利益冲突,而这取决于社会一般观念,而非行为人的认知。⑤

此外,该种正当事由还基于陷入道德困境时的社会一般准则。如果代表社会准则的陪审团认为这种正当事由的抗辩可以适用,那它就应当被适用。还有一点需要说明的是,在承认该抗辩的那些州,几乎没有任何迹象表明它被

---

① 当然,对于那些无意中做了好事之人,有人提出也应当加以惩罚,虽然客观上他们的行为被证明具有正当性,但从主观上看,避免更大的危害并非其本意,他们的行为仍具有主观恶意。对于他们,是应当承担全部责任还是按照未遂承担责任,还是有争议的。

② See Paul H.Robinson, 2 Criminal Law Defenses §124(a) n.1(West 1984 & 2004 supp.)详细列举了认可和否认该种抗辩的司法辖区。

③ See Final Report of the National Commission on Reform of Federal Criminal Laws: Proposed New Federal Criminal Code §601 Comment(1971); Law Commission for England and Wales, Criminal Law Report on Defences of General Application 19—32(Law Com. No.83, 1977), reprinted in 9 Law Comm'n Reports 25—38(1980). But cf.2 A Criminal Code for England and Wales 230—231, Comment on cl.43(Law Com.No.177, 1989).

④ 争辩者也往往无法提出实证依据来支持他们的观点。See, e.g., sources cited supra n.11.

⑤ Model Penal Code §3.02(1) & 3.09(1).

滥用了。[①]

另外一种要提及的抗辩理由就是未成熟(或未成年)抗辩,这其实涉及的是明确划分法院管辖范围的问题。所有低于法定年龄的行为人都被推定为未成熟的人,他们将被送至少年法庭受审,而超过法定年龄的都被认定为成年人,在成年法庭受审。[②]

这样一种年龄划分,带来了适用上的便利,但是也存在严重的问题。一个达到法定年龄,但是心智却仍不成熟的人,他无法适用这种抗辩而免责,也不能获得减刑。[③]随着成年人年龄节点的下调,这个问题将越来越严重。仅仅是从少年法庭移送至成年法庭还不足以造成司法不公,问题在于在成年法庭,心智不成熟的当事人再也无法提出不成熟抗辩,也无法依据未成年的理由获得免责。[④]心智不成熟的被告与患有心理疾病的被告可能造成同样的后果,而在这样的规定下,后者可被免除责任,而前者却无此种可能。[⑤]

尽管严格按照年龄划分确定成熟与否,有时会导致偏离应得刑罚的后果,但仍有不少支持的人。他们的观点是如果不采用统一的年龄标准,而是就案论案,那么法官作出判断所花费的时间将大大延长,一些心智成熟的被告也很有可能会钻到空子,混入少年法庭。[⑥]我们不赞同这种观点。虽然客观的、易于操作的标准有很多好处,但是对于法庭辩论来说,目的是为了准确得出是否应受刑罚的结论,这个时候主观的判断标准是更为需要和重要的。评估行为人心智情况是刑法中一个常见的问题,一般不会因其操作困难而选择放弃。

总的来说,在这个问题上,我们应当采用一种更为灵活的标准。从未成熟抗辩的目的来看,它希望证明的应该是行为人真实的心智成熟程度。当然如果出于可操作性的考量,需要作出一些妥协的话,可以规定先按照年龄划分标

---

① See 2 Robinson, supra n.10, § 124(a) n.1.

② See 2 Robinson, supra n.10, § 175 n.1.

③ 以 State v. Jamison 案为例,被告的"心理年龄"为 11.7 岁,但因为他的生理年龄已达 17 岁,最终他提出的未成年抗辩还是被驳回了。在一些司法辖区,精神障碍抗辩有时被扩大适用到这样的案例中,因为《模范刑法典》中使用的是"精神疾病或缺陷"的表述。

④ See generally 2 Robinson, supra n.10, § 175.

⑤ 患有心理疾病的罪犯可以免于刑责,因为他们欠缺认识和评价他们所作所为或是使他们的行为符合法律规定的能力。Model Penal Code §§ 2.08(4), 2.09(1), 4.01(1).而心智未成熟之人的情形与心理疾病之人相似,甚至相同,理应被纳入刑法典所规定的免责理由中。

⑥ See Cf. Stephen J.Morse, Immaturity and Irresponsibility, 88 J.Crim. L. & Criminology 15, 31(1997); Ill. Ann. Stat. ch.38, ¶ 6-1[now 720 ILCS 5/6-1], Comment 322—323(Smith-Hurd 1972).

准推定行为人成熟与否，同时赋予被告方推翻这种推定的权利。

对法律误解的抗辩常常不被认可，究其部分原因，可能是为了敦促人们行事要明智、谨慎和守法。我们不希望被告把聪明才智用于寻找刑法的漏洞，然后在法庭上把责任都推到法律规定上，声称自己是出于对法律的误解才犯罪的。[①]对操控的担忧有的时候还会牵涉另外一个疑难问题，那就是本来法律的作用在于一定程度阻止行为人实施犯罪行为，但现实却是行为人在实施犯罪行为后，反而利用法律规定来影响刑事案件的结果。其中一个例子就是精神障碍抗辩，将在下面的戈德斯坦案中详细说明。没有人会故意把自己搞成精神障碍，但是仍然存在一种担忧：罪犯可能会在犯罪后，假装自己有精神障碍，借此逃避法律制裁。正是出于这样的一种担心，法院严格限制精神障碍抗辩的适用。然而，严格限制又会带来与其目的相悖的一种情况：有的人真的患有精神障碍，但是没有被法庭采纳，最终被判处刑罚，这样的裁判又是于法不公的。

第三节 “嗖的一声，就推了下去”

1992年1月2日，新的一年刚刚开始，安德鲁·戈德斯坦就出现在了医院的急诊室。戈德斯坦时年29岁，性格腼腆，患有失眠症，晚上睡不着觉就常常一个人在街头闲逛，有时直到天明才回家。十年前，他被诊断出患有精神分裂症，现在独自一人居住在皇后区。这天，他到急诊室是来检查他的脚踝的，医生告诉他没事，他便安心回去了。

戈德斯坦在皇后区出生、长大，家里有三兄弟。他小学的时候就是优等生，之后进入著名的布朗士科学高中(Bronx High School of Science)学习，高中毕业又被纽约州立大学石溪分校(State University of New York at Stony Brook)录取，未来一片光明，前途不可限量。然而，在他十六岁那年，不幸的事情发生了，他的命运也随之被改变。那天他正坐在公交车上，突然“咔嗒”一声，他感觉什么东西击中了自己，随后，可怕的事情发生了——任何一本书对他而言似乎都变成了天书一般，上面所写的内容他统统都看不懂了！他的家人知道后自然是忧心如焚，赶紧带他到医院接受检查。诊断的结果让这家人都陷入了绝望，戈德斯坦被检查出患有偏执型精神分裂症(paranoid schizo-

① For an extended presentation of this argument, see Kahan, supra n.5.

phrenic)，而且有暴力倾向。他尝试着继续留校学习，希望能慢慢克服这种疾病，但是他的病情还是加剧了。他认为是他的母亲在他的饭菜里下了毒，是她害他变成了这个样子，因此对他母亲动了手。最后，他还是被送进了医院接受治疗。

经过一段时间的治疗之后，戈德斯坦的病情有所好转，然后出了院。他希望能够回到大学，但是几次努力下来，他发现自己仍旧无法集中注意力，无法理解书中所写的内容。1992 年，他因为殴打一名护士，再次被强制住院治疗。八个月后，他出院了，然后在一家社区矫正机构待了一年多。1994 年，矫正期满，他搬到了埃尔姆赫斯特(Elmhurst)。

戈德斯坦的病情越来越严重，出现幻觉的次数愈加频繁，每次发作持续的时间也越来越长。他声称外星人正在抽干地球的氧气，坚信自己身体内有股力量在控制着他的一言一行。虽然他的某些症状可以用药物加以控制，但是药物会产生一些副作用，如嗜睡症、解离症(dissociation)和身体酸痛等不良反应。他也知道其实已经出现了一些新型的治疗方法，不会对他的身体产生副作用，但问题是这些医疗方法太昂贵了，像戈德斯坦这样的人根本无力负担。

疾病让戈德斯坦整日生活在幻觉和错觉中，害了他，也害了许多无辜的人。至少有十几个人无缘无故遭到戈德斯坦的殴打，他们或是在餐厅、商店，或是在医院，甚至是在地铁上遇袭。当警察赶到的时候，他也不否认自己的所作所为，只是要求被带去医院。每次发生这样的事，他都觉得当时是鬼神上身了，他的身体不被控制，才做出打人的行为。

戈德斯坦现在住在皇后区一个破旧的地下室里，他和另外两个人合租。1998 年年底，他因病情严重再次住院治疗。出院的时候，医生给他配了一星期的药，并叮嘱他一定要去做心理咨询。戈德斯坦已经多次申请在州立医院接受长期治疗，或者在福利院(group home)给他安排个床铺，然而不幸的是，州立医院和福利院都没有空床位能让他住下。

由于身边没人照顾，戈德斯坦经常会忘记吃药，或者错过预约好的心理咨询。在现有的州精神疾病医疗体系下，如果有人没有在约定的时间前来接受心理咨询，那么医院只会给病人写一封信，提醒他重新预约。1999 年 1 月 2 日那天，戈德斯坦从急诊室回来，便收到了这样的一封信件。但是，他并没有放在心上，他把信丢在了一边，继续躲进地下室，在里面踱来踱去，虚度余下的时光。

第二天早上，戈德斯坦一如既往忘了吃药，他来到了曼哈顿，在一家唱片店前停下了脚步，他在那里静静聆听娜塔莉·安博莉亚（Natalie Imbruglia）以及麦当娜（Madonna）唱的歌曲。他很喜欢听音乐，他会随着音乐在他的大脑中作画。接着，他到音像店看《黄金三镖客》（The Good, the Bad, and the Ugly）的一些片段。然后，他又来到唐恩都乐（Dunkin' Donuts），吃上一个甜甜圈，喝上一杯水，紧接着到麦当劳再点上一个烤汁猪扒堡和一杯可乐。饱餐一顿之后，他逛到了他兄弟家开的眼镜店，但是他兄弟不在。于是，他又跑去了另一家唱片店，又听了一首麦当娜的歌。一圈逛下来，时间也差不多了，戈德斯坦也饿了，然后他来到温迪家的快餐店（Wendy's），点上一个牛排汉堡和一杯可乐作为午餐。

吃完午饭后，戈德斯坦走过九个街区，然后进了地铁站。此时，一个叫做道恩·洛伦齐诺（Dawn Lorenzino）的女人正走在他身后，她注意到了戈德斯坦的奇怪举动，她事后如此描述："他踮着脚尖，像婴儿一样迈着小步，蹒跚前行，而且边走还边喃喃自语。"到了地铁站台，戈德斯坦似乎也注意到了洛伦齐诺，他开始两眼直勾勾地盯着她看。洛伦齐诺发觉了戈德斯坦怪异的眼神，便质问他为什么一直盯着她。在她严厉的责怪下，戈德斯坦被吓得往后退了一步，内心一下子焦虑了起来，他开始在站台上不停地踱来踱去，踱来踱去。过了一会，站在戈德斯坦旁边的一个男人忍不住向他喊道："喂，你能不能不要在这里晃来晃去了，烦不烦啊！"戈德斯坦愣了一下，停下了脚步，然后走到了墙角边。这个时候，一个叫做肯德拉·韦德代尔（Kendra Webdale）的女人也在那边靠墙站着。戈德斯坦注意到了她，走上去向她询问时间，肯德拉冷冷地回了他一句，接着便继续只顾自己看杂志，戈德斯坦悻悻地回到了自己的位置。此后不久，一阵汽笛声传来，肯德拉收起了杂志，走向轨道旁的候车点。就在火车即将到站的时刻，戈德斯坦一个箭步冲了过去，据目击者所言，"他躲在肯德拉的身后，把手搭在她的肩膀上"，然后极其用力地推了她一把！肯德拉没能保持住身体平衡，一下子摔进了列车轨道！列车上的驾驶员看到前面的这一幕，赶紧拉下紧急制动闸。列车员默默祈祷着车能够及时停下，但是悲剧还是发生了，列车的前三节车厢从肯德拉身上碾压了过去，她最后身首异处。

车停下来后，列车驾驶员马上跳下车，抓住戈德斯坦，质问是不是他把人推下去的。让驾驶员感到惊讶的是，戈德斯坦毫无辩解之意，直接承认他就是凶手。说完之后，戈德斯坦往北边的出口走去。一名乘客见此，以为戈德斯坦想逃，立刻追上去拦住他，边跑边喊："杀人凶手，站住！"当他追上戈德斯坦的时候，他发现他神色慌张，“害怕得像个小孩子，两只手紧紧抱住自己，身体一直在发抖”。戈德斯坦被拦住后，许多其他的乘客也跑了过来，将他团团围住，然后报了警。

警察不一会就到了现场，一名警官讯问戈德斯坦是不是他杀了肯德拉，他看了一眼列车，然后回答说：“我不认识她，是我把她推下去的。”面对警察，戈德斯坦表现得非常镇定，毫无迟疑地回答完了所有问题。

带到警察局后，对戈德斯坦的讯问继续进行。他说他知道把肯德拉推下站台可能导致她丧命，而在被问到推她下去这件事对不对时，他回答说不对，但是又补充说“我当然知道不对，我绝对不会做那样的事的”。当警察把他杀死了肯德拉的事实摆在他面前的时候，他说：“我知道是我干的，但是我不是故意的。”他解释说：“当我推她的时候，我脑子里一片空白。”整个审问的过程中，戈德斯坦基本上都表现得非常“有礼、健谈”，老老实实地回答着警察提出的问题。但是，当问及把肯德拉推进轨道的过程时，他开始支支吾吾，说不清楚。他努力向警察解释他做出这样的行为都是因为身体里住着的怪物，他说：“整个过程中，我脑子一片空白，事情就这样发生了，嗖的一声，就推了下去。感觉就那样随机发生了。”最后，戈德斯坦被指控犯二级谋杀罪，被收押并不得保释。而精神鉴定结果显示，受偏执型精神分裂症影响，戈德斯坦在实施犯罪时精神状况不正常。①

两个月后，戈德斯坦被提讯，确认可以参加庭审。九个月后，法院开庭审理戈德斯坦的案子。根据纽约州的法律规定，精神障碍的抗辩只有在被告人确实存在认知功能障碍（cognitive dysfunction）的情况下才能得到法庭认可，也就是必须证明被告存在认识上的障碍（而非控制上的障碍）。②因此，只要戈德斯坦内心知道他的行为是违法的，就算他存在自我控制上的障碍，也依旧要为他的行为付出代价。在本案中，戈德斯坦要想免受刑罚，就必须说明他当时失去了认知能力，无法正确判断自己的行为。整个庭审过程中，戈德斯坦都面无表情地站在那里，几乎没说过话。

控方认为根据法律上的定义，戈德斯坦并不构成精神障碍。他们把焦点

---

① American Psychiatric Association, Diagnostic and Statistical Manual of Mental Disorders 313—314(4th ed., 2000).

② 纽约州刑法典规定：如果能够证明被告犯罪时存在精神疾病或缺陷，则认定其缺乏刑事责任能力。上述缺乏刑事责任能力是指行为人犯罪时由于存在精神疾病或缺陷，缺乏对下列事项的认识和评价能力：(1)行为的性质和后果；或者(2)行为是错误的。

放在戈德斯坦厌恶女性上。首先,控方提出,袭击女性一事发生在他母亲的生日当天并非一个巧合,对他母亲的憎恨是其中一个原因。其次,他们认为戈德斯坦为自己频频被女性拒绝而恼羞成怒。那天,他先被金发碧眼的洛伦齐诺拒绝,这刺激了他,使他情绪失控,转而把怒气撒到了另一个金发碧眼的女性——肯德拉身上。

在结案陈词之后,陪审员们开始审议。审议到了第二天,肯德拉的家人公开呼吁应当判戈德斯坦谋杀罪成立。最终,陪审团中有十人投了有罪票,他们的理由是如果让戈德斯坦仅仅承担民事责任,那么他不久之后便会被释放,这样的话,他就有可能走到大街上袭击他人。然而,仍有两名陪审员投了无罪票,一致通过的条件没有得到满足,如此一来,裁决便归于无效。庭审结束后,戈德斯坦被转到了贝尔维尤(Bellevue)精神病院。

2000 年 3 月 22 日,该案二审开庭。这次,公诉方调整了控诉的焦点,不再强调戈德斯坦对女性的厌恶,转而重点关注他在推肯德拉之前的行为。陪审团审议开始的时候,有五名陪审员认为戈德斯坦有罪,三名认同因其有精神障碍应当判无罪,其余四人没有明确表态。二审中,所有陪审团成员在一点上是一致的,即担心如果戈德斯坦被判无罪,那么他被释放之后可能会继续伤害他人。其中一名陪审团是一名护士,她说她其实并不知道谋杀成立的判决是否正确,但是她坚信戈德斯坦是一个危险人物。陪审团认为,尽管戈德斯坦的病情非常严重,但是他仍然能够辨别是非,因此,他的状况并不属于纽约州法律规定的精神障碍。最终,陪审团团长宣布戈德斯坦二级谋杀罪成立,他被判处二十五年监禁的最高刑罚,并且在这二十五年中都不能获得假释。

在详细了解了肯德拉的遭遇之后,纽约州州长帕塔基(Pataki)下令重新审查所有有关精神病犯人释放问题的政策。同时,州立法机关通过了"肯德拉法案",规定对精神病患者采取强制医疗措施,并拨出五千万美元的专款用来支持该项法案的实施。初夏的时候,肯德拉的家人以没有尽到看管好戈德斯坦的责任起诉了七家公司和诊所。到了秋天,他们又追加起诉了市政医院以及交通运输管理局。

一审判决出来一周之后,纽约市政府曾发布了一份报告,直指戈德斯坦接受的治疗事倍功半,并警告大众不能轻视身患精神疾病之人的社会危害性。州长帕塔基随后宣布将拨款 1.25 亿美元用以完善精神疾病医疗体系。

戈德斯坦如今正在纽约福尔斯堡的沙利文矫正机构服刑,还没有任何违纪记录。①

① 戈德斯坦案的案件事实来源于：Salvatore Arena & Barbara Ross, Mistrial in Subway Push; Jurors Deadlock, 2 Back Insanity, N.Y. Daily News, Nov.3, 1999; Salvatore Arena et al., Train-Push Jury Probe, N.Y. Daily News, Nov.5, 1999; Author Unknown, A Bizarre Case Filled with Twists and Turns, N.Y. Post, Mar.23, 2000; K.C.Baker, Pushed to Her Death—Straphanger Shoved to Tracks, N.Y. Daily News, Jan.4, 1999; Julian E.Barnes, Insanity Defense Fails for Man Who Threw Woman onto Track, N.Y. Times, Mar.23, 2000; Julian E.Barnes, Second Murder Trial Opens in Subway Shoving Case, N.Y. Times, Mar.4, 2000; Nina Bernstein, Hospitals Face Lawsuit by Kin of Victim in Subway Push, N.Y. Times, May 25, 1999; Michael Cooper, Man Accused in Subway Death Says He Tried a Similar Attack Before, the Police Say, N.Y. Times, Jan.6, 1999; Michael Daly, Shover Chose Perfect Spot, N.Y. Daily News, Nov.3, 1999; Donna De La Cruz, Pushing Death Rattles Subway Riders, Bergen(N.J.) Record, Jan.5, 1999; Donna De La Cruz, Subway-Pushing Suspect Claims He Tried It Before, AP, Jan.6, 1999; Fredric U.Dicker, Pataki in $125M Push to Aid Mentally Ill, N.Y. Post, Nov.10, 1999; Jim Dwyer, '85 Case Shows How Official Tried to Play Blame Game, N.Y. Daily News, Jan.5, 1999; Joseph Fried, Subway Killer's Push Is Still Felt Today, N.Y. Times, Mar.3, 2002; Patricia Hurtado, Anger or Illness? Prosecution Cites Rage in Fatal Subway Push, Newsday(N.Y.), Oct.8, 1999; Patricia Hurtado, Jury Deadlocked: Mistrial Declared in Fatal Subway Pushing Case, Newsday(N.Y.), Nov.3, 1999; Patricia Hurtado, Witness Calls Subway Killing Unreal, Newsday (N.Y.), Oct.13, 1999; Laura Italiano, Kendra's Killer Gets the Max, N.Y. Post, May 5, 2000; Laura Italiano, My Kendra Deserved Fair Jury, Mom Says, N.Y. Post, Nov.5, 1999; Laura Italiano, Schizophrenia Splits Subway Push Jury, N.Y. Post, Nov.1, 1999; Laura Italiano, Subway Killer May Have Stalked Victim, N.Y. Post, Oct.16, 1999; Laura Italiano, Subway-Push Juror Was Convicted of Hitting Cop, N.Y. Post, Nov.4, 1999; Laura Italiano, Victim's Mother Feels for Killer's Mother, N.Y. Post, Nov.3, 1999; N.R. Kleinfield & Kit R. Roane, Subway Killing Casts Light on Suspect's Mental Torment, N.Y. Times, Jan.11, 1999; Samuel Maull, Mentally Ill Man Convicted of Subway Shove Murder, AP, Mar.23, 2000; Samuel Maull, Mistrial Declared in Fatal Subway Push, AP, Nov.3, 1999; Samuel Maull, Murder Trial of Subway Push Suspect Opens, AP, Oct.7, 1999; Samuel Maull, Psychiatrist Says Subway Push Killer Did Not Know He Was Doing Wrong, AP, Oct.19, 1999; Samuel Maull, Second Suit Filed in Subway Pushing, AP, Oct.15, 1999; Bill Porter, Mourners Told to Remember Kendra Webdale's Life, Not Death, AP, Jan.7, 1999; Graham Rayman, Subway Attacks Thwarted, Newsday(N.Y.), May 23, 2000; David Rohde, Defense Witness Barred in Subway Trial, N.Y. Times, Oct.27, 1999; David Rohde, Expert Disputes Schizophrenia Defense, N.Y. Times, Oct.23, 1999; David Rohde, In Court, Psychiatrist Rebuts Defense Claim in Train Killing, N.Y. Times, Oct.26, 1999; David Rohde, Juror Who Rejected Guilty Vote in Subway Killing Had Just Been Convicted, N.Y. Times, Nov.4, 1999; David Rohde, Jury Hears Confession in Killing, N.Y. Times, Oct.16, 1999; David Rohde, Prosecutors Press Theory that Killer Hates Women, N.Y.Times, Oct.20, 1999; David Rohde, Witness Tearfully Describes Fatal Subway Shoving, N.Y. Times, Oct.9, 1999; Barbara Ross & Salvatore Arena, Kin Seeks $40M in Push Slay, N.Y. Daily News, Oct.15, 1999; Barbara Ross & Dave Goldiner, Push-Slay Jurors Get Charge Option, N.Y. Daily News, Mar.22, 2000; Laura Siegle, Train-Push Jury Still Out, N.Y. Daily News, Nov.1, 1999; Gene Warner & Kevin Collison, WNY Woman's Dream Is Ended under Wheels of Subway Train, Buffalo News, Jan.5, 1999; Michael Winerip, Oddity and Normality Vie in Subway Killer's Confession, N.Y.Times, Oct.18, 1999; Michael Winerip, The Way We Live Now: 11-21-99: The Juror's Dilemma, N.Y. Times, Nov.21, 1999.

第四节 不当限制或否认合法的免责理由

毫无疑问，戈德斯坦犯罪时的精神是极度不正常的，但是陪审团还是认为他并不属于刑法意义上的精神病人，仍判他二级谋杀罪成立。那么就有一个疑问了，戈德斯坦受到与那些没有精神疾病的杀人犯同样的惩罚，这样真的公平合理吗？

说到底还是担心辩护方会利用精神障碍的抗辩，为那些没有真正身患精神疾病的被告开脱，法院才会对其要么完全否定，①要么严格限制。现在，一半左右的司法辖区都采用传统的麦纳顿规则，即"不知行为对错"(does not know right from wrong)标准，②只认可认知功能障碍，就算犯人存在很严重的控制功能障碍也不能免予刑罚。此外，还有20%的州，比如纽约，采纳了法学会制定的"欠缺基本的是非判断能力"(lacks substantial capacity to appreciate the wrongfulness)标准。③尽管如此，这些地区也同样不认可控制功能障碍。然而，实证研究表明，公众普遍认为控制功能障碍属于精神障碍的一种情形，可以作为一种免责理由在法院获得承认，片面地否定控制力欠缺的抗辩与民意相悖。④

有些州已经在"因精神失常而无罪"之外新引入一种"有罪但身患精神疾病"的判决⑤(但是戈德斯坦受审的纽约州并没有承认这种判决)。这种判决初

---

① Idaho Code §18—207; Kan. Stat. Ann. §22—3220; Mont. Code Ann. §45-2-101; Utah Code Ann. §76-2-305.

② Ariz. Rev. Stat. Ann. §13—502; Cal. Penal Code §25; Colo. Rev. Stat. Ann. §16-8-101; Fla. Stat. Ann. §775.027; Ga. Code Ann. §16-3-2; Iowa Code Ann. §701.4; La. Rev. Stat. Ann. §14; Minn. Stat. Ann. §611.026; Roundtree v. State, 568 So.2d 1173 (Miss.1990); Mo. Ann. Stat. §552.030(modifying the standard language slightly to "incapable of knowing and appreciating"); State v. Harms, 650 N.W.2d 481(Neb.2002); N.J. Stat. Ann. §2C:4-1; Finger v. State, 27 P.3d 66(Nev.2001)(finding unconstitutional the legislature's attempt to abolish the insanity defense and applying the McNaghten test instead); State v. Vickers, 291 S.E.2d 599(N.C.1982); Ohio Rev. Code Ann. §2901.01; Okla. Stat.Ann.Tit. 21 §152; 18 Pa. Cons. Stat.Ann. §314; S.C. Code Ann. §17-24-10; S.D. Codified Laws §22-1-2; Tex. Penal Code Ann. §8.01; Price v. Commonwealth, 323 S.E.2d 106(Va.1984); Wash. Rev. Code Ann. §9A.12.010.

③ Ala. Code §13A-3-1; Alaska Stat. §12.47.010; Del.Code Ann. Tit.11, §401; 720 Ill. Comp. Stat. Ann.5/6-2; Ind. Code Ann. §35-41-3-6; Me.Rev. Stat. Ann. tit.14, §14; N.Y. Penal Law §40.15; N.D. Cent. Code §12.1-04.1-01; Tenn. Code Ann. §39-11-501.

④ See Robinson & Darley, supra n.6, at 128—139; Daniel S.Bailis et al., Community Standards of Criminal Liability and the Insanity Defense, 19 Law & Hum. Behav. 425 (1995).

⑤ See Barbara E.Bergman & Nancy Hollander, 1 Wharton's Criminal Evidence §2:13 at 85—86 & n.24(15th ed., 1997 & 2005 supp.).

看上去让陪审团在碰到涉及精神病犯人的案子时多了一个选项，但是实际上，它产生的效果与一般的有罪判决并无二致。当陪审团判决“有罪但身患精神疾病”时，被告所要遭受的刑罚与他被判决“有罪”的情况下有可能是完全相同的。[①]“有罪但身患精神疾病”的判决宣布之后，犯人需要先接受精神检查，如果检查结果显示他需要接受治疗，那么他就会被带去相关的医疗机构治疗，然后再去服刑。[②]然而，在大多数司法辖区，所有罪犯都需要经过这样的检查和治疗程序，不仅是那些有罪但身患精神疾病之人。

“有罪但身患精神疾病”的判决乍一看似乎有利于精神病患者，但是事实上，它带来的却是更长的刑期。[③]尽管没有像“一刀切”否定精神障碍抗辩那样简单粗暴，[④]但它实际上也并没有帮助到精神病患者，反而导致他们被不公正

---

① See 2 Robinson，supra n.10，§173(h)；Anne S.Emanuel，Guilty but Mentally Ill Verdicts and the Death Penalty：An Eighth Amendment Analysis，68 N.C. L. Rev.37，47(1989).

② See Cal. Penal Code §2684；D.C. Code Ann. §24—302；Mich. Comp. Laws Ann. §§330.2001—2006；50 Pa. Cons. Stat. Ann. §4408；National Advisory Commission on Criminal Justice Standards and Goals，Corrections 184(1973).

③ See Henry J. Steadman et al.，Before and after Hinckley：Evaluating Insanity Defense Reform 8(Guilford 1993).这可能是出于这样一种猜测：精神病人通常是危险的，需要控制起来防止他们再做坏事。这样的猜测以及由此造成的刑期加重都是功利主义的以控制犯罪为原则的刑事责任理念在作祟。本书第六章将详细探讨这种理念。结合第十章的内容，我们认为刑期的加重强烈暗示着“有罪但身患精神疾病”的判决正被用来取代民事责任，而非起到刑事责任的作用。

④ “有罪但身患精神疾病”的适用可能会导致出现“妥协的判决”，而“因精神失常而无罪”的判决也会因此减少，这样一来，精神障碍抗辩的作用便被大大削弱，甚至会被完全弃用。See Ronald L.Poulson，Mock Juror Attribution of Criminal Responsibility：Effects of Race and the Guilty but Mentally Ill(GBMI) Verdict Option，20 J.Applied Soc. Psych. 1596，1600，1604—1605(1990)；Caton F.Roberts & Stephen L.Golding，The Social Construction of Criminal Responsibility and Insanity，15 Law & Hum. Behav. 349，359—360(1991)；Jeffrey C.Savitsky & William D.Lindblom，The Impact of the Guilty but Mentally Ill Verdict on Juror Decisions：An Empirical Analysis，16 J.Applied Soc. Psych. 686，694(1986).“有罪但身患精神疾病”判决的引入具体带来了怎样的影响尚不清楚，根据已经施行的州的相关数据显示，“有罪但身患精神疾病”一定程度上导致了判决“因精神失常而无罪”案件的减少。See Steadman et al.，supra n.34，at 111；Lisa A.Callahan et al.，Measuring the Effects of the Guilty but Mentally Ill(GBMI) Verdict：Georgia's 1982 GBMI Reform，16 Law & Hum. Behav. 447，451—452(1992)；cf. R.D.MacKay & Juliann Kopelman，The Operation of the “Guilty but Mentally Ill” Verdict in Pennsylvania，16 J.Psychiatry & L.247，254—255，262，268(1988)；Ingo Keilitz et al.，The Guilty but Mentally Ill Verdict：An Empirical Study(Inst. on Mental Disability and the Law，Nat'l Ctr. for State Courts 1985).然而，根据其他一些州的数据显示，“有罪但身患精神疾病”判决的引入并没有导致“因精神失常而无罪”的减少，有些地区甚至有所增加。See Carleton A.Palmer & Mark Hazelrigg，The Guilty but Mentally Ill Verdict：A Review and Conceptual Analysis of Intent and Impact，28 J.Am. Acad. Psychiatry & L. 47，51—53(2000)；George L.Blau & Richard A.Pasewark，Statutory Changes and the Insanity Defense：Seeking the Perfect Insane Person，18 L. & Psych. Rev. 69(1994)；Ingo Keilitz et al.，The Insanity Defense and Its Alternatives：A Guide for Policymakers 43(Inst. on Mental Disability and the Law，Nat'l Ctr. for State Courts 1984).

对待。首先,为什么要由陪审团来决定被告是否需要接受精神疾病的检查和治疗?陪审团的任务是对过去发生的事实进行认定,然后根据社会一般观念判断罪与非罪。是否需要对犯人进行精神检查治疗涉及的是医学上的问题,应当由精神病医生或其他专家来判断,而不是由缺乏医学专业知识的陪审员来判断。法院或者监狱在收到犯人的精神报告后,可以立即将其转到医疗机构接受治疗,这样不是更加高效吗?但是"有罪但身患精神疾病"的判决却打乱了这个明显更为合理的流程。更糟糕的是,"有罪但身患精神疾病"的判决使得陪审员越俎代庖,去判断其他无关罪与非罪的问题。还有一点就是,这种判决会使陪审团误解只有它才能达到让精神病患者既被看管起来又接受治疗的效果,导致这种判决被错误适用。此外,陪审团还有可能把"有罪但身患精神疾病"中的"精神疾病"(mental illness)与法律规定的"精神失常"(insanity)混淆起来。

增加"有罪但身患精神疾病"的判决似乎是立法机关用来减少罪犯因精神失常而被宣告无罪的一种手段。[①]与其他限制精神障碍辩护的改革措施一样,"有罪但身患精神疾病"的判决是为了避免臆想出来的滥用,但却导致了不公正的结果。这种不公正恰恰能够说明这样的改革是不合理的。即便滥用和操纵的可能性真的存在,可是相比限制精神障碍辩护,更好的办法不应该是将证明责任分配给提出精神障碍等辩护的被告方吗?[②]当然,事实证明人们对滥用的担心是站不住脚的。就像人们一般认为精神障碍辩护在刑事案件中应当是很常见的,有研究表明人们估计38%的罪犯会申请精神障碍辩护,[③]然而实际上,提出精神障碍辩护的情形非常罕见,就算是在重大刑事案件中的比例也非常小。[④](和

① See Donald H.J.Hermann & Yvonne S.Sor, Convicting or Confining? Alternative Directions in Insanity Law Reform: Guilty but Mentally Ill versus New Rules for Release of Insanity Acquittees, 1983 B.Y.U. L. Rev. 499, 582; see also People v. Ramsey, 375 N.W.2d 297(Mich. 1985); State v. Neely, 819 P.2d 249, 252(N.M. 1991); State v. Hornsby, 484 S.E.2d 869, 872(S.C. 1997); Robinson v. Solem, 432 N.W.2d 246, 248(S.D. 1988); People v. Smith, 465 N.E.2d 101, 106(Ill. App. 1984).

② 第九章将详细探讨这种已被许多州所采纳的改革措施。

③ See Valerie P.Hans, An Analysis of Public Attitudes toward the Insanity Defense, 24 Criminology 393, 406(1986); see also Eric Silver et al., Demythologizing Inaccurate Perceptions of the Insanity Defense, 18 Law & Hum. Behav. 63, 67—68(1994).

④ See Lisa A.Callahan et al., The Volume and Characteristics of Insanity Defense Pleas: An Eight-State Study, 19 Bull. Am. Acad. Psychiatry & L. 331, 334(1991). See also Richard A.Pasewark & Hugh McGinley, Insanity Plea: National Survey of Frequency and Success, 13 J.Psychiatry & L. 101(1985); Stephen G.Valdes, Comment, Frequency and Success: An Empirical Study of Criminal Law Defenses, Federal Constitutional Evidentiary Claims, and Plea Negotiations, 153 U. Pa. L. Rev. 1709, 1723(2005).

大众心里想的不一致的还有，申请精神障碍辩护的案件中有一半涉及的是非暴力犯罪。)①而且在仅有的几个涉及精神障碍辩护的案件中，这种辩护往往都没有像大家想的那样会被轻易认可，②这又与人们的猜测所不符。③所以，有些疑虑和担心其实真的是想当然了。

那些声称精神障碍辩护会被有心者利用的人还搬出了一个事实：大多数"因精神失常而无罪"的判决往往没有经过法庭辩论而作出，④而且绝大多数(一项研究表明有93%)通过控辩交易和法官审理就判决了，没有经过陪审团审议。⑤但是他们忽略了另外一个事实：大多数因为精神失常而被判无罪的犯人都有严重的精神病史，⑥所以不存在滥用的可能。此外，规定"因精神失常而无罪"的判决必须经过陪审团审议，难道就一定能够带来正义的结果吗？就像约翰·辛克利(John Hinckley)，他刺杀里根总统，却被陪审团判为无罪，而许多像戈德斯坦这样的犯人，尽管有严重的精神疾病，陪审团还是认定其有罪。

事实上，有罪判决与因精神失常而无罪的判决，两者的区别不在于一个剥夺自由，一个放任自由。作出因精神失常而无罪的判决其实是为了让罪犯能够受到更好的评估、监护和治疗。⑦以约翰·辛克利为例，他在判决后被送到了一家精神病院，二十多年一直被看护在那里。⑧然而，一般人可能会认为因精神失常而无罪的判决就是和无罪判决一样，就意味着放任自由，但没有意识到这种判决在一定程度上还是剥夺了罪犯自由，并且更加合理。

---

① See Steadman et al., supra n.34, at 111; see also Callahan et al., supra n.39, at 336.

② 有研究表明精神障碍抗辩被认可继而判无罪的平均概率是26%。See Callahan et al., supra n.39, at 334. See Pasewark & McGinley, supra n.39, at 106; see also Valdes, supra n.39, at 1723.

③ See Hans, supra n.38, at 406(reporting study indicating that public believes that over 36% of all NGRI claims, constituting perceived 14% of all criminal cases, result in NGRI verdict); Mary Frain, Professor Says Insanity Defense Seldom Works, Telegram & Gazette(Worcester, Mass.), Jan. 19, 1996, at B1(quoting chair of psychiatry at the University of Massachusetts Medical Center as saying that general public believes the insanity defense is used in 20%—50% of all criminal cases).

④ See Michael J.Perlin, A Law of Healing, 68 U.Cin. L.Rev. 407, 425(2000).

⑤ See Callahan et al., supra n.39, at 334.

⑥ See Michael R. Hawkins & Richard A. Pasewark, Characteristics of Persons Utilizing the Insanity Plea, 53 Psychol. Rep. 191, 194(1983); Steadman et al., supra n.34, at 56.

⑦ See 730 Ill. Comp. Stat. 5/5-2-4.

⑧ See Jdith Havemann, City Unveils Design for Scaled-Down St. Elizabeths, Wash. Post, Oct. 10, 2002, at T3.

让人感到可悲的是，在现有的司法体系下，人们无从知晓“因精神失常而无罪”的判决的真正意义，而且很多时候，陪审员在被灌输这种判决会产生不良后果后，[①]很有可能会产生这样的印象：必须作出有罪判决（或者是“有罪但身患精神疾病”的判决），来确保精神病患者不会被无条件释放；或者只有判决有罪才能保证他们得到有效的精神治疗。

正是基于这样的误解，公众以及立法机关才会深信滥用和控制的可能性以及限制精神障碍抗辩的必要性。[②]然而，这种滥用和控制都是人们臆想出来的，最后反而导致了不公正的结果。

精神障碍辩护一般仅适用于那些无法合理解释的行为，但是有时候，法律也会规定，对那些基于合理至少是可以理解的动机而作出的犯罪行为，同样允许辩护和减轻处罚。比如过失杀人，如果一个人行凶是因为对方过分地挑衅，那么可以减轻他的刑事责任，不认定他的行为是谋杀。

与本章中提及的其他规范一样，由于担心被告会钻法律空子，对法律规定的“理性”一词作扩大解释，有些法院便严格限制对过失杀人中的当事人减轻处罚。但是有时候，过分的限制会导致一些合理的主张不能得到法院认可，最终导致司法不公。

第五节　被羞辱，崩溃了、爆发了

20世纪初的时候，许多移民到华盛顿的希腊人，都会选择在当地的造纸厂工作，约翰·古纳加斯（John Gounagias）和迪奥尼西奥斯·格鲁纳斯（Dionisios Grounas）便是其中两人。他们不仅在同一家造纸厂工作，而且也住在一起。他们和其他希腊移民一样，时常出入当地的一家咖啡屋。1914年4月18日，希腊复活节的前一天，古纳加斯和两个朋友在翻阅一本希腊杂志的时候，被上面的一则广告吸引了，广告兜售的是一个箱子，箱子里面包含一把0.32英寸口径的左轮手枪和其他一些杂七杂八的东西。古纳加斯觉得还挺划算，便下了单。

① See People v. Stack, 613 N.E.2d 1175, 1183—1184(Ill. App. 1993); see generally Thomas M.Fleming, Instructions in State Criminal Case in Which Defendant Pleads Insanity as to Hospital Confinement in Event of Acquittal, 81 A.L.R.4th 659(1990 & 2004 supp.).

② See Michael L.Perlin, “The Borderline Which Separated You from Me”: The Insanity Defense, the Authoritarian Spirit, the Fear of Faking, and the Culture of Punishment, 82 Iowa L. Rev. 1375, 1375 & nn.5—6(1997).

复活节当天，古纳加斯和格鲁纳斯都待在家没出去，两个人不知怎么地为了一点小事争吵了起来。古纳加斯这天喝了很多啤酒，喝得都已经神志不清了。格鲁纳斯看着躺在地上一动不动的古纳加斯，依旧喋喋不休，不停辱骂着古纳加斯和他妻子。骂到后来，格鲁纳斯的气还是没消，竟然趁古纳加斯不省人事的时候鸡奸了他，还强行将异物塞进了他的肛门。

酒醒过来之后，古纳加斯把自己的东西收拾了下，然后搬了出去。到了第二天，他在街上碰见了格鲁纳斯，便质问他前一天晚上为什么对他做出这种事情。格鲁纳斯讥笑地说："我看你没什么事啊，看来那东西没有伤到你嘛！"古纳加斯心里很恨他，但又怕这件事情宣扬出去，只能卑躬屈膝求他不要把这件事情告诉其他人。然而，格鲁纳斯并没有就此放过他，他把这件让古纳加斯感到无比羞辱的事情在希腊同胞间传了个遍。每个人见到古纳加斯，都用一些猥亵的手势和符号暗示他们已经知道这件事了。古纳加斯长期遭受人们的嘲笑侮辱，最后患上了严重的神经衰弱性头痛。

两周之后，古纳加斯买的左轮手枪到了。他又买来了子弹，然后把枪藏到了枕头底下。这些天，他还是生活在别人的嘲笑和羞辱中，病情也越来越严重。

这样又过了一周，一天早上，他的头痛病犯了，剧烈的疼痛甚至都让他无法前去上班。他试图通过打台球、到咖啡屋喝杯咖啡、打牌来转移注意力，但疼痛依旧不断折磨着他。到了下午，古纳加斯感觉非常绝望，他想到了死。他来到了河边，想跳河自杀。但是，试了几下还是没狠下心。于是，他又去拜访了几位老朋友，和他们聊了一会。

时间到了晚上的十一点，古纳加斯又来到了那间咖啡屋。可是，让他没想到的是，还没等他进门，他就听到了一群人的嘲笑声。他们大声说着他被鸡奸一事，不停地辱骂他，对他做着不雅的手势。这次，同时遭受着身体上的疼痛和精神上的侮辱，古纳加斯崩溃了、爆发了。他飞也似的跑到了家里，直奔那把左轮手枪，把它上好膛，然后又飞奔到格鲁纳斯家里。此时，格鲁纳斯已经关灯睡觉了。古纳加斯点了一根火柴，靠着它的光在黑暗中摸索到了格鲁纳斯的卧室。看到躺在床上的格鲁纳斯，古纳加斯没有丝毫犹豫，朝他头上就是一枪。被仇恨冲昏头脑的他，最后把五发子弹都打向了格鲁纳斯身上，然后回到了自己的家。事发不久，古纳加斯就被逮捕了，他被指控一级谋杀罪。

一审审判中，法官拒绝接受任何一项能够证明古纳加斯是因精神受刺激而杀人的减刑证据，最终还是判他一级谋杀罪成立。古纳加斯上诉到了华盛顿州最高法院，他辩称激情杀人者可以减轻罪责是为大家所公认的，对于证明他是基于对方的刺激而失控将其杀死的证据，法院应当予以支持。①然而，州最高法院还是否定了他的请求，认为古纳加斯的犯罪行为发生在他被鸡奸将近三周之后，“与法律规定的一时激愤不符”。②因此，如果刺激事件发生之后存在一段冷静时间，按照普通法的规则，激情不能作为被告的免责事由。

第六节　遵循纯粹的客观标准

按照普通法的传统，界定减刑事由是否成立需要遵循严格的客观标准，例如在过失杀人案中“合理的刺激事件”的标准，③以及判断重大过失的主观心理状态的标准。④所有的犯罪行为都应当按照一个理性人的标准来评价和判断。有人提出，如果不遵循纯粹的客观标准，而将被告存在的个别特殊情况考虑在内，便会导致定罪量刑时出现太多不确定性。他们还担心这样一来，许多被告会辩称，他们所实施的客观上不合理的行为在他们主观上看来是合理的，并借此逃脱刑责。基于这样的担忧，法律在界定过失的时候排除了教育、智力、年龄、背景这些个人因素。⑤

在过失杀人的案子中，判断导致犯罪行为发生的刺激事件是否“合理”时，一般不会考虑被告的个别情况或状态。⑥的确，在一些司法辖区有所例外，但也仅是那些法律特别规定的情形才会被认定符合激情杀人的条件。⑦遵循普通法的法院还认为如果被告受到的刺激与其行为之间存在一段合理的冷静时间，

---

① 具体而言，“故意杀人的行为，如果是在精神受到强烈刺激后，由于一时激愤或者兴奋冲动的情绪的影响而作出的，并且在刺激与行为之间缺乏冷静时间，则将杀人行为认定为一时激情而非蓄意谋杀，因为根据一般人的行为标准，其主观过错程度明显要轻于预谋或故意杀人”。

② 该案的案件事实来源于 State v. Gounagias, supra n.50。

③ See Wayne R.LaFave, Criminal Law §15.2(b), at 777—778, 784—785(4th ed., West 2003); Andrew Ashworth, The Doctrine of Provocation, 35 Cambridge L.J. 292, 298—300(1976); Richard G.Singer, The Resurgence of Mens Rea: I: Provocation, Emotional Disturbance, and the Model Penal Code, 27 B.C. L. Rev. 243, 251(1986).

④ See LaFave, supra n.52, at §5.4(b)(2); 2 Robinson, supra n.10, §61(a) at 209—215.

⑤ See State v.Williams, 484 P.2d 1167(Wash. App. 1971).

⑥ See Bedder v. Director of Public Prosecutions, 1 W.L.R. 1119(1954); Glanville Williams, Provocation and the Reasonable Man, 1954 Crim. L. Rev. 740, 747.

⑦ 比如伊利诺斯州的法律，仅承认以下几种“合理的”情形：“遭受严重的身体伤害或攻击，互相言语攻击或互殴，非法拘禁以及与罪犯的配偶通奸。”

那么他便不能被认定为激情杀人。[①](同时,被告的个人因素也可以成为反驳理由:如果被告没有如一般理性人一样,受到刺激而产生强烈的冲动情绪,[②]或者没有如一般理性人一样及时冷静下来,[③]那么他的自制力便会被特别考量,他也不会被从宽处罚。)

古纳加斯案就是一个明显的例子,法院根据客观标准来判断刺激事件的构成以及消除刺激事件影响所需的时间,忽视事件对他精神状态的实际影响,认为经过一段冷静时间后,一个"理性人"能够将情绪排解出去,因此他不能以受刺激为由获得减刑。

许多学者也认识到了遵循过于严格的客观标准的弊端,即有时会违背应得刑罚的原则。[④]就像在古纳加斯案中,被鸡奸一事以及随后无休止的羞辱一直影响着他,这样的刺激事件对他之后的犯罪行为产生了极为重要的影响,不能以纯粹的客观标准来衡量。实证研究表明,公众都认可这样一种观点:任何人不应被强行设定超越合理预期的标准。[⑤]

在古纳加斯案后,《模范刑法典》作了修正,认可了主观标准。根据《模范刑法典》,判断行为是否"合理",不是出于一个抽象的"理性人"的角度,而是要从身处行为人所遭遇的具体情形下,"理性人"可能的反应和行动来考虑。[⑥]"行为人所遭遇的具体情形"可以扩大解释为法官既需要考虑行为人所遭遇的客观环境,还需要顾及行为人的独特性。[⑦]《模范刑法典》体现了一种现代的刑法理念,它是对传统普通法规范的修正,更符合应得刑罚的原则。

虽然《模范刑法典》规定了主观标准,但基于对主观标准可能会被滥用和操纵的担忧,许多地区仍然遵循着严格的客观标准。以刺激情形为例,一些以《模范刑法典》为模板制定地区法典的州,拒绝《模范刑法典》所作的规定,仍旧

---

① See People v. Cooley, 27 Cal. Rptr. 543(1962); People v.Washington, 187 N.E.2d 739(Ill. 1963); Sanders v. State, 106 S.E. 314(Ga. App. 1921).

② See State v. Douglas, 407 P.2d 117(Ariz. 1965); Green v. State, 25 S.E.2d 502(Ga. 1943); Cavanaugh v. Commonwealth, 190 S.W. 123(Ky. 1916); State v. Spears, 300 P.2d 551(Wyo. 1956).

③ See State v. Robinson, 185 S.W.2d 636(Mo. 1945); In re Fraley, 109 P.295(Okla. 1910).

④ See George P. Fletcher, Rethinking Criminal Law 278 (Little, Brown 1978); Singer, supra n.52, at 289.

⑤ See Robinson & Darley, supra n.6.

⑥ Model Penal Code §210.3(1)(b).

⑦ Model Penal Code §210.3, Comment 5(a) at 62—63(1980). Model Penal Code §2.02, Comment 4, at 242(1985).

采用纯粹客观的理性人标准,①更不用说那些自行制定法典的州了。据统计,一共有 23 个州完全按照客观标准来评价判断。②此外,另一项调查指出,41 个司法辖区在刺激情形上仍采用的是客观标准,仅有 7 个可以说采纳了《模范刑法典》的做法。③调查还表明 16 个州仍然遵循纯粹客观的标准来判断正当防卫是否成立。④而至于胁迫抗辩,客观标准则是原则,基本上不采纳主观标准。⑤

从实效性和公正性来看,我们认为《模范刑法典》规定的客观为基础、主观为辅的理性人标准更为可取。如果仍有人对其持怀疑态度,那可以再加一条:由被告方承担免责或减刑事由的证明责任(第九章将会详细讨论)。不管反对者提出怎样的质疑,不可否认的是纯粹客观标准,如上文所说给行为人"设定了超越合理预期的标准",这显然不具有正当性。

第七节 防止客观标准过度吸收个人特征

尽管严格遵循客观标准会导致不公正的结果,但对滥用主观标准的担忧也并非全无合理之处。客观标准如果过度吸收个人特征因素,也会有一定的风险。想想"地铁义警"(subway vigilante)伯恩哈德·戈茨(Bernhard Goetz)案引起的有关正当防卫的法律辩论吧。该案中,法庭驳回了大陪审团的起诉,理由是检察机关向大陪审团提出的判断标准有误。其所遵循的标准是:"在当时的情形下,一个理性人是否会作出和被告人一样的行为。刑法重复使用了'他合理相信'一词,而合理性是根据彼时彼景下当事人的主观看法来确定的。

---

① See Colo. Rev. Stat. Ann. §18-3-103(3)(b)(reasonable person); Ga. Code Ann. §16-5-2(a)(reasonable person); La. Rev. Stat. Ann. §14:31(1)("average person"); Mo. Ann. Stat. §565.002(1)("person of ordinary temperament"); Nev. Rev. Stat. Ann. §200.050(reasonable person); Tenn. Code Ann. §39-13-211(a)(reasonable person); Tex. Penal Code Ann. §19.02(a)(1)("person of ordinary temper"); Wis. Stat. Ann. §939.44(1)(a)("ordinarily constituted person"); cf. Utah Code Ann. §76-5-205(3).

② See Laurie J. Taylor, Comment, Provoked Reason in Men and Women: Heatof-Passion Manslaughter and Imperfect Self-Defense, 33 UCLA L. Rev. 1679, 1687n. 48(1986).

③ See Kevin Jon Heller, Beyond the Reasonable Man? A Sympathetic but Critical Assessment of the Use of Subjective Standards of Reasonableness in Self-Defense and Provocation Cases, 26 Am. J. Crim. L. 1, 109—120(1998).

④ See Holly Maguigan, Battered Women and Self-Defense: Myths and Misconceptions in Current Reform Proposals, 140 U. Pa. L. Rev. 379, 461—67(1991).

⑤ See Heather R. Skinazi, Comment, Not Just a "Conjured Afterthought": Using Duress as a Defense for Battered Women Who "Fail to Protect," 85 Cal. L. Rev. 993, 999—1003, 1011—1013(1997).

客观或混合的标准是不可行的，问题的关键不在于理性人的心态，而在于被告人当时的精神状态。”①

上诉部门(The Appellate Division)认可了一审的驳回决定，②并作出了下面的说明：

“法律所规定的标准是被告人自己主观上是否有理由相信——而不是其他人是否有理由相信。应当设身处地站在被告人的角度，基于他当时所处的环境，来判断他是否有理由相信受害人将要对他施以致命的攻击，以及他所采取的同样致命的防卫措施是有必要的。”③

然而有一个问题是，上文的措辞可能会被理解为个人特征可以被完全吸收。如此一来，遵循的便不再是客观标准，成了纯粹的主观标准。按照纯粹的主观标准，被告可以主张其自身存在的特殊状况来证明自己当时确实合理相信自己的行为是理性的，从而获得不合理的减刑或无罪判决。这显然有悖于应得刑罚的原则，应得刑罚原则要求行为人全力抑制违法犯罪的念头，即使当时确实有一股常人难以想象的冲动。被告所有的个人特征都能够作为犯罪的免责或减刑的理由，这显然是不合理的，只有一部分确实会对他们的看法和行为产生重大影响的个人特征因素才应当被考虑在内。由于这些因素的存在，我们无法合理预期被告仍然会遵守法律的规定。

正是由于担心被告可能会利用主观标准逃脱法律制裁，很大一部分州的法典都严格限制客观标准吸收个人特征，而许多地区选择直接采用普通法传统的纯粹客观标准。从主观标准存在的弊病来看，这样的做法确实也是可以理解的。《模范刑法典》规定的标准，相比纯粹客观标准更具弹性，有一定的合理之处，但问题是，它不应当被过度解读、扩大适用为一种完全吸收个人特征的定罪量刑的标准。

刑法学理论界还没能创设出一种完善的标准，来准确界定哪些个人特征因素应当被吸收，而哪些个人特征因素不应被考虑在内。这或许是当今理论界最大的挑战，也是今后理论学者面临的一大难题。尽管如此，现阶段已经出现了一些相关的判例，对某些问题也有了一定的共识，我们相信在这方面的研

---

① People v. Goetz, 502 N.Y.S.2d 577, 577(N.Y. Trial Term 1986).

② People v. Goetz, 501 N.Y.S.2d 326, 329(N.Y. App. Div. 1986).

③ 上诉法院最终推翻了一审的驳回决定，see People v. Goetz, 497 N.E.2d 41(N.Y. 1986)。

究一定会有所突破的。①

基于对滥用和控制的担忧而否定一些抗辩和减刑事由，其目的是为了使被告受到应得的刑罚。然而，这种做法产生的结果却可能与它的初衷相背，导致司法不公。很多情况下，这样的担忧往往是一种过激反应，是一种没有事实依据的猜测而已。因此，除非司法实践表明确实不可行，否则这些抗辩理由不应该被简单否定。

① See Robinson & Darley, supra n.6, at Study 11.

第三章

增强可信度

应得刑罚偏离的另一实践限制是可信度的问题：或是某些证据不具可信度，或是诉讼结果整体而言不具可信度。上一章我们讨论了因害怕滥用而产生的刑法规则，其意在解决两方面的问题：潜在的人为刻意滥用（但是总体而言这一点难以避免），和再现过去真实情况的困难程度。而本章与第二章不同。即使每个人都诚实且无人歪曲事实，仍不能保证案件结果的准确。而且，举证上的问题也会导致难以获得准确结果。

例如，证明被告人主观心理状况的往往是其他人而非被告人本人，要证明可责性（culpability）到“毋庸置疑”（beyond a reasonable doubt）的程度，无疑给控方分配了更重的证明责任。实践中往往会因难以证明可责性，而无法对犯罪施以恰当刑罚。因此，为了减轻检方的举证责任，需要降低可责性要求，或是允许间接证据辅助甚至是直接用于认定犯罪。譬如，严格责任（strict-liability）就减轻了检方的证明责任，不用明确证明被告人主观上存在轻率或疏忽（recklessness or negligence）。但是，严格责任也为刑罚的失义大开方便之门，使得像雷蒙德·加尼特（Raymond Garnett）这样的无辜之人受罚。下文我们将会探讨这一案件。

为了提升可信度，刑法规则将案件不确定性的成本施加给控方，使得刑罚不当，结果不公。举例言之，如果时间经过越久，则可以推定案件证据的可信度越低；所以时效制度规定，在特定期间经过以后，禁止追诉。也正是这一规则使得赫伯特·霍华德（下文详叙）这类人能逃脱惩罚，只要他们在足够长的期间内不被发现。

第一节　缺席的正义

1978 年 3 月 16 日晚，劳伦·卡斯特迪克（Lauren Kustudick）为了找朋友过圣帕特里克节，她去了一家名为 Some other Place Lounge 的夜店，当然也是因为她看上了一个在夜店工作的小伙子。她精心打扮了一番，并说服她母亲开车载她前去。劳伦（朋友和家人叫她罗莉）住在伊利诺伊州的格伦维尤(Glenview)，位于芝加哥郊区，夜店就离那儿不远。虽然罗莉只有 16 岁，但她母亲知道她有责任能力，所以同意了她的要求。罗莉使用假身份证进了夜店，但是她的朋友却不在那儿。罗莉等了许久，为打发时间还喝了点酒，又和之前在这儿认识的熟人聊了一会儿。

凌晨两点半左右，一名年轻男性[后经调查确认为赫伯特·霍华德(Herbert Howard)]接近罗莉，告诉她说："我们要走了，我兄弟和我要离开这儿，要是你想搭个便车，我们很乐意带你一程。"罗莉接受了他的邀请，于是和赫伯特他们一起离开了夜店。他打开了一辆蓝色双门车的车门，坐进了前排的乘客座椅，罗莉则钻进了后座。另一个吊儿郎当的小个儿年轻人跟在他们车后。

离开夜店没几分钟，当车要开进罗莉想去的街道拐角处时，她告诉司机左转。霍华德回道："别，先别拐弯。"他越过座椅，用拳头击打罗莉的脸，随后是一连串的猛击。罗莉大声呼救，希望母亲能来救她，但是每次呼救招来的是更多的击打，她乞求司机停车而不得。霍华德不停用污言秽语侮辱她，朝她吐唾沫，撕扯掉衣服并强暴了她。

霍华德还怂恿司机强奸罗莉，但遭到其拒绝。他掐着罗莉的脖子，又是咬又是用烟头烫，猛烈的击打使得罗莉颅骨多处骨折。

大约几小时后，司机将车开进加油站，下车去了洗手间。罗莉发现司机那一侧的车门未锁死。霍华德此时也坐起身，探身向前排两座椅之间，打开仪表板上的储物箱翻找着什么东西。趁其不备，罗莉迅速从后座钻出，逃了出来。从车里逃出后，她听到霍华德在她身后大喊，命令她滚回车上。

3 月 17 日的凌晨四点零四分，库克县(Cook County)警局的警官杰克·哈特曼(Jack Hartmann)发现罗莉全身赤裸地斜穿过十字路口，于是追上她并要求她停下来。站定之后，哈特曼看到她一边哭，脸上一直在流血。罗莉告诉警察她想回家，警察给她披上毛毯，带她去了路德综合医院。在去医院的路上，她努力地向警察解释遇袭的经过，但因嘴上有伤，说话非常困难。

在接下来的几天里，警察在侦查员威廉·贝伦斯(William Behrens)的带领下，调查袭击者的居所地。根据被害人的描述，警方描画了犯罪嫌疑人的体貌特征，但是罗莉认为不像袭击者，却又无法给出更好的画像。警方向袭击当晚在夜店工作的罗伯特·芬顿(Robert Fenton)了解了一些情况。芬顿告诉警方,说他认识罗莉,袭击当晚他看到罗莉和另外两名男性一起离开的夜店。并且他还告诉警方,他认识那个接近罗莉并载她走的男性,但是需要几天时间回忆一下那名男性的姓名。不久之后,芬顿在辨认相簿中指认出两名案件相关人员,并指证其中的一名男性与罗莉一同离开夜店。芬顿一开始告诉警方该名男性名叫朱尼尔(Junior),但当警察说照片中的男性叫赫伯特·霍华德,芬顿随即改口,还说他在袭击当晚查过霍华德的身份证。侦查员贝伦斯查询了霍华德的犯罪记录后发现,他在 1977 年的一起性犯罪中被指控犯有非法拘禁。

在了解这些信息之后,警方再次向罗莉了解情况,让她辨认包含有霍华德照片的辨认相簿。罗莉看过手册后未能指认出那张照片。询问的警察指着霍华德的照片询问罗莉,但她却说她不记得这个人,不但无法回答警察的问题,也无法明确描述出袭击者。

强奸案发生的几周后,警方将霍华德带至当地法院,通知罗莉前来辨认其是否为袭击者。虽然她本人不想再面对霍华德,但她母亲说服了她。因为腹痛,罗莉在法院里的大部分时间都待在了卫生间。“我进去以后,快速地看了一眼,但好像没看太清,我说没有,然后起身走出房间,我父母跟了上来。”[①]因为没有目击者指证霍华德,随后他便被释放。

强奸案给罗莉带来的影响是长久的。从高中辍学后,她在社会上游荡了很久。她把那次强奸称为“事故”,不愿意信任他人,也不愿再冒完全不必要的风险——比如搭陌生人的车。心情不好的时候,她不喜欢肢体上的接触,也不喜欢他人的赞赏。

大约在 1990 年,罗莉决定继续接受教育。她通过了 GED 考试,参加了欧克敦社区大学(Oakton Community College)的课程。在学校里,罗莉注意到了自己精神状态上的奇怪变化。当无法理解一个概念时,她会变得非常紧张。走过大厅时,她再也控制不住,于是她在浴室隔间里哭泣。然后她寻求指导老师的帮助,几次谈话之后,指导老师建议她向专业治疗师求助。

1991 年,在母亲的陪同下,罗莉见到了治疗师琳恩·詹姆斯(Lynn James)。罗莉向治疗师描述了那次袭击的细节,母亲听到后流下了眼泪,但是她本人却未表现出任何情绪。除了那次久远的经历,治疗师在此基础上又推

---

① Interview by Ryan McLennan with Lauren Kustudick in Glenview, Illinois (Nov. 28, 2000) (notes on file with authors).

进了一步，开始一对一咨询，之后又转向团体治疗。詹姆斯的努力取得了成效，使得罗莉意识到那虽是一件痛苦的经历，但却是必须跨过的坎。

罗莉想要了解强奸案的更多细节。她开始翻阅警方的报告。她联系了库克县的警局但是一开始却没能发现任何记录。打了一通又一通电话之后，工作人员只是告诉她不确定是否还能找到1978年的资料。终于，队长杰罗姆·凯瑟利(Jerome Casserly)答应帮忙查询档案。几天后，他找到了当时的报告并告知了警官凯西·李(Cathy Lee)的联系方式。当年案发之后，正是这位警官在医院帮助罗莉平复情绪。

罗莉继续着她的调查，从路德综合医院获得了她自己的档案，其中包括X光片，一些照片和医疗记录。接着，她和治疗师琳恩·詹姆斯谈论了她对那次袭击的记忆。詹姆斯找到了现在罗林梅多斯市(Rolling Meadows)警局工作的警官李，告诉她说："现在和我一起工作的人非常想见你……她叫劳伦。"一听到罗莉的名字，李警官马上回想起15年前的事。她们在罗林梅多斯市见了面，聊了那起案件。李警官还告诉她说那晚第一次见到她的警官哈特曼已经去世了。

随着罗莉案件调查的开展，她逐渐回忆起了那晚袭击的一些情况。半夜醒来，感觉枕着的枕头就像是那晚的汽车座椅。如果有人突然出现在她身边，或是物体掉落在地发出的响声，罗莉都能感觉到剧烈的心跳。她不想在电视里看到任何对女性实施暴力的画面。曾经模糊的记忆如今变得越来越清晰。

罗莉想找到当年的袭击者。她把这一想法告诉了李警官，她们一起讨论了可能会发生的情况。李警官找来了一本辨认相簿，后来据罗莉所说是一本"很厚很厚的手册……就好像是芝加哥的黄页"。李警官两次偷偷地将霍华德的两张照片放在不同的书页上。1993年10月6日，罗莉抵达了警局，虽对辨认照片仍旧心有余悸，但她强迫自己去看。其中有两张照片引起她的注意，但她却无法在其中作出选择。她把这两张照片指给李警官看，说她不能确定两张照片中的哪一个是袭击者。其实这两张都是李警官放进去的赫伯特·霍华德的照片。罗莉告诉李警官，她想起诉霍华德。

警方认为他们有了足够的证据起诉霍华德。加上罗莉和夜店保安的指认，霍华德的犯罪记录也表明他有为这种行为的倾向。助理州检察官珍妮·巴雷特也认为罗莉已经能正确地辨认出袭击者。然而，法律检索结果表明，法院无法审判霍华德。在罗莉遭到袭击之时，伊利诺伊州的法律规定：所有的强奸案件只有五年的追诉时效。因为时效期间已经经过，公诉机关无法对霍华德的强奸行为提起公诉。

罗莉现在还时常会回想起这一案件的结局：

> 正如我们所言，如果回到那一天，我想问自己："那天在被暴打了之后，在警局为什么没有，为什么不能辨认出那个人？"……一直以来，你知道的，我不得不寻求了许多帮助，这些都指向了同一个人，因为那天我没做任何有用的事，使得他逃脱了制裁。这一点我不得不承认。①

第二节　追诉时效

追诉时效是指在实施犯罪行为后的规定期间内，公诉机关或者提起公诉，或者放弃惩罚犯罪。一旦追诉时效经过，不得再起诉。然而，追诉时效不能保证案件得到迅速解决，因为它只与刑事诉讼的启动有关，而与诉讼结果无关。如果诉讼在进行之中，追诉时效中断。②在此之后，实际诉讼的期间受到被告人迅速审判权的限制。③这一问题我们将在第七章讨论。④

诉讼时效的基本原理在于，陈旧证据的可靠性值得怀疑。因为随着时间的推移，记忆会淡化，目击证人会死亡，实物证据会灭失。1623 年，时效制度首次在英格兰颁布。⑤通过在特定期间经过后限制提起公诉的方式，当年控辩双方面临的棘手问题就这么简单地解决了。但时过境迁，如今的审判程序能够给被告人足够的机会提出旧证据的证明力问题。反倒是检方，必须承担"毋庸

---

① 霍华德案的案件事实来源于：Cook County Sheriff's Police Department Report (Mar. 17, 1978); Sheriff's Police Department, Supplementary Report(May 18, 1978); interview by Ryan McLennan with Lauren Kustudick in Glenview, Illinois(Nov. 28, 2000)(notes on file with authors)。

② See Wayne R. LaFave et al., Criminal Procedure §18.5(a) at 876(4th ed., West 2004).

③ See Preliminary Proceedings: Speedy Trial, 33 Geo. L.J. Ann. Rev. Crim. Proc. 344, 344(2004)(footnotes omitted); See United States v. Marion, 404 U.S. 307(1971).

④ 为了符合时效规定，又确保能起诉，有一种方式是通过发出"John Doe indictment"起诉身份不明之人，起诉书中可能附有犯罪嫌疑人的 DNA 图谱，一旦确定犯罪嫌疑人身份，即可提起诉讼。See Meredith A.Bieber, Comment, Meeting the Statute or Beating It: Using "John Doe" Indictments Based on DNA to Meet the Statute of Limitations, 150 U. Pa. L. Rev. 1079, 1079 n.1(2002); Frank B.Ulmer, Note, Using DNA Profiles to Obtain "John Doe" Arrest Warrants and Indictments, 58 Wash. & Lee L. Rev. 1585, 1617—1620(2001). See Richard Willing, Police Expand DNA Use, Charge Man with Rape Using Only Genetic Profile, USA Today, Oct. 25, 2001, at A1; Michael Luo, Unnamed Man Indicted by DNA, Newsday(N.Y.), Aug.9, 2000, at A3.

⑤ See Limitation Act of 1623, 21 Jac.1, ch.16.

置疑”的证明责任，而随着时间的推移，证据的获取难度会增加。在1623年因为拖太长时间而无法顺利进行下去的案件，在今天的庭审里是很容易解决的。

在诸多庭审保障措施引入之后，时效制度的需求实际上有所降低。时效制度至今仍然有效或许只是因为还没有足够的动力废除它。因为搜集到的旧证据证明力较弱，这使得检察机关不愿办旧案，而更有动力办理新的案件。由此看来，时效制度并无实际价值，只是给检方轻易放过应得刑罚之人的理由。

显然随着法庭科学的进步，上面的情况已经发生了变化，DNA检测正是其中之一。早期的一些技术运用（如指纹识别）和近期的一些新技术（如视听资料）都冲击着时效制度的基础——旧证据证明力不足问题。①对那些发生在追诉时效之前的案件，检察机关也越来越能够掌握到可靠的证据，而且不断进步的科技手段将会更有助于证据的获取。

因此，时效制度的需求实际上在减弱，但是对其不公的激愤之情却在加剧。在罗莉·卡斯特迪克（Lori Kustudick）的案件中，几乎所有的证据（像是回忆和证言）都是基于传统的来源渠道（传统渠道获取的证据有时并不可靠）。这其中的争议在于，至少要让检察机关有机会在庭上出示证据，对被告人提出控诉。当然在有物证的案件中，物证可能更重要，其证明力也会更强，不会随着时间的经过而减弱，用其论证会更有力。但相应地，如若在这类案件中，因为时效制度的限制而使得公诉机关无法追诉，人们心中的不公正感会更加强烈。

虽然对旧证据证明力的质疑是支持适用刑事时效制度最核心的理由，但却不限于此。其中最有说服力的理由是“监督理论”。其基本主张具体而言：如果犯罪嫌疑人在很长时间内都没有再为犯罪行为，那么有很大的可能是他已经改过了，这时再去追诉已无必要。②有种理论认为，刑事指控的目的在于矫正，而不是惩罚过去的罪行或是其他。即使承认这一有待证明的理论，但该理论只是主张要适当的量刑。量刑可能只是简单地得出（也许根本无法得出）这样一个结论：七年前犯罪的强奸犯比两年前犯罪的强奸犯人身危险性更小。更重要的是，这很难推导出，之前犯罪却迟迟未被抓获的人在中间这段时间内

---

① 关于法庭科学的发展情况，See Jay A. Siegel et al., Encyclopedia of Forensic Sciences(Academic 2000); see, e.g., idem at 1054(“[A]dvances of the past 20 years or so have been positively breathtaking.”)。将新技术用于法庭调查也存在一些质疑，see Scott Bales, Turning the Microscope Back on Forensic Scientists, 26 No. 2 Litigation 51, 58 (2000)。

② See LaFave et al., supra n.4, § 18.5(a), at 875.

没有实施其他的犯罪行为，但是时效制度根本未考虑其可能存在尚未被发现的犯罪行为。即使在这期间实施了数次强奸，时效制度仍会阻碍对第一次犯罪行为的追诉。（如果对其第一次犯罪行为不予追诉定罪的话，那么第二次的强奸行为在量刑时会被认定为初犯，而不是累犯。）

支持时效制度的另一个理由则是“如果没有广泛的民意共识要求惩罚犯罪，也就不必再追诉”。[①]要反驳这一说法，可以看公诉机关在受理新案件时，是否还愿意花时间和精力去调查旧案件。事实上，当我们回顾卡斯特迪克案则会发现，涉案的罪行如此之严重，尽管有时效限制，执法机关都希望追诉。申言之，如果时间可把对正义的渴望转化为慈悲的宽宥，这一变化最终将反映在恰当的刑罚之中。

还有些主张从经济学的角度出发，认为“犯罪嫌疑人和社会上一般公民相比，他们自身的未来有更高的折价，犯罪行为的发生已经经过了那么长时间还去惩罚的话，仅具有名义上的威慑效果，但却会花费高昂的社会成本”。[②]这一主张与上文“长时间未被发现可能已经自我改正”的观点类似，他们认为，刑法的存在只是单纯服务于一个功利的目标（通常理解为威慑），刑法的规范也应当依照其潜在威慑效果而制定。但我们在第一章讨论过，大多数人，即使是功利主义者都不会同意这样解读刑法功能。

更重要的是，当我们审视这一观点便能发现，其本身就暗含着纯威慑倾向的无效之意。我们在第六章会讨论，犯罪行为人往往会有极高的折价率。有观点主张通过修改刑法规范以实现其威慑功能，但很多人恰恰会基于这一点和一些其他原因质疑威慑的有效性。废除时效制度向犯罪行为人（当然也包括守法公民）传达这样一个信号——无论时间过了多久，无论要投入多少资源，只要案件未解决，法律绝不会收手，因为实现正义才是首要目的。这主要强调了刑法共同价值观中的道德因素而不只是社会运作机制和行为规制。而威慑派的观点忽视了这一潜在目标。唯有如此，才能更好地推动法治事业，而非计较于最大化制度的威慑效用。

时效制度诞生时的正当性理由如今已不存在（虽然也不都如此），但就像卡斯特迪克案所呈现的，对那些并非无罪的案件，正义的实现成本相对较高。对于那些确有犯罪却无法得到其应得刑罚的情况，时效制度表明了刑事司法

---

① Idem.

② Yair Listokin, Efficient Time Bars: A New Rationale for the Existence of Statutes of Limitations in Criminal Law, 31 J.Legal Stud. 99, 99(2002).

体制对非正义的纵容，将刑法正义当作儿戏的行为无疑败坏了制度的声誉。如果让确凿无疑的罪犯因为不能在时效内抓获而逍遥法外，制度亟须的道德公信力基础也将坍塌。

简而言之，若时效制度不再服务于正当目标（至少对于严重暴力犯罪是如此）而总是造成失义的结果，它就应当被废除或是被限制适用。时效是为了保证及时起诉，但不论是延长还是缩减时效期都不会当然地对其产生影响，因为这完全可以通过诉前提出因延期起诉违反了正当程序来实现。即使是在时效期间内提起的诉讼，这类抗辩也是允许的。①解决长时间拖延起诉的另一方法是改变时效规则的效果，使其不再绝对阻碍诉讼的提起。超过了时效期间只是产生了一个偏见假设（人身危险性已不大），而公诉机关要做的是反驳这一假设，或者是对其提出反证。

美国不同司法辖区内的追诉时效规定均有不同。有五个州规定，对任何重罪都不适用时效限制，可以在任何时间追诉。这五个州分别是：肯塔基州、马里兰州、北卡罗来纳州、南卡罗来纳州以及怀俄明州。②有两个州对重罪的追诉几乎没有限制：弗吉尼亚州列出了适用追诉时效的罪名清单，其中只包括了很少的需要重点审查的重罪；③西弗吉尼亚州对“作伪证或指使他人作伪证的”④规定了三年的重罪追诉时效。所有的州对谋杀罪（murder）都有排除适用时效的规定。⑤至少有十一个州将排除适用规定延伸至其他的杀人罪（homicide）。⑥因此，迟延追诉不会使得非预谋杀人罪（manslaughter）逃脱制

---

① United States v. Lovasco, 431 U.S. 783, 789—790(1977); see also United States v. Marion, 404 U.S. 307, 324—325(1971).

② Ky. Rev. Stat. § 500.050(1); Greco v. State, 499 A.2d 209(Md. App. 1985); State v. Hardin, 201 S.E.2d 74(N.C. App. 1973).只有南卡罗来纳州和怀俄明州对所有罪名，不论重罪轻罪，均未规定追诉时效。Story v. State, 721 P.2d 1020, 1027(Wyo. 1986); Alan L. Adlestein, Conflict of the Criminal Statute of Limitations with Lesser Offenses at Trial, 37 Wm. & Mary L. Rev. 199, 249—250 & n.223(1995).

③ See Va. Code Ann. § 19.2-8.

④ W.Va. Code § 61-11-9.

⑤ Paul H. Robinson, 2 Criminal Law Defenses § 202(a) n.3(West 1984 & 2004 supp.).

⑥ See e.g., Ala. Code § 15-3-5(a)(2); Idaho Code § 19-402(1)(故意杀人无限制); 720 Ill. Comp. Stat. 5/3-5(a)(1)(过失杀人和怂恿杀人罪无限制); Minn. Stat. § 628.26(a)(致受害人死亡的案件均无限制)Mont. Code Ann. § 45-1-205(1)(a)(故意杀人、过失杀人无限制)N.J. Stat. § 2C:1-6(a)(非预谋杀人无限制); Or. Rev. Stat. § 131.125(1(非预谋杀人无限制); 42 Pa. Cons. Stat. § 5551(2)(故意杀人无限制); R.I. Gen. Laws § 12-12-17(a)(所有杀人罪均无限制); Tex. Code Crim. Proc. art. 12.01(1)(A)(非预谋杀人罪无限制); Utah Code Ann. § 76-1-301(非预谋杀人罪无限制)。

裁，但可能会产生其他的一些后果。[①]大约有十二个州对与DNA证据有关的部分或全部案件专门颁布了时效期间的延伸适用规定。[②]

然而还有些州，对除了谋杀罪之外的重罪都适用了相对较短的时效期间。有十一个司法辖区对除了谋杀罪以外的几乎所有重罪都适用最长七年的追诉时效。它们分别是：阿肯色州、哥伦比亚特区、爱荷华州、缅因州、内华达州、新罕布什尔州、北达科他州、俄克拉荷马州、俄勒冈州、犹他州和威斯康星州。[③]一些州在这方面的规定游移不定：有时将时效期整体延长以打击严重犯罪行为；[④]有时只是针对某些较难侦破的犯罪(如诈骗罪、伪造罪、挪用公款罪)个别延长时效期；[⑤]有时两者皆有。[⑥]

有趣的是，除了这些大范围变化的时效规则，我们还注意到不同州在时效规则的适用这一核心问题上没有明显的差别：依照陈旧甚至是已经灭失的证据认定无法得出合理的结果。对于同一案件，肯塔基州或马里兰州相较于阿肯色州或哥伦比亚特区而言，难道会因为其没有追诉时效的规定而作出更加不合理的判决？虽然缺乏确切的数据，但我们据此可猜测，那些在案情发生之后，经过了很长时间，还能在不同州都被允许追诉的案件，多是证据确实充分到足够排除延期的担忧，以及罪行严重到足够让人搁置时间久远之争议的

① See State v. Stillwell, 418 A.2d 267(N.J. App. 1980)，因为追诉时效而无法就非预谋杀人定罪，检方则会以谋杀罪起诉被告人；105 U. Pa. L. Rev. 1000, 1001 & n.12(1957)；Padie v. State, 557 P.2d 1138(Alaska 1976)。

② Ark. Code Ann. § 5-1-109(b)(1); Ga. Code Ann. 17-3-1(c.1)；720 Ill. Comp. Stat. 5/3-5(a)(2); Ind. Code Ann. § 35-41-4-2(b); Kan. Stat. Ann. § 21-3106(7); Mich. Comp. Laws Ann. § 767.24(2)(b); Minn. Stat. § 628.26(e); 22 Okla. Stat. § 152(C)(2); Or. Rev. Stat. § 131.125; Tex. Code Crim. Proc. art. 12.01(1)(B); Utah Code Ann. § 76-1-302(2), (3).See N.J. Stat. Ann. 2C:1-6(c)(tolling running of limitation period "until the State is in possession of both the physical evidence and the DNA or fingerprint evidence necessary to establish the identification of the actor by means of comparison to the physical evidence"); 18 U.S.C. § 3282(b).

③ See Ark. Code. Ann. § 5-1-109; D.C. Code § 23-113(a)(2)(六年)；Iowa Code §§ 802.1-.3；17 Me. Rev. Stat. § 8; N.D. Cent. Code § 29-04-02(三年)；N.H. Rev. Stat. § 628:8(六年)Nev. Rev. Stat. §§ 171.080, 171.085; 22 Okla. St. §§ 151, 152(三年、五年或七年)Or. Rev. Stat. § 131.125; Utah Code Ann. § 76-1-301, -302(1)(a); Wis. Stat. § 939.74。

④ See Conn. Gen. Stat. § 54-193(a)(A级重罪无限制)；11 Del. Code § 205(a)(A级重罪无限制)；Ind. Code Ann. § 35-41-4-2(A级重罪无限制)S.D. Codified Laws § 23A-42-1(A级和B级重罪无限制)。

⑤ See Ala. Code §§ 15-3-3, 15-3-5(6), (7); Ariz. Rev. Stat. § 13-107; Colo. Rev. Stat. § 16-5-401(1)(a); Fla. Stat. § 775.15(2)(e)-(h); Kan. Rev. Stat. § 21-3106(3).

⑥ See Tenn. Code Ann. § 40-2-101.

案件。

为了能够实现公正，缓解时效期与刑事制度功能之间的紧张关系，才使得谋杀罪成为这其中的例外。在时效制度适用的三点理由上——所有的严重犯罪都会是因为"旧证据"存在证明力问题，社会公众要求惩罚的声音减弱，犯罪行为人的人身危险性随时间经过而相应降低——谋杀罪与其他严重犯罪相比没有明显的不同。谋杀罪作为例外而存在只是因为我们希望实现正义，不能因为躲过追诉的时间一长就使得犯罪行为人逃脱制裁。然而现实却是，其他严重犯罪案件仍旧适用。所以，至少现在对谋杀罪的排除适用也应当扩展至包括像性侵犯这类的其他重罪案件中。

第三节　霍华德的结局

1999 年，伊利诺伊州性侵案件的追诉时效延长至十年，①部分原因要归于劳伦·卡斯迪克特的努力。在赫伯特·霍华德这个案件里，刑法规范的目的本是希望获取案件的准确结果，最终却限制了对一个无耻罪犯的追诉。而雷蒙德·加尼特(Raymond Garnett)案则是一个完全相反的例子，正义偏离到相反方向，使其承担了不应承受的刑罚。

第四节　年轻人的过错

雷蒙德·伦纳德·加尼特(Raymond Lennard Garnett)20 岁，家住马里兰州银泉市，那是一个位于华盛顿特区贝塞斯达市(Bethesda)外的小镇。雷蒙德身高体重都是平均水平，智商为 52，有精神问题，②公立学校的老师说他有严重行为障碍。阅读水平三年级，但是数学能力相当于五年级，曾经上过特殊教育班但后来辍学，还被同学无情地嘲笑。加尼特在家接受了一段时间家庭教育之后又返回了课堂，他时常感到困惑，有时也会迷茫。因无法通过高中毕业的考试，所以毕业之后没拿到文凭只得到了肄业证书。虽然已经 20 岁了，但待人接物上就像个十一二岁的小孩。

1990 年 11 月，加尼特的朋友把他介绍给了艾丽卡·弗雷泽(Erica Frazier)。

① See H.B. 329, 1999 Leg., 91st Gen. Assem.(Ill. 1999).

② 智商不高于 70 的不论是医学上(多数情况下)还是法律上都被认定为智力障碍。See Atkins v. Virginia, 536 U.S. 304, 308 n.3, 309 n.5, 317 n.22(2002).

加尼特的朋友和艾丽卡告诉他艾丽卡有16岁。之后艾丽卡的朋友还确认了这一说法,但实际上,她只有13岁。加尼特很惊喜,居然有人会愿意和他聊天。他喜欢艾丽卡,喜欢和不取笑他的人聊天。艾丽卡和加尼特在之后的几个月里便通过电话交流。

1991年2月28日晚,加尼特遇到了点麻烦,想打电话找人载他回家。他想到艾丽卡家离自由岭路不远,九点左右就到了那儿。艾丽卡打开卧室的窗户,邀请他上去。她让加尼特去附近找个梯子好爬上她的窗台,他照做了。两个人坐着说了会儿话,一来二去后,发生了关系。之后,两人躺在一起又聊了几个钟头。直到凌晨四点半,加尼特才离开。

1991年11月19日,在他们发生关系的八个半月后,艾丽卡在医院诞下一名女婴。在这之前,她的母亲布伦达·弗里曼(Brenda Freeman)根本没注意到她怀孕了。

第二天,弗里曼联系了警局说有人强奸了她女儿。艾丽卡说她只发生过一次性关系,那个人是加尼特。经过检验证实加尼特正是女婴的父亲,于是加尼特因为犯法定强奸罪被逮捕。

加尼特被控诉犯有二级强奸罪。该罪名禁止比受害人大至少四岁的人与不满14岁的人发生性关系。这在美国是重罪,可能被处以最高二十年的监禁。庭审中,加尼特的辩护律师提出证据,试图证明加尼特一直相信艾丽卡已满16岁,因为她和她朋友都这么说。辩护中还说加尼特智力上只有十二三岁(比艾丽卡小)。但因为二级强奸罪采用的是严格责任,法院认为,他的主观心理状况和精神能力与本案无关。概言之,法院认定了如下事实:艾丽卡不满14岁,发生了阴道性交的事实,加尼特实际上确实至少比艾丽卡大四岁。①

第五节 严格责任

在某些情况下,法律规定刑事被告人承担严格责任。这意味着在讨论犯罪构成时,对被告定罪不必考虑其主观心理状态(如故意或过失)。罚当其罪

① 加尼特案详情见Garnett v. State, 632 A.2d 797, 332 Md. 571(1993)。1992年10月,加尼特被判处五年监禁。法官作出缓期五年执行的决定,并要求加尼特向受害者及其家属赔偿。加尼特的律师提出上诉,马里兰州最高法院签发了调卷令,越过了上诉法院。州最高法院认可了基层法院的判决,且认为对加尼特智力情况的证据不予采信是正确的。

原则认为，只有应得刑罚之人才受罚，但严格责任与该原则背道而驰。主张严格责任主要是基于以下几点理由。①

理由之一，严格责任在功能上主要表现为便于举证，而不影响案件的实质判断。申言之，严格责任是为避免在某些案件中对被告人的心理精神状态进行繁复的调查，而在这些案件中作那些调查是不必要的，因为人的行为本身就能够确切地反映出心理状态。换句话说，证据理性（evidentiary rationale）将严格责任视为强制的、不可推翻的推定；即在特定情节（circumstance）下，只要为犯罪行为就一定具备可归责的主观状态。

比如，法定强奸罪的刑法条文规定，与未成年人发生性行为就构成犯罪且应承担责任（如加尼特案所体现），不用考虑被告人的过错，也不用考虑是否认识到对方未成年。基于证据理性，严格责任的支持者认为，只要和未成年人发生性行为，即能说明犯罪行为人的轻率，或至少存在疏忽。《模范刑法典》规定，与 10 岁以下的人发生性行为就要承担严格责任。②因为行为人至少不会疏忽到不知对方是否满 10 岁，哪怕是产生了错误认识，行为人也能确切意识到对方只是个 10 岁左右的小孩，这么做很有可能会卷入某些非法行为中。

其他采用严格责任的情况同样可用证据理性解释。以重罪谋杀规则（felony-murder doctrine）为例，对犯重罪时故意或非故意造成他人死亡的，均以谋杀罪论处，这被称为重罪谋杀规则。该规则依证据理性可解释为：犯危险重罪的人通常知道，或应当知道，其行为可能导致死亡结果。美国《模范刑法典》在重罪谋杀的替代中明确采用了证据理性，在认定谋杀时将其作为可反驳的有责性推定，不需要明确存在谋杀责任。③

应得刑罚原则要求每起个案都应当具备可责性，但适用严格责任就意味着牺牲应得刑罚原则。当加害人不知道或没有合理理由知道受害者未成年时仍要求其承担责任，显然与应得刑罚原则不符；应得刑罚原则强调所承担的责任范围应当与其应受谴责（blameworthiness）的程度相匹配，有责性在一定程

① 主张适用严格责任的学说有很多，本书所讨论的证据理性仅是其中一种严格责任还有另两种学说：因果关系论（causal theory）和等价理论（equivalency theory）。这两种理论与应得刑罚原则内涵一致，故本书不予探讨。第四种理论是无需可归责要件理论（nonculpability theory），常用于解释严格责任的正当性。理论基础是刑法的威慑作用，因此本书将其称为威慑规则（deterrence-motivated rules），该内容将在第八章探讨。

② Model Penal Code §213.6(1).

③ Model Penal Code §210.2(1985); idem, Comment at 39.

度上应可证明。[①]

比如在法定强奸案中,有可能"在行为人已知的情况下",一个理性人"在行为人所处的情形中"(参照美国现代刑法典中对疏忽的表述[②])可能会在性伴侣的年龄判断上产生错误。典型的情形是,当法律明确规定了一个年龄节点(例如,加尼特案中马里兰州规定的是 14 岁),而在这个年龄节点之前已有相当数量的人已过青春期,生理已经成熟。此时,刑法的规定给行为人施加了过于严格的责任。

然而,证据理性没有否认应得刑罚原则的重要性。虽然表面看来证据理性与应得刑罚原则的目标并不一致,但从根本目的上看,有责推定实际上是为了实现后者。严格责任只适用于下列情况:事实上应当承担责任的行为人有可能被错误地宣告无罪,因为实践中很难确定无疑地证明其有责。因此,严格责任并不意味着有责性是不必要的、无关的,只是实践经验表明其有责性是如此显而易见而无需证明。而且我们的制度中存在着固有的局限——陪审团可能不具备从证据中得出合理推论的能力,法庭的审判或许无法呈现所有有关的证据,抑或是无法通过调查找到案件所有的相关证据。这一内在的固有局限使刑事司法系统实现正义的潜力得不到充分发挥,这也是立法和司法界的共识,而证据理性的理论正是这一共识的体现。[③]

证据理性有两个事实基础——其一,若要求可责性的证明必须充分到排除合理怀疑的程度将很难定罪;其二,适用严格责任的情况是有限的,行为人实际上本就有可能要承担一定责任。这两点都非常有说服力。证据的发现和出示(尤其是在可责性的证明上)有制度上的局限,这也是证据理性存在的原因。我们经常要在这两者之间作出选择:是要对应得刑罚的犯罪行为人限制起诉;还是允许控方实施侵入性的调查手段,或是分配给控方以举证的优势地位。在适用严格责任的诸多情况下,行为人对其行为至少要有疏忽。例如,一旦参与到涉枪的重罪中,重罪犯及其共犯应当意识到,他们可能会面临死刑。

不幸的是,基于证据理性的理论和法律规则往往被适用到未预料到的更

---

① 在重罪谋杀案件中,外行人的正义感体现了这一点,虽并不完全正确。现今的共识是淡化该规则,采用类似"重罪杀人罪"的规则,而不是将其完全废除。See Paul H.Robinson & John Darley, Justice, Liability, and Blame: Community Views and the Criminal Law 169—181(Westview 1995).

② 该表述重申了《模范刑法典》对疏忽的判断。See Model Penal Code § 2.02(2)(d); supra chapter 2 n.63.

③ See generally Robinson, supra n.27, at 652—657.

广范围。依据规则所得出的推定需具备无法证明却现时存在的情节要件，但有时作出的推定却不符合要求。可责性的标准规定并不明确，这便存在一定的风险——虽然犯罪行为人不满足罪名的主观方面要求，可能连过失都不具备，但却被强加了罪责。①加尼特案正说明了这一点。许多人可能已经意识到艾丽卡不满法定年龄，但因加尼特心智存在缺陷，故而无法合理期待其会作出正确判断。如果以美国现代刑法对过失的判断标准为参照，加尼特可能根本不到过失的程度。

但是，有多少案件像加尼特案一样，因为严格责任的适用而使得无辜之人承担责任？当然，即使未被广泛适用，严格责任的存在就足以冲击刑法的道德权威。②无辜之人被判处重罚会引起社会的广泛关注。虽然许多（或者说大多数）以重罪谋杀罪或法定强奸罪被起诉的人中，可能有一些确实有可责性——通常证据理性往往假定其至少有“轻率”（recklessness）——即使法律并不要求，这些也都是相关要件。

因为不论是否有可责性，提起公诉都适用严格责任，所以我们很难确定到底有多少无辜之人受到不当处罚。以重罪谋杀罪为例，虽然 FBI 的数据显示，大约有六分之一的其他重罪中会发生谋杀，但却无法反映理论上的“典型”重罪谋杀罪的情况，而典型的重罪谋杀罪中，即使没有过错也要承担谋杀责任。③许多重罪情形中的谋杀可能是故意杀人（intentional killing），即使不适用重罪谋杀罪的条款也会被认定为谋杀。

---

① See Robbins v. People, 350 P.2d 818(Colo. 1960).

有人认为，发生此类案件时可由检方行使自由裁量权放弃追诉，但也有人认为这种期待是不现实的。更重要的是，这种观点承认了法律本身无法区分现实情况的差异，给出公平的结果，不符合合法性原则和现代的正义观念。See Paul H.Robinson, Criminal Law § 2.2 (Aspen L. & Bus. 1997).

② 见本书第七章。

③ See Federal Bureau of Investigation, Uniform Crime Reports, Crime in the United States: 2002, at 27 table 2.14, available at http://www.fbi.gov/ucr/02cius.htm(hereinafter Crime in the U.S. 2002). See James Alan Fox & Marianne W.Zawitz, Bureau of Justice Statistics, Homicide Trends in the U.S.: Homicide Circumstances, available at http://www.ojp.usdoj.gov/bjs/homicide/tables/circumsttab.htm.

事实上，FBI 报告根据的只是警方的调查而非司法认定，将“谋杀”定义为只包含“有意（非过失）造成他人死亡”的情形。即便如此，警方的报告参照刑法典的规定，几乎将重罪中的所有杀人都归类为“谋杀”。比如，纵火罪中所列的 360 个“谋杀”中犯罪行为人是否有致人死亡（而非纵火）的意图尚存疑问，但警方却将任何导致死亡结果的都一并归入“谋杀”。数据中非重罪谋杀的情形包括了酒后或吸毒之后的争执，这类情形中，即便某些情形下的行为可能确实是有意的，但犯罪行为人没有刑法典所定义的“故意”。

即便如此,这些数据在说明证据理性在认定重罪谋杀罪规则的合理性上还是有说服力的,因为统计数据突破了重罪谋杀罪的边界延伸至了其他重罪。与此同时,这也反映了有多少重罪案件中发生的杀人行为是符合证据理性前提的。也就是说,这些杀人行为往往发生在危及生命安全的高度危险情况下,因而也就直接证明可责性不是必要的。事实上,在很多危及人身安全的重罪中都会发生谋杀。从 1998 年到 2002 年的这五年间,47.7%的谋杀发生在抢劫案中、3.7%发生在盗窃案中、3.1%发生在纵火案中。①这正是对证据理性的有力支持。还有一些数据也应当引起关注:重罪型的谋杀行为(felony-situation murders)中 26.5%是毒品犯罪,这些对固有人身安全的威胁不是很大。此外,在警方的报告中,有 13.9%的重罪未作说明。②

严格责任的适用已经远远超出了证据理性所论证的应有范围,因而尽可能地限制其适用很有必要。如上所论,如果受害者年龄不满 10 岁,美国《模范刑法典》规定要适用严格责任。但在很多案件中确实存在这样一种情况:犯罪行为人因为疏忽而未能发现受害人是未满青春期的孩子。如果性行为的相对方接近成年,生理上也已成熟因而无法轻易辨别其是否成年,此时依照实际年龄适用严格责任未免过于苛刻。

在重罪谋杀罪中,许多司法辖区适用的是狭义的重罪谋杀规则,在特定情形中限制其适用,比如极端漠视他人生命价值的重罪犯通常符合"轻率谋杀"(recklessness murder)的要件。③但即便缩小了重罪谋杀规则的适用范围,我们还是倾向于将其作为可反驳的推定(如《模范刑法典》的规定)而非结论性的推定。具体而言,重罪谋杀或是其他适用严格责任的情形下,应当明确提出那些会造成现实危害或危险的可责性问题,使得被告人有机会反驳这一可责推定。在第九章中,我们将讨论将证明责任转移给被告人的问题。

进一步而言,即使实行严格责任原则是为了减少不当宣告无罪的数量,但在实际操作中仍存在问题,并非每一个不当的判决结果都能通过这个规则得到修正。有人认为,为了避免多数有罪之人逃脱扩张规则的处罚,少数的无辜者被定罪是必要的代价。④但在明显不当的判决中,相比于在个案中严格适用

①② See idem(percentages calculated using five-year sums of figures from individual years).

③ See authorities collected in 1 Robinson, supra n.16, at §104 nn.9-12.

④ United States v. Balint, 258 U.S. 250, 254(1922); United States v. Halper, 490 U.S. 435, 447 n.8(1989)(noting that "strict liability crimes are principally directed at social betterment rather than punishment of culpable individuals"). See Richard G. Singer, The Resurgence of Mens Rea: III: The Rise and Fall of Strict Criminal Liability, 30 B.C. L. Rev. 337(1989).

应得刑罚规则，证据理性规则缺乏说服力和吸引力。当然，要在贯彻应受惩罚原则的目标中实现利益平衡并不容易。对每一个基于证据理性的归责原则(doctrine of imputation)，可以通过实证研究分析其是否达致平衡状态——即通过调查研究，分析合理判决与不当判决的比例是否一致。①

时效制度和严格责任都存在被滥用的风险，或排除或包含一些不应被适用的情况。然而在某些情形下，为了要实现可靠的结果难免会冲击到应得刑罚原则的适用，总体而言，这主要还是为了避免不公正的结果而非相反。为确保公正的实现，供述(confession)和列队辨认(lineups)的宪法规则则保证了一定的灵活度，强调了其创造新规则的可能性，这有助于修正和解决可信度问题带来的不公正结果。

第六节 排除强迫供述和没有律师在场的辨认

宪法第五修正案规定了一项长期存在的普通法规则，禁止在庭外陈述和法庭介绍中强迫自证其罪。该规则的理论基础在于强迫供述本质上是不可靠的。②该说法有一定道理。

该规则并不会偏离公正的目标。当然，个案的判决是基于证据，考虑的是案件的总体情况(the totality of the circumstances)而不是被告人称述的可信度。③(与此相反，严格责任规则的适用绝对排除了任何基于个案的情节考量。)

---

① 显然，扩大或限缩归责原则的范围并不是我们改进证据理性原则唯一可行的方法。如果确有必要，比如在食品掺假案件中，应当允许侵入性的调查程序，而不是一味容忍适用严格责任而产生的不当判决结果。See generally Wayne LaFave, 5 Search and Seizure: A Treatise on the Fourth Amendment §10.2(d)(4th ed., West 2004)(discussing relaxed requirements for legal searches of heavily regulated industries).

② “禁止供述最主要(也许是唯一)的基本原理在于其是‘不可信’的，禁止供认规则的出现仅仅是为了保证案件事实的发现。”Yale Kamisar et al., Modern Criminal Procedure: Cases, Comments and Questions 440(10th ed., West 2002); See LaFave et al., supra n.4, §6.2(a); John Henry Wigmore, 3 Evidence in Trials at Common Law §§820—822(James H.Chadbourn, ed., rev. ed., Little, Brown 1970).

这不是该特权的唯一理论基础。也有观点认为，要求被告人作为自己的死亡代理人是不合理、不公平的。最重要的一点在于，即使纯粹从应得刑罚原则来看，强迫自证其罪的不可信也是理所当然的，不需要进一步证明该特权的正当性。

③ See Haynes v. Washington, 373 U.S. 503(1963); Spano v. New York, 360 U.S. 315(1959); Payne v. Arkansas, 356 U.S. 560(1958); Brown v. Mississippi, 297 U.S. 278(1936).

供述通常被视作“非自愿的”——“被告人在供述时，其个人的意志已被压制”，[①]因此“供述不能被视作理性和自由意志的产物”[②]——这意味着供述造成的侵害超过了其证明价值，因此这些证据通常被排除在外。[③]加之，非自愿供述的证据排除规则并不妨碍起诉，只是不予采信那些明显不可靠的证据。控方仍旧可以推动案件进行，只是不能再使用供述支持其主张。

即便如此，有人认为，法官只要认为供述不可信，法律就要求必须排除，未免太过严苛。为什么不能允许将供述以及证明其不可靠的材料一并纳入法庭审理，交由陪审团来决定？而且，即使供述本身不可采信，但警方基于供述所获取的证据和信息（也即所谓的“供述之果”，“fruits of the confession”）未必就不可信，因而要予以承认。[④]然而也有人认为，排除供述之果是为了提高可信度，让警方不要投入过多的精力在供述人的供述上，否则即有可能会产生更多不可信的证据，也使得警方无法集中精力寻找指向真正犯罪嫌疑人的证据而使其逍遥法外。[⑤]这些主张都忽视了法律规则在推动或阻碍某些执法活动中发挥的合理作用，这一问题我们将在第七章讨论。

在没有被告人的辩护律师在场[⑥]的情况下不得让其辨认，这也有合理的理由。其旨在排除可能存在高度偏见、缺乏证明力的辨认证据。但这一规则与禁止强迫供述不同，它被排除不是因为证明力的欠缺，只是因为它本身就应当被排除（per se exclusion），辩护人缺席不会产生事实上的偏见。因此，基于这一规则，一些结果看似准确且可信的身份指认也会被排除。[⑦]这样的话，制定更符合可靠性原则（reliability rationale）的法律规则可能反而会产生不可靠的推定，这就要求控方举出反证证明该辨认是公正且未经暗示的。[⑧]所以，关注案件

---

① Lynumn v. Illinois, 372 U.S. 528, 534(1963).

② Idem(quoting Blackburn v. Alabama, 361 U.S. 199, 208(1960)).

③ See Fed. R. Evid. 403.

④ See e-mail from Eugene Volokh to “crimprof” list, June 19, 2002.

⑤ See e-mail from Richard McAdams to “crimprof” list, June 19, 2002.

⑥ See United States v. Wade, 388 U.S. 218, 237—239(1967)(excluding identification because absence of counsel at lineup violated right to counsel).

⑦ 在这些案件中，因为辩护律师不在场，用于证明列队辨认准确性和可信度的所有证据都值得怀疑；而在这之后作出的任何解释都只是一家之言，无法反映客观情况。（当然，正如我们在本章中讨论的其他推定一样，这些怀疑是否有价值是一个经验问题，有待进一步研究。）再者，列队辨认是执法人员在实践中可以操控的证据形式，他们可以安排在特定时间辨认，同时确保辩护人在场，又无需花费任何多余成本。此外，从警方角度来看，嫌疑人已被羁押，无需紧急采取即时行动。

⑧ 某种程度上而言，相比于提高准确性，列队辨认反映了人们对维持基本公正的关切，详见本书第七章；该推定也意味着，对辩护人不在场的列队辨认有关部门应提供合理的理由。

中的具体情节有助于发挥规则排除可疑证据的功能，但与此同时，也要保证一定的灵活度，允许可靠证据的存在。

简而言之，虽然排除强制供述和没有辩护人在场的指认是宪法维度的问题，但这也是证据功能性问题。这不仅仅只是证据规则，更是应得刑罚原则的要求，有助于查明案件事实。（与此相反，要求排除违反米兰达规则的非法供述，的确可能不符合应得刑罚原则的本意。这一问题我们将在第七章讨论。）

增强可信度不仅是合法性的目的，而且也往往符合实现正义的要求。即便如此，有时在追求可信度目标时可能会南辕北辙，制定出与应得刑罚原则相悖的硬性规定。可预见的是，某些规定虽会偏离应得刑罚原则，但和确保结果准确所带来的益处相比，代价并不大。但在另一些情况下，那些为确保实现正义和公正结果而制定的规则存有潜在漏洞，虽说在一些个案中能实现增强可信度的目的，但在绝大多数案件中都无法保证实现这一目的。

第四章

有限资源的物尽其用

在实际生活中实现应得刑罚的第三个限制：可能性。搜寻罪证、提起公诉以及给予每个罪犯恰如其分的处罚所依赖的调查和审判资源都是有限的。因此，警方和检方在配置资源时必须要有一定的挑选，要将精力集中到最严重的犯罪行为，或者最有可能成功起诉的案件上。在主持公正和有限资源的两难局面下，检方会在一定程度上依赖辩诉交易：通过协商安排使得嫌疑人同意认罪。通常这种情况下嫌疑人所受处罚会轻于被控有罪时的处罚，或者检方会用比罪犯拒不认罪而判决有罪的情况下更为宽大的量刑处理作为交换。一方面，检方缺少将每个案子都诉诸庭审的精力、资源；另一方面，他们也不愿意如此事无巨细。因为警方调查并不总是会呈现出对于被告具有压倒性说服力的证据，事先往往并不清楚庭审是否会走向定罪结果。因此，为了减轻诉累以及确保有所收获，检方会作出一定妥协。

同样的理由也可以适用于证人豁免制度。一个不幸的事实是，现实中最为严重的犯罪往往是最难起诉的。职业罪犯对法律实施的套路心知肚明，会谨慎行事避免留下对自己不利的证据，而且事前也会经常与其他职业犯相互勾结。出于这一原因，法律在设计上都会给检察官一些自由裁量权，通过豁免他人来确保主犯定罪。[1]证人豁免制度放弃了对某些罪行或行为人的起诉，导致其应得刑罚无法实现，但该制度却使得更具可谴责性的罪犯伏法，实际在整体上极大地提高了应得刑罚的实现。[2]

---

① See John Henry Wigmore, 8 Evidence in Trials at Common Law §2281 n.11(John T.McNaughten, ed., rev. ed., 1961 & 1998 supp.).

② See idem at 492.But cf. Alexander J.Menza, Witness Immunity: Unconstitutional, Unfair, Unconscionable, 9 Seton Hall Const. L.J. 505, 544—547(1999).

有人则从截然不同的角度来审视有限资源所带来的问题，认为上述制度就是无可争辩地与应得刑罚相悖，原因不过在于我们不愿意投入充足的资源来匡扶正义或不愿意侵入隐私而换来更加高效的犯罪调查罢了。在这一视角下，辩诉交易并不是产生于难以避免的实际限制，而是牺牲应得刑罚来成就其他与其相竞争的社会目标（减少成本、保护个人隐私）。我们会在第八章详细讨论这一问题。

虽然这种观点可能也有一些合理性，但我们仍采取了实际限制的看法。考虑到那些阻碍实现完美法律的无可避免的局限，我们依然认为适用辩诉交易是与实现应得刑罚相一致的。这主要是基于两个理由：其一，有一些限制——比如政府侵入私人领域的限度——对于如何界定我们的社会至关重要，以至于想象一个与其不同的世界都是近乎荒谬的做法。其二，全面且公正地起诉所有罪犯所受到的限制不是只与资源配置及隐私侵入有关，有些仅仅是因为根本不可能找到具有绝对确信度的证据。证人豁免以及辩诉交易制度之所以必要，一部分便是因为找到确凿证据的可能性问题：如果警方总是能在案发现场找到冒着烟的手枪，那么每个罪犯的确都能被快速高效地定罪，完全不用担心国家财政支出与政府侵扰隐私的事。但事实上，就算国家在刑事调查上花费了大手笔，且允许其对人们的隐私有着更深的探寻，警方也不会每次都能找到冒着烟的手枪和可靠的证人或其他类似的确凿证据。

还有一种赞成辩诉交易的观点认为，这种做法是一种筛选方式，可以通过审前认罪迅速地解决许多有着明确罪证的简单案件。[①]这种筛选机制可以使得检察官将更多的时间和精力投入那些需要进一步通过完整的陪审团审判以实现全面、公正、准确的裁判，从而接近法律和事实真相的案件之中。也就是说，辩诉交易通过减少被告刑期的方式，部分地牺牲了一些简单案件中的应得刑罚，但却增加了在那些罪过与否模棱两可的复杂案件中实现应得刑罚的机会。在这种观点下，辩诉交易是有着附带利好的，对于应得刑罚功利主义者更是显得尤为重要：罪错明确的案件会被辩诉交易所解决，只有罪错模糊的灰色案件才会接受陪审团的审讯，而陪审团的裁决又很少被视为有错。因此，刑事法律体系秉持公正的声望在很大程度上能够避免受到明显不准确的裁判结果所带

① See George Fisher, Plea Bargaining's Triumph, 109 Yale L.J. 857, 1042—1043 (2000).

来的损害。[①]

■ 第一节 串谋杀人的辩诉交易

萨尔瓦托雷·格拉瓦诺(Salvatore Gravano),人称"公牛萨米"(Sammy the Bull),1945年3月12日出生于本森赫斯特(Bensonhurst),一个位于纽约布鲁克林区西南部的民风彪悍的意大利街区。这个街区好似一个小镇,与世隔绝,对外界充满戒备,陌生人在这里会受到严密监视,以至于在其他地方常见的街头犯罪在这里十分罕见,谋杀率也只有纽约平均水平的三分之一。但本森赫斯特的此种安全是有原因的:黑手党科萨·诺斯特拉(Cosa Nostra,意大利语"我们的事业")。许多黑帮老大生活在本森赫斯特,经常会在邻里的街头帮派中招募新成员。

萨米很小的时候便因赢取"公牛"外号的事件吸引了科萨·诺斯特拉的注意。在父母给萨米作为10岁生日礼物的自行车被偷之后,萨米打听到它被停在附近的一个水果摊旁。他急忙跑去,却发现是两个年长力强的小伙子偷了这辆自行车。他奋而向前想要拿回自行车,扭打也随之而来。萨米不屈不挠地握着拳头恶狠狠地反击,碰巧被在附近晃荡的几个黑手党马仔看见。萨米告诉他们自行车是自己的,一个马仔让那两个偷车的家伙滚蛋,继而向大伙夸赞:"看见那个萨米没?这家伙简直像头小公牛啊!"

因为严重的阅读障碍,萨米十分讨厌学校,在校日子也过得很不顺心。到了13岁,他的生活便主要围绕着"踩踏者"(the Rampers)——本森赫斯特的头牌街头帮派而展开。尽管"踩踏者"号称是纽约五区中最危险的帮派之一,大多数的邻里街坊却认为他们是"不错的邻里小伙儿"。因为他们从不窃取平民百姓,只偷那些能够用保险理赔的商户。但他们也偷了很多车,会拆卸成零

---

① 正如乔治·费舍尔所言:如果辩诉交易可以导向大众认为真实可信的判决,那么它可以保护陪审团和该制度免于作出错误判决的风险,或者确切地说,公众认为是错误的判决。也就是说,尽管很多批评者认为辩诉交易剥夺了被告的审判权以及不妥协的权利,但是就结果的准确性而言,辩诉交易有助于保护系统的合法性,尤其是当我们反思陪审团对错误裁决的后果时,利用辩诉交易处理简易案件以及利用陪审团处理棘手案件的分工优势就变得尤为明显。当公众认为陪审团发生错误时,刑事司法系统的合法性会受到最大的压力。但由于证据确凿时,被告通常进行辩诉交易,陪审团也很少有明显的错误风险。通过增加刑事司法系统的"合法性",也可间接增强其道德力量。见上文第一章。费雪已经将他的文章发展成为对议价谈判历史的全面梳理。See George Fisher, Plea Bargaining's Triumph: A History of Plea Bargaining in America(Stanford 2003).

件卖出或者运到海外转售。

在从高中辍学以及在越战中服役两年以后，科伦坡犯罪家族(Colombo crime family)的成员矮子斯佩罗(Shorty Spero)找上了萨米，说服他加入组织。萨米在那里摸爬滚打，从最底层的抢劫盗窃做起，很快爬到了敲诈勒索的阶层，在深夜俱乐部的密室中和别人共同经营着暴利的扑克游戏生意。

一天，科伦坡家族的一名头目皮赛可(Carmine Persico)将萨米喊来，让他向一位与皮赛可兄弟之妻有染的长岛洗衣机经销商施以打击报复。皮赛可还明确告诉萨米让他把对方的一只耳朵带回来。萨米表面答应，内心却并无此意。但他不小心将对方的小手指切断，也用此取悦了皮赛可。这一事件赢得了乔·科伦坡(Joe Colombo)本人的赞扬，萨米也迎来了他的第一次正式杀人任务：乔·科鲁奇(Joe Colucci)。萨米完成了使命，杀死了科鲁奇，当他后来回想起这桩谋杀时他也感到奇怪：

> 我是不是应该感到悔恨？我难道不应该感到点什么吗？但我没有任何感觉，至少没有悔恨。如果一定要说的话，我感到很爽。高高在上、力量强大，像超人一样。这不是说我为自己感到高兴或自豪，不是那回事儿。我不为这种感觉感到开心。只能说，杀人对我而言怪容易的。

在矮子斯佩罗的兄弟拉尔夫·斯佩罗(Ralph Spero)对萨米的声名鹊起感到嫉恨，认为他会抢在自己的儿子汤米(Tommy)之前“出人头地”之后，萨米在科伦坡的营生也走到了尽头。萨米被科伦坡家族逐出，加入甘比诺家族(Gambino Family)成为一名职业杀手。1976年，仅仅在加入科萨·诺斯特拉八年之后，他便晋升为甘比诺家族精英阶层的成员。

1985年的9月末，甘比诺家族的另一名成员，安吉洛·鲁杰罗(Angelo Ruggiero)找上萨米，告诉萨米他想要除掉甘比诺的老大保罗·卡斯泰拉诺(Paul Castellano)，好让当时还是一名头目的约翰·戈蒂(John Gotti)上位。鉴于自己并不喜欢卡斯泰拉诺，萨米仔细忖度了一番，并和一名信得过的伙伴且也是高层之一的弗兰克·迪西科(Frank DiCicco)讨论了这一想法。迪西科和萨米最终决定在这场谋杀中助鲁杰罗一臂之力。在和科萨·诺斯特拉的其他成员周旋、明白了他人所忠的派系之后，二人得出：他们还必须杀掉汤米·比洛蒂(Tommy Bilotti)，此人可谓是卡斯泰拉诺的左膀右臂。

无独有偶，卡斯泰拉诺正计划召集甘比诺家族的各个成员举行一场会议，且不带任何设防地要求迪西科出席。会议定在了12月16日，在曼哈顿的斯帕克斯牛排馆(Sparks Steakhouse)中进行。此时该地恰好到处都是为节日购置物件的顾客们，因此是个绝佳的杀死卡斯泰拉诺和比洛蒂，并隐入熙熙攘攘人群中逃匿的时机。1985 年 12 月 15 日，四名策划者——萨米、戈蒂、鲁杰罗、迪西科在萨米办公室的地下室会面计划谋杀，随行的还有由六名成员组成的杀手小队，其中包括四名枪手。第二天，戈蒂、萨米以及其他九人在斯帕克斯南面几个街区远的一座公园碰头。四名枪手都穿着相同的白色长大衣，戴着俄式皮草帽。他们随身带着对讲机，以便在射杀中保持联系。

戈蒂和萨米驱车行驶到距餐馆一个街区远的地点等候。随着时间的流逝，他们越来越不耐烦和不安，他们在街区转着圈，最终又再次停在了预定地点。就在这时，他们看到卡斯泰拉诺和比洛蒂驾驶着一辆黑色的豪华轿车经过，萨米立即用对讲机向枪手们发出了信号。在下午 5 时 26 分，卡斯泰拉诺和比洛蒂将车停在了距餐馆入口约三十尺远的地方。此时，斯帕克斯牛排馆门前的街道上到处是拥挤的顾客和纷扰的商家。

枪手悄悄接近轿车，当卡斯泰拉诺和比洛蒂下车时，他们立即开火，周边人群纷纷四散尖叫。卡斯泰拉诺和比洛蒂死了，两个人的上身和头部都中了六枚子弹，弹壳穿过他们的身体冲落在地面上。戈蒂和萨米驾车缓缓驶近，在经过现场时，萨米看到比洛蒂倒在血泊中。“他走了。”萨米转头向戈蒂说道。随着卡斯泰拉诺的死亡，戈蒂不久便掌握大权，成了甘比诺家族的老大，萨米也成为了他的心腹之一和头号刺客。

萨米忠贞地履行着他对家族的使命，在经营赌博和放贷的生意之外，还实施了至少十九起谋杀。就算被指派到他并不赞同的谋杀任务，萨米依然会做。“我能做什么呢？这可是老大的命令。这是我自己选择的人生，何况老大就是老大。”[①]1986 年 6 月，戈蒂派遣萨米去刺杀罗伯特·第博纳多(Robert DiBernardo)，因为他在戈蒂背后说闲话，还因为一些戈蒂不可和萨米开口的“其他原因”。萨米在第博纳多背后朝其头部开了两枪，杀死了他。1988 年 3 月，萨米厌倦了其密友、高层成员之一的利维里奥·米利托(Liborio Milito)的两面三刀，便问戈蒂是否可以除掉他。戈蒂告诉萨米没问题，萨米即邀请米利托前来洽谈有关另一人的谋杀案。当米利托到来时，萨米端坐在桌前，好整以暇地玩着纸牌游戏。米利托在桌旁坐下加入牌局，萨米的亲信由其后方上前，一枪射在头部，一枪射在颔下。

① Helen Weathers, I Betrayed Teflon Don; Exclusive: Inside the Mafia; How Sammy Gravano Broke Mafia Silence to Bring Down John Gotti, Mirror(UK), May 7, 1997.

1990年，戈蒂将萨米提升到了甘比诺家族第二把手的位置。1990年年末，戈蒂计划与经营家族中干板墙和建筑生意的成员路易斯·迪波诺(Louis DiBono)会见讨论，但是迪波诺却并没有现身。戈蒂倍感羞辱，当即要求萨米杀了迪波诺。长久以来，萨米也厌恶着迪波诺的逢场作戏和两面三刀，因此甚是愉快地接受了这次任务。1990年10月4日，世贸中心的一个车库服务生发现迪波诺死在他的凯迪拉克车中，头部中了三枪。

1990年12月12日，十五名联邦调查局的探员和纽约警察局的警官突袭了戈蒂位于曼哈顿桑树街247号的罗芙宁社会俱乐部(Ravenite Social Club)，此时俱乐部中尚有二十七人。警方逮捕了戈蒂、萨米和另一个甘比诺家族的高层成员弗兰克·洛卡西奥(Frank Locascio)。在各种赌博和放贷的罪名指控之外，萨米还被控犯有：串谋以及谋杀罗伯特·第博纳多，串谋以及谋杀利维里奥·米利托，教唆、串谋以及谋杀路易斯·迪波诺。萨米可能因指控而面临终身监禁。

手握长达600小时以上记录着萨米与戈蒂参与甘比诺犯罪的窃听证据，联邦探员可谓自信满满。然而，媒体和公众却并不如此有信心。在过去五年的三次指控中，萨米都被无罪释放了，这还为他赢得了“不可撼动先生”(The Untouchable Don)的绰号。

在保释听证会期间，检察官播放了记录戈蒂与甘比诺家族其他成员之间的秘密谈话的录音带。萨米听到了戈蒂在他背后说的坏话，因此怒不可遏。1991年10月10日，在审判前十一个月的监禁后，萨米告知两名联邦探员想要与他们见面。探员们怀疑萨米的律师也与甘比诺家族相勾结，担心其会向戈蒂透露萨米是否愿意作证的决定，因此支开了萨米的律师，为其安排了语音分析测谎。在结束了测谎之后，萨米离开了测试区，他的律师也回到了工作岗位。但在萨米离开牢房之前，联邦探员叫住了他让其重回测试区，他告诉探员：“我想改变立场。”

萨米称，他愿意为戈蒂的罪行作证，但是要以完全豁免作为回报。检察官拒绝给予他完全的豁免权，但他也同意认下之前所犯的所有罪行，以此换取减刑。萨米承认了共计十九起谋杀，一起串谋谋杀，多起非法赌博、放贷，四起妨碍司法公正的罪行。萨米亦同意接受纽约东区的联邦检察官、联邦调查局以及其他联邦检察官要求的其他执法机构的盘问。此外，只要联邦检察官要求，他会同意在接下来的任何诉讼中作证。当然，作为交换，联邦检察官将其指控减少到最高只面临二十年的刑期，与之前面临的终身监禁相比有了可观的削减，且因其主动提供证据答应不起诉他任何额外的犯罪。如果萨米完全遵从，联邦检察官便保证向法官提议从轻处罚。

自 1992 年 3 月 3 日开始，萨米便开始为同伙的罪行作证，其中包括戈蒂。他证实："戈蒂是老大，我是二把手，我帮助戈蒂经营着家族。"多日以来，萨米都给出了有关甘比诺家族以及其包括谋杀在内犯罪的详尽证词。萨米是一个极为有力的证人，在其证词的帮助下，美国检察官能将起诉书中有关约翰・戈蒂的所有指控定罪，包括卡斯泰拉诺、比洛蒂、第博纳多、米利托以及迪波诺的谋杀案，以及盖塔诺・瓦斯托拉(Gatano Vastola)的串谋谋杀案。萨米的证词也帮助了将起诉书中有关洛卡西奥的一项指控定罪。此二人都被判处终身监禁，且无假释可能。

按照他的认罪协议，萨米还在其他十个单独的诉讼中作证，接受了共计九十人以上来自各州以及联邦机构官员有关集团犯罪的盘问。在他证词的帮助下，检察官得以对近四十名黑手党定罪或增加其刑期，包括两个科萨・诺斯特拉其他家族的首脑。1993 年 4 月，萨米更是在参议院小组委员会面前为一起拳击的集团犯罪作证。

在 1994 年 9 月 26 日为萨米量刑时，他的贡献有目共睹。在一封上呈法院的信函中，参议员山姆・那姆(Sam Nunn)以及威廉・罗斯(William Roth)请求法官宽大处理，称萨米的证言提供了"独特而有价值的信息，显著增进了调查成效"。法官列奥・格拉泽(Leo Glasser)对其判处五年监禁，刑满后还需要监外看管三年，且仅处以 50 美元的罚金。在量刑听证会的最后，法官评价萨米在成为检举者后"有了重大的改变"，并称"我希望我将再无对你失望沮丧的时刻"。萨米则答道："我保证您一定不会的，我尊敬的法官。"①

① 萨米案的案件事实来源于：United States v. Gotti, 644 F. Supp. 370(E. D. N. Y. 1986); United States v. Gotti, 634 F. Supp. 877(E.D.N.Y. 1986); United States v. Gotti, 771 F. Supp. 552, 554(E.D.N.Y. 1991); United States v. Gravano, plea agreement(E.D.N.Y. Nov. 13, 1991)(on file with authors); United States v. Gravano(E. D. N. Y. Sept. 26, 1994)(on file with authors); Superseding Information against Salvatore Gravano from Andrew J. Maloney, U.S. Attorney, Eastern District of New York 4(undated document); the Government's Sentencing Memorandum from Zachary W. Carter 2(Aug. 15, 1994)(on file with authors); Letter from Sam Nunn, Chairman, U.S. Senate Permanent Subcommittee on Investigations, and William V. Roth, Jr., Ranking Minority Member, U. S. Senate Permanent Subcommittee on Investigations, to I. Leo Glasser 1(July 25, 1994); Peter Maas, Underboss: Sammy the Bull Gravano's Story of Life in the Mafia(HarperCollins 1997); AP, Reputed Mafia Boss Indicted in 4 Murders, Chicago Trib., Dec.4, 1990; Pete Bowles, Gravano Could Be Free by Spring, Newsday(N.Y.), Apr.27, 1994; Pete Bowles, Gotti's Got to Spend Some Time in Jail; Judge Denies Bail; Hearing Set Monday, Newsday (N.Y.), Dec.13, 1990; Pete Bowles, Gotti Proclaims, "I'm Still the Boss": FBI Tapes of Reputed Mob Chief, Newsday(N.Y.), Aug.3, 1991; Pete Bowles, Gravano Guilty (转下页)

第二节 辩诉交易和证人豁免

事实上，辩诉交易而不是对抗性的审判，占据了刑事定罪的大多数：90%—

(接上页) in Ecstasy Case; Wife, 2 Children also Plead to Ariz. Charges, Newsday(N.Y.), June 30, 2001; Pete Bowles, Indictment Includes 5 Murders, Newsday(N.Y.), Jan.19, 1992; Jimmy Breslin, The Main Event: Bull vs. the Mob, Newsday(N.Y.), Mar.3, 1992; Leonard Buder, Gotti Is Acquitted in Conspiracy Case Involving the Mob, N.Y.Times, Mar. 14, 1987; Julie Cart, Former Mob Hit Man Pleads Guilty to Role in Ecstasy Ring; Crime: "Sammy the Bull" Gravano Gets 20 Years in Arizona Case Involving 46 Defendants, L.A. Times, June 30, 2001; Timothy Clifford, Gotti and Associate Cleared in 256 notes to pages 74—78 Assault, Conspiracy Case, Newsday(N.Y.), Feb.10, 1990; Richard Esposito, "I'm Outta Here," Gotti Says: But Prosecutors Confident of Convicting Reputed Crime Boss, Newsday(N.Y.), Jan.25, 1989; Alan Feuer, Gravano and Son Are to Enter Guilty Pleas in Ecstasy Case, N.Y. Times, May 25, 2001; Alan Feuer, Gravano Pleads Guilty to Drug Sales in Arizona, N.Y. Times, June 30, 2001; Joseph P.Fried, Judge Clears Gotti of Assault Charges at a Trial in Queens, N.Y. Times, Mar. 26, 1986; Joseph P.Fried, Witness in Gotti Trial Fails to Identify Defendants as Attackers in Queens Dispute, N.Y. Times, Mar.25, 1986; Reputed Mob Boss Shot Dead, Record(Bergen County, N.J.), Dec.18, 1986; William Glaberson, Gravano, Ever a Showman, Takes Stand Again, N.Y. Times, Oct.18, 2003, at B3; John J.Goldman, Gotti Accuser Sentenced to Five Years in Plea Deal; Mafia: Salvatore Gravano Is Rewarded for Testifying against the Notorious Gambino Family Boss and Other Organized Crime Figures, L.A. Times, Sept.27, 1994; Dennis Hevesi, Police Hunt Reputed Mob Officer Reported Missing for Past Week, N.Y. Times, June 14, 1986; Beth Holland & Pete Bowles, Grieving Mom Tries to Spit on Mob Killer, Newsday(N.Y.), Mar.4, 1992; Murray Kempton, Gotti Always Able to Go Distance, Newsday(N.Y.), Dec.13, 1990; Arnold H.Lubasch, Gotti Confidant Tells Courtroom of Mafia Family's Violent Reign, N.Y. Times, Mar.3, 1992; Robert D.McFadden, Organized-Crime Chief Shot Dead Stepping from Car on E.46th St., N.Y.Times, Dec.17, 1986; Larry McShane, Once Again, Sammy the Bull Betrays Friends, Record(Bergen County, N.J.), June 3, 2001; Larry Neumeister, Gotti Brother Charged in Plot to Rub Out "Sammy the Bull," AP, Aug.19, 2003; Andy Newman, Mafia Turncoat Gets 20 Years for Running Ecstasy Ring, N.Y. Times, Sept.7, 2002, at B3; Selwyn Raab, Gotti Accused of Role in Castellano Slaying, N.Y.Times, Dec. 13, 1990; Selwyn Raab, Gotti Not Guilty on All 6 Charges in Assault Trial, N.Y. Times, Feb.10, 1990; William M. Reilly, Gotti Jury Hears Testimony on Two Alleged Mob Rubouts, UPI, Feb.19, 1992; Michael Specter, "Dapper Don" Gotti Indicted in N.Y.: Reputed Crime Family Leader Charged in Killing of Predecessor, Wash. Post, Dec.13, 1990; David Treadwell, Gotti Indicted in 1985 Murder of Crime Boss; Mafia: Prosecutors Say Evidence against the Reputed Mob Czar Includes Secretly Taped Conversations, L.A. Times, Dec.13, 1990; Raghuram Vadarevu, Mob Hitman Indicted in Cop Killing, Record(Bergen County, N.J.), Aug.29, 2003; Dennis Wagner, Gravanos Face New Allegations; Plotted Murders, Prosecutors Say, Ariz. Repub., May 12, 2001; Dennis Wagner, Gravano Wove Deceptive Web, Ariz. Repub., Mar.25, 2001; Gravano Gets 20 Years for Dealing Ecstasy, Ariz. Repub., Sept.7, 2002, at 3B; Dennis Wagner, Gravano Sentenced to 19-Year Term, Ariz. Repub., Oct.31, 2002, at 3B; Gravano's Son Gets 9 Years, Orlando Sentinel, Oct.18, 2002, at A25.

95%，甚至更多，且这一占比仍在上升。[①]很多认罪都是协商的结果。[②]辩诉交易主要有两种形式：一种是指控交易，被告同意认下一两项指控的罪名，作为交换检察官需撤下其他罪名的指控；另一种是量刑交易，尽管指控的罪名并不减少，但检方会作出一定承诺，只要被告认罪，便尽力实现对其有利的量刑结果。《联邦量刑指南》也清晰地阐明了"认罪折扣"(plea discount)的适用，即如果被告"明确表现出承担责任"，[③]便可减少其指导量刑，这一般便是要求被告认罪。

与其相似的还有保证罪犯免于被起诉或减少其惩罚来换取证词，这也是非常普遍的做法。即使有人认为在联邦法院的管辖下，检察官每年只能接受几百起豁免请求（在联邦系统中，检方在豁免时必须得到司法部长的授权），[④]但实际上，检方在正式的豁免保证之外还有其他换取证人配合的手段。检察官越来越多地通过一些非正式的"合作协议"来取得证词，其中包括检方私下承诺不起诉潜在被告。[⑤]此外，在 1987 年生效的《联邦量刑指南》的框架下，检方还可以为那些"在调查和起诉其他罪犯的过程中提供了重大帮助"的被告向法官提出减少量刑的请求——即在法定的量刑范围内"向下偏离"(downward departure)。[⑥]这便使得检方可以利用减刑的机会来吸引被告提供有用的证

① See Bureau of Justice Statistics, U.S. Dep't of Justice, Felony Sentences in State Courts, 2000, at 8, table 9(2001), available at http://www.ojp.usdoj.gov/bjs/pub/pdf/fssc00.pdf(downloaded Apr.6, 2004); U.S. Sentencing Commission, 2001 Sourcebook of Federal Sentencing Statistics, at table 10; idem at fig. C; Cf. Markus Dirk Dubber, American Plea Bargains, German Lay Judges, and the Crisis of Criminal Procedure, 49 Stan. L. Rev. 547, 551—552(1997).

② See G.Nicholas Herman, Plea Bargaining 1(Lexis 1997); see also Daniel C.Richman, Bargaining about Future Jeopardy, 49 Vand. L. Rev. 1181, 1237(1996); Ernest Van den Haag, Punishing Criminals: Concerning a Very Old and Painful Question 171(U. Press of Am. 1991). Cf. Fisher, supra n.3, at 860.

③ U.S. Sentencing Guidelines §3E1.1.

④ 联邦收到的豁免请求数量在 1986 年到达顶峰，检方提出了 2 550 起请求（涉及 5 013名证人）。自此以后，请求的数量开始下滑，2003 年共计提起了 913 起请求（涉及 1 613 名证人）。See Bureau of Justice Statistics, U.S. Dep't of Justice, Sourcebook of Criminal Justice Statistics, at 398, table 5.1(Kathleen Maguire & Ann L.Pastore, eds.)(hereinafter-Sourcebook), http://www.albany.edu/sourcebook/pdf/t51.pdf(downloaded June 14, 2005).

⑤ See John G.Douglass, Confronting the Reluctant Accomplice, 101 Colum. L. Rev. 1797, 1811(2001).检方出于以下几个实际理由偏爱这种安排："检方追求的不仅是简单的证词，还会努力追求使之改变立场作证的机会。这种合作需要历经数小时的审前准备，比基于简单的豁免保证而不情愿地作证更具期待性，因此也更具价值。"

⑥ U.S. Sentencing Guidelines §5K1.1.

词，且无需牺牲使该人认罪伏法的可能。到了2001年的9月30日，联邦所受理案件中的17.1%，共计9 390起，都因具有"重大帮助"而向下量刑。①这只是联邦的数据，诸如此类的豁免保证在五十个州的数据中也有所体现。

这些通过指控交易和量刑交易、豁免以及向下量刑来换取认罪和证词的做法真的具有正当性吗？难道一个罪犯就能因为其同意认罪或帮助检察官在其他案件中匡扶正义而逃脱自己的应得刑罚吗？当萨米同意为约翰·戈蒂的罪行以及其他集团犯罪作证来换取宽恕时，这一问题以及其背后的权衡已经直接地抛给检察官去思量了。

这一选择实际是非常严酷的，一方面，萨米是一个犯下数起谋杀案以及其他重罪的恶贯满盈的角色；另一方面，他的合作创造了历史，使得其他诸多重犯定罪伏法。在对萨米进行量刑时，尽管萨米冷血无情地杀了十九人甚至更多，格拉泽法官仍总结道："从未有一个被告在判决集团犯罪的过程中如此重要，他也完成了自己社会立场的跳跃……他的境界如此独特，其前所未有的合作决定亦鼓舞了其他罪犯作出配合的选择。"②检方也近乎赞扬地称萨米为"在美国集团犯罪历史上最为重要的证人"③，认为萨米提供了"在摧毁其一手辅佐建立的犯罪帝国中提供了卓越甚至是历史性的帮助……简而言之，萨米的合作是美国政府与黑手党之间长达几十年的针锋相对中的标志性事件"。④

同样的问题也出现在许多检方通过承诺减少量刑来换取证词或放弃提起昂贵诉讼的案件之中。在这些案件中，罪犯一般会得到少于其原应接受程度的惩罚，这正是吸引他们作证或认罪的诱因。但恰如一位评论员所观察到的那般，在涉及证人豁免制度的案件中，其结果与应得刑罚相抵触的可能性最高，他以萨米案为例："那些掌握着最多信息的罪犯往往有着最肮脏的手——你犯的罪越多，了解的罪犯才会越多。为掌握信息而让步意味着给予最恶的人最大的逃脱空间。"⑤

---

① See Sourcebook, supra n.10, at table 5.36, available at http://www.albany.edu/sourcebook/pdf/t536.pdf(downloaded June 14, 2005).

② John J.Goldman, Gotti Accuser Sentenced to Five Years in Plea Deal; Mafia: Salvatore Gravano Is Rewarded for Testifying against the Notorious Gambino Family Boss and Other Organized Crime Figures, L.A. Times, Sept.27, 1994.

③ The Government's Sentencing Memorandum from Zachary W.Carter 2(Aug.15, 1994)(on file with authors).

④ Goldman, supra n.14.

⑤ William J.Stuntz, Plea Bargaining and Criminal Law's Disappearing Shadow, 117 Harv. L. Rev. 2548, 2564—2565(2004).

但大体而言，这些做法并不一定会与实现应得刑罚背道而驰。①实际上，考虑到刑事司法体系不可避免的资源限制以及在庭审中直接定罪的不确定性，这些举措会被认为是有理可依的，比起那些不具备这些制度的司法体系，拥有这些制度的系统能够惩治更多的罪犯。②事实上，一个允许双方协商达成合理刑罚的系统较那些只会产生不确定结果、孤注一掷的审判的体系而言，会在总体上产生更为准确、一致以及公平的结果。③尽管如此，辩诉交易的做法依然会与应得刑罚产生冲突。这不是因为辩诉交易导向的量刑结果会不恰当或畸轻，而是这一举措会使得罪错相近的行为人有着迥异的处罚结果——那些恰好认罪的只受了轻刑，恰好接受审判的则受了重刑。④

许多批判辩诉交易的人——事实上这样的批判为数众多⑤——并不关心这种做法是否推动或者阻碍了应得刑罚的实现，他们表达了一些不同的忧虑。⑥一些批评者着眼于刑事被告的权利，认为辩诉交易相当于使得行为人被迫或至少是不正当地强制其放弃审判权。⑦他们也强调了许多刑事被告与其辩

---

① See Russell L.Christopher, The Prosecutor's Dilemma: Bargains and Punishments, 72 Fordham L. Rev. 93(2003).

② See Michael S.Moore, Placing Blame: A Theory of Criminal Law 156—158(Clarendon 1997). But cf. Christopher, supra n.18, at 117.

③ See Gerard E. Lynch, Screening versus Plea Bargaining: Exactly What Are We Trading Off?, 55 Stan. L. Rev. 1399, 1406(2003)(hereinafter Lynch, Screening versus Bargaining).

④ See, e.g., Christopher, supra n.18, at 131—134.

⑤ See, e.g., Stephen J.Schulhofer, Plea Bargaining as Disaster, 101 Yale L.J. 1979, 2009(1992)(hereinafter Schulhofer, Disaster); Albert W. Alschuler, The Changing Plea Bargain Debate, 69 Cal. L. Rev. 652—656, 668—669(1981); Marshall J.Hartman & Marianna Koval, The Immorality of Plea Bargaining, in Legality, Morality, and Ethics in Criminal Justice 70; Raymond I. Parnas & Riley J. Atkins, Abolishing Plea Bargaining: A Proposal, 14 Crim. L. Bull. 101, 101(1978). Cf. Gerard E.Lynch, Our Administrative System of Criminal Justice, 66 Fordham L. Rev. 2117, 2130(1998). See, e.g., Joseph A. Colquitt, Ad Hoc Plea Bargaining, 75 Tul. L. Rev. 695, 698(2001); Nancy Jean King, Priceless Process: Nonnegotiable Features of Criminal Litigation, 47 UCLA L. Rev. 113(1999).

⑥ 辩诉交易与应得刑罚间的深入探讨，see Christopher, supra n.18。

⑦ See, e.g., Albert W.Alschuler, Implementing the Defendant's Right to Trial: Alternatives to the Plea Bargaining System, 50 U. Chicago L. Rev. 931, 933, 937(1983)(hereinafter Alschuler, Alternatives); Robert A. Carp & Ronald Stidham, Judicial Process in America 159(5th ed., CQ Press 2001); John H.Langbein, Torture and Plea Bargaining, 46 U. Chicago L. Rev. 3, 12—13(1978); cf. Daniel P. Blank, Plea Bargain Waivers Reconsidered: A Legal Pragmatist's Guide to Loss, Abandonment and Alienation, 68 Fordham L. Rev. 2011, 2016(2000).

护律师之间代理关系的不足之处，这些人通常是工作繁重、报酬低廉的委派律师，其利益与被告之间并不挂钩，因此可能并不会在辩诉协商中倾其所有地保护当事人的权益。①另一种更为抽象的、基于权利的忧虑是，诱导认罪可能会损害被告的权利，用辩诉交易来替代真正的悔过也无益于被告的道德义务。②辩护律师还可能缺乏技巧、时间和经验，因此并不能很好地服务其客户。③此外，刑事被告自己的情绪以及其他阻碍实现其最大利益的因素都可能损害其辩诉协商的能力。过度的乐观主义、拒绝认罪、低估长期监禁之严重程度的倾向以及其他各种各样的认知偏差都会扰乱其判断。④

这些批评仅仅关注于维权，却不关注推动应得刑罚本身。然而，这些权利的实现也是根植于确保刑罚准确性的愿望之中，最终也是为了通过罚当其罪来实现应得刑罚。但权利论批评者一般却并不迎头直击从根本上驱使他们的实际问题：辩诉交易所引向的量刑结果是否真的使被告受到了显而易见的不公平待遇？这一担忧实际上并没有与应得刑罚相冲突，反而与其相呼应。

那些关注接受审判的权利和拥有优秀律师的权利的人声称，辩诉交易偏离了应得刑罚，因为它对被告施以了过度的、不当的惩罚。有些人也同意这个观点，认为辩诉交易创设了一个圈套，可能使得清白无辜的嫌疑人出于减少潜在刑期的考量而认罪。⑤另外，辩诉交易制度可能会对没有认罪的人施以过度惩罚，如果辩诉谈判达成的平均判决指向了公平的惩罚，而在审判和定罪后所判处的刑罚高于事前认罪后的处罚，那么实现审判权则带来了增加惩罚的危险。⑥一位评论员便认为，辩诉交易的制度设计实际上可能增加了原有刑期。⑦

---

① See Albert W. Alschuler, The Defense Attorney's Role in Plea Bargaining, 84 Yale L.J. 1179(1975); Stephanos Bibas, Plea Bargaining outside the Shadow of Trial, 117 Harv. L. Rev. 2463, 2476—2486(2004); Schulhofer, Disaster, supra n.22, at 1987—1991; Stephen J. Schulhofer, Criminal Justice Discretion as a Regulatory System, 17 J. Legal Stud. 43, 49—60(1988); cf. Robert E. Scott & William J. Stuntz, Plea Bargaining as Contract, 101 Yale L.J. 1909, 1928(1992).

② See R.A. Duff, Trials and Punishments 141(Cambridge 1986).

③ See Bibas, supra n.25, at 2481—2486.

④ See idem at 2498—2519. See idem at 2493—2496.

⑤ See Hartman & Koval, supra n.22, at 72; Albert W. Alschuler, The Prosecutor's Role in Plea Bargaining, 36 U. Chicago L. Rev. 50, 65 n.43(1968); Duff, supra n.26, at 141.

⑥ See Hartman & Koval, supra n.22, at 70, 74. Cf. Lynch, Screening versus Bargaining, supra n.20, at 1401—1402.

⑦ See David D. Friedman, Law's Order: What Economics Has to Do with Law and Why It Matters 91—92(Princeton 2000).

还有些批评者仅仅是出于其与应得刑罚完全对立的想法而排斥辩诉交易:因为这种做法使得认罪的行为人取得了较其应得刑罚畸轻的量刑结果。[①]例如,正如辩护律师的动机与被告的利益并不一致,辩诉交易中的检察官也没有在所有案件的后续量刑中因应得刑罚的考虑而最大化惩罚的动机,但其可能会受到其他目标的影响。[②]这一派批评者的担忧不在于刑罚过度,而在于证人豁免制度所带来的不足的惩罚。在给予证人豁免或因其作出重要帮助而减少量刑的情境中,被告显然得到了裨益,其刑罚被降低至通常情况中适当的刑罚之下。

近来,一些评论家甚至质疑起辩诉交易分析的基本假设。具体而言,他们对于现实中的辩诉交易是否能产生与人们以往期待的审判结果相似的公正产物存疑;[③]他们也好奇辩诉交易是否与相关的根本法律规定和量刑规则有着重要联系;[④]如果上述疑虑的必要性在某些或诸多案件中有所体现,他们可能会进一步质询辩诉交易与应得刑罚并行不悖的可能性。

这些有关辩诉交易的争论涉及应得刑罚,所以其后果非常复杂。从应得刑罚的视角来看,那些认为辩诉交易不可能与正式合规的法律审判有着相似公正结果的论断是非常站不住脚的,就好似完全照本宣科能比辩诉交易更能接近应得刑罚一般。然而,在一个刑事法规有着前所未有的扩张、刑事惩处逐步增强的时代,上述假设的可能性可谓十分微小。[⑤]事实上,我们有理由怀疑立法者本身早已意识到其制定的惩处大大超越了应得刑罚,他们就是期望着检察官通过辩诉交易来削减或忽略法律中制定的严苛刑罚。[⑥]当然,现行的辩诉交易反映出的对检方自由裁量权的过度依赖也是很有问题的,我们也在其他地方

---

① See, e.g., Lawrence Baum, American Courts: Process and Policy 195(3d ed., Houghton Mifflin 1994); Douglas D. Guidorizzi, Comment, Should We Really "Ban" Plea Bargaining? The Core Concerns of Plea Bargaining Critics, 47 Emory L.J. 753, 768(1998); see also Hartman & Koval, supra n.22, at 71—72. But see Lynch, Screening versus Bargaining, supra n.20, at 1402 n.4.

② See Bibas, supra n.25, at 2470—2476; Stuntz, supra n.17, at 2554; Edward L. Glaeser et al., What Do Prosecutors Maximize? An Analysis of the Federalization of Drug Crimes, 2 Am. L. & Econ. Rev. 259(2000).

③ See Bibas, supra n.25.

④ See Stuntz, supra n.17.

⑤ See Paul H. Robinson & Michael T. Cahill, The Accelerating Degradation of American Criminal Codes, 56 Hastings L. J. 633(2005); see also Stuntz, supra n.17, at 2556—2558.

⑥ See Stuntz, supra n.17, at 2558; see also William J. Stuntz, The Pathological Politics of Criminal Law, 100 Mich. L. Rev. 505, 546—557(2001).

说过。[①]应得刑罚、法律以及辩诉交易之间的关系太过复杂,在此刻下定论认为逐句逐词地遵守法律比允许或鼓励使用特别的协商手段更能实现正义还为时尚早。

概言之,不论这些不计其数的支持或反对观点如何,那些断言辩诉交易会与应得刑罚产生系统性偏离的实证基础是不稳固的。[②]那些认为辩诉交易会对仅仅只有认罪与否不一但具有相同应罚性的罪犯产生大相径庭的不恰当量刑结果的论断也是备受争议的;就算在没有辩诉交易的情况下,量刑的绝对一致也是几乎不可能实现的。[③]现有数据表明,辩诉交易与法官审判所产生的量刑结果确有不同但大致相似,然而辩诉交易与陪审团审判的量刑结果却有着严重差异。1994 年国家重罪处置的数据显示,陪审团对于重罪的平均量刑为 143 个月,对于中等程度罪行的平均量刑为 87 个月。然而,在辩诉交易制度下,重罪的平均量刑仅为 63 个月,中等程度罪行的平均量刑仅为 48 个月;与其相似,法官审理的重罪平均量刑为 84 个月,中等程度罪行为 60 个月。[④]这些数据反映出,在证据确凿、犯罪严重的情况下,检察官可能会拒绝适用辩诉交易或艰难推进协商,好让这些被告接受审判——但这一理论又与前述所言之辩诉交易是筛选出罪错明确案件的特别机制相抵触。

另一方面,辩诉交易以及证人豁免制度的实证基础也存在着争议:有人相信不存在该制度的司法系统将会无法运转,或者至少说,具备该制度的司法系统能够在节省成本之时更加高效地运作。[⑤]一些评论家也为此提供了数据,阐明在没有辩诉交易的系统中,其运转流畅性会大大降低。[⑥]然而,另一些人则根

---

① See Paul H. Robinson et al., The Five Worst(and Five Best) American Criminal Codes, 95 Nw. U. L. Rev. 1, 16(2000).

② See Bibas, supra n.25, at 2530. Cf. Guidorizzi, supra n.32, at 770—771.倡导者还认为,由辩诉交易引起的减刑是适当。See Naomi Aoki, Plea Bargains Lighten Courts' Loads, Help Cinch Convictions, Experts Say, Va. Pilot & Ledger-Star, Oct.20, 1997, at 1.

③ See Peter F. Nardulli et al., The Tenor of Justice: Criminal Courts and the Guilty Plea Process 207(U. Ill. 1988).

④ See Bureau of Justice Statistics, U.S. Dep't of Justice, Sourcebook of Criminal Justice Statistics 1997, at 427, table 5.56(Kathleen Maguire & Ann L. Pastore, eds., U.S. Gov't Printing Office 1998)(1994 statistics); see also Bureau of Justice Statistics, U.S. Dep't of Justice, Sourcebook of Criminal Justice Statistics 1995, at 505, table 5.56(Kathleen Maguire & Ann L. Pastore, eds., U.S. Gov't Printing Office 1996).

⑤ See, e.g., Michael Gorr, The Morality of Plea Bargaining, 26 Soc. Theory & Practice 129, 146(2000); Hartman & Koval, supra n.22, at 73; Fred C. Zacharias, Justice in Plea Bargaining, 39 Wm. & Mary L. Rev. 1121, 1138(1998).

⑥ See Robert A. Weininger, The Abolition of Plea Bargaining: A Case Study of El Paso County, Texas, 35 UCLA L. Rev. 265, 271—313(1987).

据其他数据指出,没有辩诉交易制度的系统也可以是卓有成效的。[①]一些人甚至还认为辩诉交易制度本身便具有与生俱来的低效性,会反过来损害其原有的节约资源的目的。[②]

最近的一些文献研究对传统的辩诉交易提出了一个替代性方案。[③]其提议在早期检察阶段对案件进行更加严密的筛选,以此确保初期对被告的指控能够更加准确地反映其罪行。[④]其次是严格限制与被告进行的、意在减少后续指控的辩诉协商。新奥尔良的司法系统便与该方法类似,[⑤]该方案的支持者通过其实证数据论证,加强筛选和减少交易并不会加重司法系统的行政负担,因为许多被告比起进行审判,还是宁愿对被指控的罪行进行“公开认罪”(而不是传统的减少指控的辩诉交易)。

对于那些如我们这般认真考虑维护刑事司法系统的道德信誉和合法性的人来说,上述方案的确具有一定的潜在优势,其可以大大减少人们心目中律师取代事实决定司法结果的认知。[⑥]该方案的支持者便将此种方案引入现行非透明辩诉交易过程中,将其所增加的透明性作为核心优势之一。因为可以轻而易举地将定罪罪行与指控罪行进行对比,定罪与指控之间的任何罪行的减少都将被认为是对刑事司法体系正义目标的违背。[⑦]基于此,这种增强的透明度可以反过来提高刑事司法系统在大众认识中的合法性。当然,这种筛选机制也并不是完美的,其依然重复了现有体系中的问题:对大多数被告都不进行审判,检察官将法官、陪审团、评审员取而代之来决定核心的法律和事实问题。[⑧]

有关辩诉交易以及证人豁免的争论应当关注的根本问题是——这一制度

---

① See Stephen J. Schulhofer, Is Plea Bargaining Inevitable?, 97 Harv. L. Rev. 1037 (1984); see also Alschuler, Alternatives, supra n.24, at 1048; Schulhofer, Disaster, supra n.22, at 2009.

② See Hartman & Koval, supra n.22, at 74.

③ See Ronald Wright & Marc Miller, The Screening/Bargaining Tradeoff, 55 Stan. L. Rev. 29(2002).该方案更具体地说是针对指控交易的替代方案,因为指控交易比量刑交易更容易招致反对,检察官撤销指控的行为并不是可复审的,且可能会向大众传达出混乱的信号。See idem at 111—113.

④ See idem at 31—32(setting out basic terms of proposal).

⑤ See idem at 58—84.

⑥ Cf. idem at 33. But cf. Lynch, Screening versus Bargaining, supra n.20, at 1402—1403 n.5; idem at 1405.

⑦ See Ronald Wright & Marc Miller, Honesty and Opacity in Charge Bargains, 55 Stan. L. Rev. 1409, 1410—1413(2003).

⑧ See Lynch, Screening versus Bargaining, supra n.20, at 1403—1404.

安排是否使得刑事司法系统最大程度地实现了应得惩罚？那些通过辩诉交易以认罪换取减刑的被告就没有其他认罪方式吗？辩诉交易真的节约了资源吗？花费在辩诉交易本身上的时间精力是否覆盖了这些节约？辩诉交易是否导致了与应得刑罚的频繁偏离？被告是否真的是因为害怕审判定罪后施加的过分严厉的惩罚才愿意接受辩诉交易下大致公正的处罚？定罪结果往往或主要是因豁免证人的证词而达成，是否又说明这种方式有利于实现高效的应得刑罚？我们的社会是否将或可能因摒弃辩诉交易这种权宜之计，而增加为减少导致偏离的限制的投入呢？

至今，对于这些关键问题我们最多也只能提供不甚完整的答案。乍一看，这些做法似乎都是完全可以，或者可能实现的。从应得刑罚的角度来言，它们似乎都是合理的。因为在遵循这些做法时，检察官（至少在表面上）在每个案件中都可以基于应得刑罚最大化的考量来决定是否同意适用证人豁免和辩诉交易制度。这种个性化的方法规避了我们之前讨论过的适用其他规则时常见的问题——一般规则大多会以缺乏灵活性来为己辩驳。但尽管如此，我们依然不会对这些做法的适当与否表明明确的立场，我们的中心是要厘清分析的恰当重点：在对问题的进一步关注中，我们将会把关注辩诉交易合宜性的分析引至关键的且迄今为止尚未涉足的实证分析之中。

第三节　萨米的结局

在萨米·格拉瓦诺服刑之后，根据证人保护计划的需要，政府安排他进行了整容手术，给了他一个新身份“吉米·莫兰”(Jimmy Moran)，同时将他迁至亚利桑那州的坦佩镇生活。因不满该计划对其联系家人的限制，萨米在1998年退出了计划，与他的妻子黛布拉(Debra)以及孩子们重聚团圆。除此之外，联邦调查局还在一直监视着他，且对其下落的秘密讳莫如深。

然而，在其刑满释放四年之后，萨米和他的妻子、两个孩子以及其他四十人又因毒品犯罪被逮捕。警方和检方调查发现，萨米是一个摇头丸集团的幕后老板和金主，从事着将毒品从亚利桑那贩运至纽约和加利福尼亚的勾当。联邦调查局、司法部、亚利桑那州总检察长办公室、凤凰城警察局都目瞪口呆，不知道他是如何在配合联邦着手对一个臭名昭著的跨国逃犯进行审判的同时，还能在私下组织如此规模相当的毒品犯罪活动。

2001年5月25日，就在指认约翰·戈蒂的同一个联邦法院，公牛萨米以及他25岁的儿子杰勒德·格拉瓦诺(Gerard Gravano),承认共谋犯下了贩卖摇头丸、与纽约黑帮买卖毒品的罪行。在凤凰城法庭,萨米也承认策划了"亚利桑那州史上最大的摇头丸连环犯罪";杰勒德则认下组织集团犯罪、贩卖和运输危险毒品的罪名;萨米的妻子黛布拉以及女儿凯伦(Karen)也牵涉其中,黛布拉承认参与犯罪集团,凯伦则承认用电话联络毒品交易。"萨米·格拉瓦诺面临着他人生中的第二个终身监禁,他将为此付出代价。"布鲁克林的助理检察官琳达·雷斯维尔(Linda Lacewell)言道。

2002年9月6日,一名联邦法官判处萨米二十年有期徒刑;2002年10月30日,一名亚利桑那州法官判处萨米十九年监禁。萨米将在联邦监狱合并服刑——刑期四倍于他在1994年认下19起谋杀案的五年刑期;杰勒德因联邦指控和州指控分别被判处有期徒刑九年三个月;黛布拉和凯伦则适用缓刑。

2003年8月18日,联邦政府将约翰·戈蒂之弟皮特·戈蒂(Peter Gotti)以及其他五名意欲共同谋杀萨米的甘比诺家族成员诉诸法庭。2003年10月,萨米在杀手的辩护中作证,指出这只是生意,一旦接受了命令,杀手其他能做的则微乎其微。

2003年8月28日,萨米本人被指控于1980年雇凶杀害纽约警探皮特·卡拉布罗(Peter Calabro)。新泽西卑尔根郡的检察官指控萨米雇用了"冰人"理查德·库克林斯基(Richard Kuklinski)作为杀手,并协助其进行谋杀。①

① See supra n.6.

DEBF 第二部分

牺牲正义以促进其他目标

第二类规则无论在实践还是理论认知上都与应得刑罚有所偏离。尽管我们在前文所讨论的规则与应得刑罚原则在理论上有所牵连，但由于在实施时基于实际限制而需要对应得刑罚原则作出一定调整，所以第二类规则在追求其他与应得刑罚互为竞争的目标时舍弃了应得刑罚。这些规则的确在法律和正义之间形成了间隙。它们不能也不会因追寻应得刑罚的“渴望”而得到正名。实际上，它们有意无意地反映出一个决定：牺牲正义的利益去促进其他目标的实现。有时这种做法是必要的或者至少能获得一定支持。但我们认为，有一些应得刑罚外的其他目标应当通过其他机制去实现，不应因其实现而损害刑事司法系统主持正义的潜能。

在接下来的章节中，我们尝试阐明产生出与应得刑罚相悖规则的其他四种目标。第五章意在说明罪刑法定原则——刑法意在制定出明确、固定、既有的条文来定义其禁止的行为。然而，这一规则也排除了做出的确具有可谴责性、但尚未被纳入既有刑事禁令行为的行为人去承担刑事责任。同时，这一意在维护禁令明确性的规则也会导致对当事人的惩处超出其应得刑罚的后果——考虑到无罪释放的决定可能会削减当事人所违反禁令之明确性，刑事司法系统可能会惩处实际上清白无辜的行为人。

第六章重点阐明了运用刑法来控制或降低犯罪的功利主义目标。这一目标过去常常被作为正当化偏离应得刑罚行为的理由——尤其是对当事人施加超出应得刑罚的惩处——以增加震慑、剥夺再犯能力的名义。

第七章的主题是为保持基本程度的程序正义、个人自由、司法公正，从而对警方和检方施加限制以抑制政府不当行为的规则。这些规则的实施可能会使得某些罪犯身处实体法律的规制之外，阻却了给予罪犯应得刑罚的实现。

最后，我们在第八章中讨论了一些与刑事司法系统完全脱离的目标，如外交豁免。其保证了驻外外交官不会因报复等行为受到刑事制裁，亦被认为是促进国际对话的必要条件。

第五章

罪刑法定

实现应得刑罚的另一大困难是，其可能使得法律过于混乱、复杂和不可预见。如果法律要被遵守，而且是长期适用——如果它是一部真正的法律，而非临时决定——它就必须有明确统一的禁令。虽然任何广义的禁令不论多么追求“应得刑罚”，都可能遇到不可预见的例外情形。一般规则和“应得刑罚”中的个别决定之间潜在的矛盾显而易见。多种观点都倡导通过创造和维护清晰、界限分明且无一例外的规则来解决这种矛盾。

禁令明确有很多优点。第一，规定明确统一的规则增加了刑法法令中关注公平正义的可能性。第二，制定明确的规则并遵守它们，有利于减少刑法适用中的自由裁量。警察、检察官、法官和陪审团的自由裁量权扩大导致不公平差别适用的案件增加。自由裁量也会减少法律的可预见性，削减法律维护秩序和稳定性[①]的力量，更多的自由裁量权可能造成潜在的此种权力[②]的滥用。最后，一个明确的事前法律公示，一般以法律授权最民主的政府部门——立法机关，而非事后立法的法院以刑事定罪的权力为典型特征。[③]基于这些原因，大多数的法院禁止控诉那些法律未事先明文规定或者规定不够清晰准确所引起

---

① 有人可能认为只有法官或者法官的良好信誉受到质疑时，自由裁量才会出现问题。但是谁能决定哪个人值得信赖？体系之下任何挑选和监督权威机关的不足——这些权威机关的工作必然包括自由裁量——也会反映在授权机关的组成部分。进一步说，滥用权力的人绝不会承认自己滥用权力，通常会掩盖它，有时会意识不到这一事实。判断谁在合理使用自由裁量权，或者甚至谁过去运用自由裁量权是明智合理的都很困难，这证明了为何要严格适用罪刑法定原则。

② 自由裁量被过分地随意适用，更糟糕的是被区别适用。杰克逊维尔（Jacksonville）被控“开车徘徊”、“游移不定”。

③ 对于法院来说，创设普通法犯罪的授权并不是进行实质判罪的唯一途径。不明确的法案事实上是授权法官刑事定罪，法官必须依形势确定具体的犯罪。

的一个理性人对于禁止行为的犯罪。①

尽管如此，追求明确的规定也会产生能否在每个案件中获得公正结果的问题，它可能导致缺乏明文规定的不当的免罪。正如我们所知，在罪刑法定原则下，像雷·布伦特·马什(Ray Brent Marsh)(下文即将讨论)这样本应受到谴责却逃避处罚的人，正是因为没有事先制定的法律明文规制他们的行为——这有时是因为这种行为太过诡谲罕见，因此无人提及。

在其他时候，界限分明的规则也可能会因照本宣科而导致强迫就范②的不当定罪。没有成文规则时，需考虑到要有禁止处罚的明文规定。而有成文规则时，相同的考虑可能要求所有的案子都依法处罚——即使是那些明显超出法治精神之外的，像本章即将讨论的达德利和斯蒂芬斯(Dudley & Stephens)的案件。

第一节　后院的三百具尸体

诺布·乔治亚，一个位于沃克县27号公路边、田纳西州查塔努加外约20米的小的住宅和商业聚集地。即使人们打算在这里住几十年，他们也不会像在其他小镇的人们一样亲近。“我们来到这里，住在这里，但是很多人都不认识他们的邻居”，一个已经在这生活了四十七年的音像店老板说道，“这是一个你不需要担心自己家后院发生了什么的地方”。③

---

① 一定程度上，必须注意的是一些辩护与应得刑罚相符，带有第六章讨论的震慑目的，或者第七章讨论的公平原则。例如，惩罚一个缺乏对法律要求合理注意的人可能被认为不公正。一些违背罪刑法定原则的行为可能更基本，因此更可能偏离应得刑罚，而其他的也许问题少些(从罪刑法定的角度来说)，应让位于应得刑罚的利益。例如，有人可能会认为罪刑法定原则在一些案例中应当让位于刑事责任，比如涉及违法的主观信念，或者是有教育意义的，或者是道德注意，尽管没有实际的注意。Cf. Dan M.Kahan, Ignorance of the Law Is an Excuse—But Only for the Virtuous, 96 Mich. L.Rev. 127(1997).关于这些问题我们有两点评论，第一，处理违反罪刑法定原则的问题更加严重，应遵循应得刑罚，在辩论中精准适用基于抽象的正确性(相对于应得刑罚)的罪刑法定原则，无论多么有趣，都不是我们现在立即要做的项目。关于承诺稳固与否，我们假设对罪刑法定恪守承诺，而非任何标准立场。第二，关于罪刑法定与其他我们讨论过的顾虑间的重合部分，我们承认罪刑法定原则可能产生其他的问题。然而孤立地限制罪刑法定的范围，可能使得罪刑法定过分狭窄。罪刑法定不仅源于公平性考虑，而且(正如文中所示)源于复杂的相互关联的利益，结合在一起，十分有力。潜在辩护的多重性也会使得前段的潜在项目十分复杂，确认违法罪刑法定原则比其他问题更加严重或者不够严重。

② Webster's Third New International Dictionary 1809 (3d ed., Merriam-Webster 1993).

③ Erin McClam, The Living Remain Strangers in a Town of Uncremated Dead, Record(Bergen County, N.J.), Mar.3, 2002.

马什家族作为镇上一个显赫的家族，是19世纪沃克县第一个非洲裔美国孩子——威利·马什(Willie Marsh)的后代。沃克县几乎94%人口是白人，马什家族成为镇上最杰出的家族之一。马什家族几代人都埋葬在距离汤米·雷·马什(Tommy Ray Marsh)于1982年创办的火葬场家族企业几个街区远的家族墓地。汤米·雷曾做过邮递员工作，也用挖沟机挖过腐旧的贮水池。在19世纪70年代中叶，家族里的汤米·雷经营了一家殡仪馆。十年之后，汤米·雷从佛罗里达州的阿波普卡市工业设备和工程公司买了家价值2万美元的火葬场，并新开了三州火葬场。当地报社报道这是这个州第一家少数派开的火葬场。

汤米·雷的家族如今在诺布拥有并租出大量的土地。他是扶轮社俱乐部的一员。他的妻子克拉拉·马什(Clara Marsh)也活跃于社区内。在三十年的教书生涯后，她被评为沃克县年度公民，是沃克县教育协会的主席，同时也是沃克县民主委员会主席里的第一位非洲裔美国人。

1996年，汤米·雷因中风终身瘫痪在轮椅上。他的儿子雷·布伦特·马什(Ray Brent Marsh)如今经营着他父亲的火葬场。像家族里其他人一样，雷·马什也深受社区人们的尊敬。他是拉斐特高中的短跑明星，足球队队长，查特努加市田纳西州大学的中后卫球员。雷·马什和他的父母一起经营火葬场为生。

汤米·雷刚开始经营生意时，乔治亚的火葬场数量十分少，但很快它们就变得很热门，部分原因是它们比其他方式更便宜。如今这个区域内超过30家殡仪馆在使用三州火葬场，因为这是唯一独立的火葬场。马什家族收费只有250美元，而其他公司通常收费600美元以上。(成本削减表明：一个和他们有生意合作的殡仪馆主管注意到，事实上火葬场经营并没有日常文书或者监管系统，在小屋里做生意运营起来有点不专业。)马什的生意相当好，他从不需要广告宣传。

大多数时候，殡仪馆主管很高兴雷·马什能继续他父亲的生意。他们知道工厂里有时会有流言蜚语，他们本应参观设备或者进行突击检查，但是他们从未这样做过，因为三州火葬场服务到位且家族声誉良好。即使过去几年雷的父亲和姐姐签过准许殡仪馆主管经营的破产条例，人们既没意识到也没在意过这事。当地社团也同样忽略他们县这个藏在角落里的火葬场，邻居们也不经常去附近的森林。

当马什生活在这些尸体间时，他表现得一切如常。不像烟能把火葬场的味道带到很远，一具尸体在小范围内的味道只需两周就散尽了，所以邻居们未注意到异样的发生也并不意外。对于每位新顾客，马什都迅速到达，接收尸体，得到运输许可，以及家人授权和200美元的支票。他总是坚持自己接收尸体和返还“骨灰”，通常是第二天返还“骨灰”。但事实上，马什通常返还的不是火葬后的残余而是一盒碎水泥和石灰的混合物。

马什的文书工作依旧混乱。他通常不开封通知函、账单和文件，而是堆积在办公室，打包扔在家里的角落。从表面看一切照旧正常，但后来当地人开始议论很久没有看到烟了。2001年11月，美国环境保护署亚特兰大办公室接到一个匿名电话声称有人在三州地产处看到一些尸体部位。环境保护署将此事转达到治安办公室，警察简单调查后，由于没有搜查证，他们在匆匆查看之后一无所获地离开了。

截至2002年年初，马什已经在火葬场内堆满尸体。他的冷漠可能源于抑郁症或者其他的精神疾病：一个前FBI分析师后来解释马什的行为就像那些患有堆积强迫症人。他囤积所有的文件，堆叠所有的尸体，可能是希望之后再处理它们。他没有决定好怎样去处理这个问题，当它变得越来越难决定的时候，所有的东西只好混乱随意地堆积着。

目前看来这个结果已经超越了史蒂芬金的小说情节。五年后，一些尸体看起来像是已经在那里堆了几十年了，几乎快成一堆骸骨了。一些尸体可能曾埋葬过、防腐过，如今也一半暴露在外，可能为了方便后面堆积。一些尸体仍旧穿着正常，其他尸体则被裹在医用床单里，脚上还有标签。超过二十具尸体被塞进只能装下一副棺材的单个水泥地窖，其他四个地窖也都装满了。一些火葬后的残余混在一起，小树林里总共有340具尸体，这些尸体数超过了诺布县现有的人口数。

2002年2月，亚特兰大环境保护署接到了另一个电话。这一次，环保署代表来到镇上调查。第二天早晨，2月15日，一位遛狗的女士发现一块人体头骨，这促使了进一步的全面调查。当第一具尸体被发现时，整个县的人们都震惊了。不久之后，克里斯·斯佩里(Kris Sperry)医生——州内首席验尸员，不得不招来联邦灾难丧葬服务小组——通常在墓地发生自然灾害破坏时被招来的。克里斯·斯佩里医生曾解剖过5 000具尸体，见到过30 000多具尸体，但对于在火葬场附近看到的景象他毫无准备。在第一周的搜寻工作期间，他开始做噩梦了。

直到2月16日周六那天，州长宣布“沃克县事件”为突发事件，确保州资金用于搜寻工作，他会见了一百多个与三州火葬场交易的家庭，并同意支付遇难者家属辨认尸体的费用。他立誓用尽州权力去调查和起诉。治安官说："马什家是好人，我不知道哪里出问题了。"①

马什家移交了公司记录并配合有关当局的工作。一个保护了三州火葬场的（它未被"公之于众"，因此不符合火葬场的法律定义）监管漏洞很快被填补了，其他州开始检查自己的授权机制。

周日，当县里的员工们搜寻树林里的尸体时，一项祈愿活动正在举行。与此同时，马什的姐姐用她的房子作为25 000美元保释金的抵押物，马什被释放了。他妈妈去了教堂并称马什现在挺好，她拒绝讨论案子。"我没有什么可说的，如果那就是事实的话。我只愿在上帝和支持我的人周围。"②

调查人员把那些明显的尸体清理完后，他们发现成堆的尸体还堆在棺材里。看完火葬场附近其他地窖后，工作人员放弃了估算尸体数量。调查人员在现场建立了一个临时的陈尸所来处理这些尸体，并帮助遇难家庭辨认尸体。人们被要求采集照片。与此同时，乔治亚州调查局呼吁人们提供当时收到的遗骸以方便检查。在沃克社区中心，人们排着队拿着从三州火葬场收到的亲人们的"骨灰"，许多容器里其实装满了灰尘和碎水泥。

周四，2月21日，水下摄像机发现火葬场后的湖中有一具躯干和头骨。他们开始检测水中的污染物，看对于潜水员是否安全。当地居民也被警告不要喝自来水。

直到2月24日，大约300具尸体被发现，调查人员不知道何时才能结束，那些受难家庭极为震惊。泰巴·席格登（Pat Higdon）的丈夫死于肺癌，她没钱埋他，所以只好火葬他。"他去世前两个月看起来像死尸一样，躺在那儿，嘴巴张开，眼睛干瞪。"她说，"我不敢想他还是那样子躺在一个小屋内或者小溪的某个地方。"③艾伦·韦斯特（Ellen West）得知她妈妈艾美·戈万·韦斯特（Emmy Govan West）的尸体在火葬场废弃处，她说："当他们找到我并告诉我这事，简直比妈妈的去世更糟糕。我整个人都崩溃了。"④

---

① Angela Couloumbis, Loophole in Law Allowed Crematory to Go Unchecked, Philadelphia Inquirer, Feb. 20, 2002.

② Andrew Buncombe, Police Start Grim Task of Putting Name to Piles of Bodies Found at Crematorium, The Independent(London), Feb. 19, 2002.

③ Dareh Gregorian, Corpses Piling Up—Crematorium Left Hundreds to Rot for Decades, N.Y. Post, Feb. 18, 2002.

④ Gary Tanner, Hurt Continues 3 Months Later, Chattanooga Times, May 15, 2002.

委托马什家族的丧葬承办人也很震惊。一个主管往那送过 100 多具尸体,包括他的哥哥克莱德(Clyde)。他说:"我睡不着觉,这件事太糟糕了。"①他试着安抚那些家庭——那些人告诉他他们在为他祈祷,不会怪他。其他的殡仪馆已经被起诉了。

2 月 26 日地上的最后一具尸体被发现。接下来的那个周一,3 月 4 日,环保署的人开始排空占地三英亩、最深八英尺的湖水。可能受污染的水被轮船运走了,以免它们影响当地的水源供给。最终,调查人员通过使用平底船探测到剩余的几英尺水下,没再发现尸体。乔治亚州不得不增加 8 500 000 美元财政预算来支付截至 2002 年 3 月 6 日的挖掘和搜寻开支。调查人员最终认定五年多的时间里,马什在他的房产内一共倾倒了 339 具尸体。

乔治亚州的法律禁止亵渎墓地和棺材,但没有禁止在后院倾倒尸体。丧葬承办人可能会因亵渎墓地和棺材被吊销营业执照,但是由于乔治亚州法律规定的漏洞,三州丧葬场仍可以无证营业。雷被拘捕了,但公诉人必须努力寻找一个合适的罪名,雷因不作为的火葬场生意来骗取钱财被指控犯有五项盗窃罪。

第二节 罪刑法定原则

罪刑法定原则是刑法致力于公正性和明确性的具体化表现。该原则不是定义了一个具体的法律规则,而是统筹一切的基本原理——形成相关规则一体化的基础:宪法禁止事后法,②宪法规定模糊的指控无效,③刑法制定法的严格解释规则(又称为从宽解释准则),④根据习惯法的犯罪的法定废除,⑤以及法定禁止司法造法的犯罪。⑥这些规则的共同目标是禁止对不够清晰简洁的、

① Sara Rimer, Dazed by the Crematory Scandal, Undertakers' Trust Is Shaken, N.Y. Times, Mar.5, 2002.

② U.S. Const. art. I, § 9, cl. 3("No bill of attainder or ex post facto law shall be passed[.]"); U.S. Const. art. I, § 10, cl. 1("No State shall ... pass any bill of attainder, ex post facto law ...").

③ 禁止模糊性规定根植于修正案第五和第十四条的正当程序条款。它要求法规必须给予人们"充分的警示以防做出违法行为"。Rose v. Locke, 423 U.S. 48, 50(1975).

④ 从宽解释准则——是普通法准则而非宪法准则——表明刑法制定法中的模糊性规定有利于被告方,不利于国家方。See Rewis v. United States, 401 U.S. 808(1971).

⑤ Model Penal Code § 1.05(1).

⑥ See idem.

缺乏明文规定的违法行为的刑事检控。①

许多规则旨在促进罪刑法定——例如事后法的禁止以及禁止含糊的指控都是宪法命令，因此一直在美国各个地方适用，②其他的法律通过修正案进行修正。我们很难追踪罪刑法定原则使应受谴责的人免于处罚的频率，因为法律经常修改，其通常更多被反映在对被告的不起诉决定中。撤销强加的定罪，即使它们真的存在着，也更加少有。③

在当今的刑法环境下，罪刑法定原则具有重要的领先于应得刑罚的意义。正如我们将在第八章讨论的那样，现代刑法从字面上来看已经扩展覆盖了上千种犯罪，许多犯罪行为从道德上讲是中立的。由于这个原因，罪刑法定原则具有限制犯罪范围的重要功能，以便人们不会在理由很少或没理由怀疑自己的行为违法时被检控。④

然而与此同时，这种扩展却引起人们质疑罪刑法定原则的前提：刑事定罪的决断应当具体化，且最好交由立法人员而不是法院作出。最近趋势表明威廉·斯顿茨（William Stuntz）所称的“刑法的病态政治学”时常驱使立法人员判定更多的行为有罪，值得道德谴责的行为越来越少，而法院却更可能适用限制条款或者开创免责事由。⑤对于精确性的需求也促成了过多的刑事定罪（损害了罪刑法定原则给予刑事犯罪充分注意的目的），因为立法机关规定了大量的具体犯罪，而非一些能更好反映相关危害和潜在道德规范的广义的犯罪。⑥

① See Paul H.Robinson, Criminal Law §2.2(Aspen L. & Bus. 1997).

② 大多数国家宪法都包括禁止事后法。See Model Penal Code §1.02, Comment at 3 n.2(1985).

③ See, People v. Davis, 872 P.2d 591(Cal. 1994); Gwong v. Singletary, 683 So.2d 109(Fla. 1996); State v. Snyder, 673 So.2d 9(Fla. 1996); Downs v. Crosby, 2004 WL 868212(Fla.App.Apr. 23, 2004); Williams v. State, 873 So.2d 444(Fla. App. 2004); Jones v. State, 872 So. 2d 938(Fla. App. 2004); Shelton v. State, 739 So. 2d 1235(Fla. App. 1999); Lepak v. State, 707 So.2d 805, 806(Fla. App. 1998); People v. Ramsey, 192 Ill. 2d 154(Ill. 2000); In re F.G., notes to pages 97—100; 318 Ill. App.3d 709(Ill. App.2000); People ex rel.Smith v.Greiner, 674 N.Y.S.2d 588(N.Y.Sup.1998); Munoz v.State, 133 S.W. 3d 836(Tex. App. 2004); Nolan v. State, 102 S.W.3d 231(Tex. App. 2003); Goodman v. State, 935 S.W.2d 184(Tex.App. 1996); Johnson v. State, 930 S.W.2d 589(Tex. Crim. App. 1996); Ieppert v. State, 908 S.W.2d 217(Tex. Crim. App. 1995).

④ Cf. Lawrence Solan, Statutory Inflation and Institutional Choice, 44 Wm. & Mary L. Rev. 2209(2003).

⑤ See William J.Stuntz, The Pathological Politics of Criminal Law, 100 Mich. L. Rev. 505, 576—579(2001); See Paul H.Robinson & Michael T.Cahill, The Accelerating Degradation of American Criminal Codes, 56 Hastings L.J. 633(2005).

⑥ See Stuntz, supra n.22, at 578—579; idem at 588—591.

斯顿茨总结道：

> 在保护法律规则的幌子下，我们误入了歧途。刑法在理论上具有立法性、前瞻性和具体性。而实际上，刑法并非如此。奇怪的是，部分原因在于法院虽要求这些特性，却不能参与刑事定罪的过程。①

因此，罪刑法定原则既可以说是不合理地扩张了检察权也可以说是不合理地缩小了检察权。大量立法禁令的制定增加了控方提起诉讼的可能性，同时既依赖又增加了控方对于是否作出起诉决定的自由裁量权。②与此同时，罪刑法定原则禁止明显错误的起诉，但不具体地禁止违法行为。

扩大控方自由裁量权涉及应得刑罚的代价是无形的，但罪刑法定原则干预应受处罚的代价十分具体、明确，正如雷·布伦特·马什案件所阐明的那样。从应得刑罚角度来看，无法起诉马什任何亵渎和侮辱尸体的罪名似乎差强人意。马什知道或者应当知道，把尸体扔在他的后院任其腐烂是应受谴责的行为。他可能假定那是犯罪——不仅仅是骗取丧失亲人的家庭的火葬费用的盗窃罪。但罪刑法定原则明确保护马什免于被指控虐待尸体的罪名——因他的行为发生时并不存在这种罪，也未明确禁止该行为。这可能使得一个道德上应受谴责的人免于本应受的法律处罚——但没有罪刑法定原则规定的这些限制，州权力将不受限地惩罚事后行为，即使该原则没有明确地预先规定违法行为。

不幸的是罪刑法定原则在一些案例中必然地与应得刑罚相矛盾。对于行为人除了免除责任没有明显的方式可以苛责，即使是一个明显受人谴责的行为——该行为并未预先明确被禁止。没有明显的替代方案来促进罪刑法定原则——因为罪刑法定原则的价值不能脱离刑事责任的分配，只有在判定刑事责任和处罚时候才有罪刑法定原则的用武之地。即使在那些案例中，两者与我们分析的关键事实相矛盾而必须二选一时，我们认为应得刑罚的价值高于罪刑法定原则的价值是必然合理，也是合法的，因为我们不可能同时满足两者。

但是，产生这种矛盾的可能性的确可以被降低。实现应得刑罚同时也坚持罪刑法定原则，最主要、最好也可能是唯一的办法就是鼓励法律起草者在刑法的制定和修改过程中考虑更加周到、更加仔细，以此来实现刑法潜能的最大

① Idem at 579; See William J. Stuntz, Reply: Criminal Law's Pathology, 101 Mich. L. Rev. 828, 829(2002).

② See Stuntz, supra n.22, at 519—523.

化。制定完备的刑法法规能使罪刑法定原则和应得刑罚更好地发挥作用，互相协作，而不是针锋相对。另外，程序与事实同样重要。如果立法机关能在新形式的实害行为产生和现有法律存在漏洞时，把定期检查修订刑法的机制落到实处，罪刑法定原则和应得刑罚都可受益。①

另一个处理这些矛盾的办法是当他们出现的时候，公开地承认这些矛盾。法官或者陪审员单纯基于罪刑法定原则的规定对应得处罚的违法者免除处罚，可以允许作出明显反对被告行为的替代裁决，例如宣判被告"不可罚"，但应受谴责。我们将在第九章进一步讨论运用更完备的判决体系来减少偏离应得刑罚标准的可能。

最后，更加严密地阐释罪刑法定原则，允许在罪刑法定学说框架下的例外规定。一个选择是考虑被告犯罪时的过失心理。即使被告行为不构成犯罪，使得他的行为意图本身也不构成犯罪，但被告相信他的行为触犯法律就会具有不合法的可责性。有人提议解决这一情形的方法是，通过创设一项"企图犯罪"②的罪名，宣判过失心理违法。这种情况下，立法法案和注意通知都不是强制的，因为只有当被告自己相信他的行为违法时才成立犯罪。这种犯罪解释是粗糙的、不完美的解决途径，它可能有具体的惩罚等级，但是不可能按照行为人"犯罪"的道德严重程度来确定处罚的严重程度。

第三节　马什案结果

截至 2002 年 5 月，155 具尸体已被辨认。指控雷·布伦特·马什盗窃罪增加到 294 项，大多数案件中确定了两项指控：一是收取财物而未火葬，二是返还的是非火化残余。布伦特的辩护律师小麦克拉肯·"肯"波斯顿（McCracken "Ken" Poston, Jr.）代理马什家族参加刑事和民事诉讼，努力使指控降低为轻罪。即使每个案件争议标的不大，但检察官成功地证明马什与他的客户具有委托关系，欺诈显然是重罪。53 起民事诉讼已指向了马什家族，包括一起可能的集体诉讼。除此之外，汤米·雷·克拉拉（Tommy Ray Clara）和

① 例如，英国和威尔士法律委员会定期检查所有的现有法律，包括刑法，同时推荐适当的改革措施。See http://www.lawcom.gov.uk; See http://www.alrc.gov.au; See Paul H. Robinson & Michael T. Cahill, Can a Model Penal Code Second Save the States from Themselves?, 1 Ohio St. J. Crim. L. 169, 176—177(2003).

② See George P. Fletcher, Rethinking Criminal Law § 3.3 at 177 (Little, Brown 1978).

马什的姐姐拉·谢伊(LaShea)——一位查特努加市的丧葬承办人,各自被指控签订了死亡证明却无证承办丧事的重罪。

2003年9月23日,马什在法庭上正式被起诉。截至目前,他被指控犯有787项重罪。他对于被指控的439项盗窃罪、122项火葬服务诈骗罪不作辩护,对47项虚假陈述罪进行无罪辩护。他也对179项检察官认为最接近他行为的侮辱尸体罪进行无罪辩护。不幸的是,这项犯罪——只认定"损坏尸体"行为有罪——并不是一个起诉他未埋葬或火化尸体的完美理由。

同一天,马什的律师书面请求暂停审判,改变审判地点并宣布马什为贫困人口——这将使得州支付马什合法辩护的费用。2003年12月2日,詹姆斯·博迪福特(James Bodiford)法官否决了马什请求州支付专家证人费用,但部分同意了马什关于改变审判地点的请求:陪审团将来自一个不同的县(2004年6月3日,法院决定陪审团来自李县),但审判仍在沃克县进行。

2004年11月19日,检察官和马什的律师向法官递交了一份认罪协议书。2005年1月31日,法官接受了马什认罪书的四项犯罪:(1)437项"盗窃罪"(其中两项企图盗窃罪),(2)179项"侮辱尸体罪",(3)47项"虚假陈述罪",以及(4)122项"火葬服务的诈骗罪"。马什被判处十二年有期徒刑,并处以缓刑。[①]

雷·布伦特·马什最终接受了一个相对公正的实体处罚,但仅仅通过聚焦在盗窃罪和诈骗罪的认罪协议书——正如马什早前的"不辩护",而非"无罪辩护",在这些指控中——附加大量的(法律上存疑)侮辱尸体的有罪辩护,对于马什实际处罚毫无影响。(对于四项指控中的每一项,马什都被判处十二年有期徒刑,每项判决都与其他判决兼存。)马什行为的严重危害和罪恶,他对逝去的人及家庭的不尊重,对于他被控盗窃没有任何特别的影响。如果马什从未兑现支票,他那令人惊悚的小树林将不会违反乔治亚州法律,且在罪刑法定原则之下,他也不会受到任何形式的处罚。

---

① 马什案的事实源于以下材料 State of Georgia, Seventh Judicial Administrative District, Orders/Motions in the Criminal TriState Crematory Case, available at http://www.7jad.com/Criminal%20Orders.htm; Cremation Crook Should Stay Jailed for Own Good, N.Y. Post, Feb. 23, 2002; Families Raise Concern over Operation of Crematory, N.Y. Times, Mar. 11, 2002; Norman Arey, Charges against Marsh Mount, Atlanta J. & Const., Feb. 27, 2002; Norman Arey, Crematory Scandal: Sloppiness behind Piles of Corpses?, Atlanta J. & Const., Apr. 7, 2002; Norman Arey, Tri-State Probe Not Any Closer to Explanation, Atlanta J. & Const., June 2, 2002; Norman Arey, Crematory notes to pages 100—109 Trial Costs Escalate: Marsh Pleads Poverty, Wants New Venue, Atlanta J. & Const., Sept. 24, 2003, at 1C; AP, Examiner Tri-State Situation "Sorriness", Chattanooga Times, (转下页)

对于刑法必须提供明确的行为准则的要求有时会误入应得刑罚的对立面:惩罚一个不该责罚的违反者,害怕不这样做将会削弱禁令的权威和清晰性。这就是达德利和斯蒂芬斯的命运,他们的犯罪(若有的话)发生在 100 多年前,但这一刑事案件直到今天仍旧臭名昭著。

第四节　海难食人案

1883 年早年间,约翰·王特(John Want),一位杰出的澳大利亚律师和政治家,到达英国,想找一艘 40 吨的游船并买下来,带回悉尼。他最终选择了

(接上页) May 23, 2002; AP, Officials End Search of Georgia Crematory, N. Y. Times, Mar. 6, 2002; AP, Test Shows Machine at Georgia Crematory Works, N. Y. Times, Mar. 5, 2002; Andrew Buncombe, Police Start Grim Task of Putting Name to Piles of Bodies Found at Crematorium, Independent(London), Feb. 19, 2002; Richmond Eustis, Questions Grow with Body Count, Fulton County Daily Report, Feb. 19, 2002; David Firestone & Michael Moss, More Corpses Are Discovered Near Crematory, N.Y. Times, Feb. 18, 2002; David Firestone & Robert D. McFadden, Scores of Bodies Strewn at Site of Crematory, N.Y. Times, Feb. 17, 2002; David Goldberg, Crematory Scandal Crimps Thinly Spread Budget at Bad Time, Atlanta J. & Const., Feb.23,2002; Dareh Gregorian, Corpses Piling Up—Crematorium Left Hundreds to Rot for Decades, N. Y. Post, Feb. 18, 2002; Erin McClam, The Living Remain Strangers in a Town of Uncremated Dead; Georgia's Community Is Really a Strip of Road, Record(Bergen County, N.J.),Mar.3, 2002; Nikki Middlebrook, Noble Residents Rebuilding, Marsh Family to Help with Community Effort, Chattanooga Times, May 22, 2002; Michael Pearson, Body Count Halted as Search Expands, Atlanta J. & Const., Feb. 18, 2002; Michael Pearson, Crematory Corpses Discarded Like Trash: Creepy Scene in Rural Georgia, Atlanta J. & Const., Feb. 17, 2002; Michael Pearson, Crematory Investigation: Why Didn't Tri-State Just Cremate the Bodies?, Atlanta J. & Const., Feb. 24, 2002; Bill Poovey, Cemeteries Forced to Help Find Answers to Crematory Secrets, AP, Mar. 3, 2002; Bill Poovey, Crematory Kin Want Answers, Record(Bergen County, N.J.), Feb. 24, 2002; Bill Poovey, Search for Dumped Corpses Takes New Turns: Body Count Reached 191, AP, Feb. 19, 2002; Sue Anne Pressley, Crematory Questions Stir Anguish: Ga. Town Shaken as Body Count Rises, Boston Globe, Feb. 24, 2002; Sara Rimer, Crematory Owners' Family Asks Why, N.Y.Times, Feb. 24, 2002; Sara Rimer, Dazed by Crematory Scandal, Undertakers' Trust Is Shaken, N.Y. Times, Feb. 21, 2002; Duane D. Stanford, Crematory Crackdown: Why So Late?, Atlanta J. & Const., Mar. 25, 2002; Duane D. Stanford, Crematory Probe: Regulators Tried to Close TriState, Atlanta J.& Const., Feb.22, 2002; Duane D.Stanford & Michael Pearson, Gruesome Toll Worsens, Funeral Home Licenses in Jeopardy, Atlanta J. & Const., Feb. 19, 2002; Gary Tanner, Crematory Judge Issue Goes to State High Court, Chattanooga Times, June 4, 2002; Gary Tanner, Hurt Continues 3 Months Later, Chattanooga Times, May 15, 2002; Kristen Wyatt, Families Identify Bodies at Georgia Crematory: At Least 200 Corpses Strewn About, Record(Bergen County, N.J.), Feb. 18, 2002; WXIA-TV Atlanta, Judge: Crematory Trial Staying Put, Dec.3, 2003。

“木犀草”号，一艘1867年建造的55英尺的游船。由于游船太大不能作为甲板货物运送，王特开始安排游船驶往悉尼。1883年11月，托马斯·达德利(Thomas Dudley)听说王特购买了“木犀草”号，便申请替他驾船。达德利被雇用了，计划于1884年春天起航。

达德利，31岁，9岁那年妈妈过世后就开始了水手的职业生涯。他努力工作并成为游船领航员，赢过比赛得过游船奖。他之所以决定启航“木犀草”号，是因为想移民到澳大利亚，找到更好的机会。当王特雇用了他，达德利很尽职地寻找和组织船员。他挑选了爱德文·斯蒂芬斯(Edwin Stephens)作为助手，艾德蒙·“内德”·布鲁克斯(Edmund “Ned” Brooks)作为一级水手，以及理查德·帕克(Richard Parker)作为普通水手。

斯蒂芬斯，37岁，是一名经验丰富的水手，育有五个孩子，活跃于青年基督教协会，是个受人尊敬的当地人物。即使斯蒂芬斯具有主管资格和丰富的航海经验，他却很难找到工作，因为他承担了1877年的一起航海事故的责任。他知道如果继续待在南安普顿，他的事业不会有起色，因此决定移民。获得王特的同意后，达德利许诺一旦到达悉尼就提供船长职位，诱使斯蒂芬斯加入了“木犀草”号航行。

内德·布鲁克斯，38岁，水手之子，很早就开始航海。曾经是英国海军的后备军人，之后成为一名快艇手。他结过婚，之后又抛弃了妻子。1879年他认识了达德利，“木犀草”号游船修建的时候他就知道了这艘船。很明显，布鲁克斯加入“木犀草”号也是为了移民澳大利亚。达德利允诺他如果留在悉尼，就让他在“木犀草”船上工作。

理查德·帕克，普通水手，17岁，1881年父母双亡，身为孤儿的他从14岁开始海上工作。帕克想要成为“木犀草”号船员是因为他希望去国外旅行，他之前从未有过长途的海上旅行。他也想着移民澳大利亚，他希望在旅途中成为“真正的男人”。达德利告诉他这场旅行可视为通过仪式，答应在航行中教他一些航海技术。达德利为此还带了些书。达德利也允诺他，如果他想留在悉尼，就让他在“木犀草”号上工作。

作为船长，达德利付清了所有费用，此外还付了修理费和伙食费。“木犀草”号出发前，迪克·福克斯(Dick Fox)进行了检修，他注意到船有朽木(吃水线下有些烂的大梁)。福克斯说船需要新的木材，修理工作的费用会很昂贵，而他用船上的已有木材修理，相比来说便宜些。达德利是个节俭的人，把修理费用降到了最低。一些官员认为“木犀草”号不可能经受住远航。英国商事海运部认为该船不适合航海，但因为技术上符合了航海要求，所以不能阻止“木犀草”号离港。

早些时候，当达德利找同行的船员时，社区内的人们就大致感觉此次旅行会出问题。因为游船的尺寸小，最初签字的三名水手后来还是决定放弃这趟航行。达德利最终不得不支付斯蒂芬斯、布鲁克斯和帕克高于市面的工资以确保他们工作。另一方面，小游船穿越海洋比较常见，“木犀草”号船也不是特别小，达德利和其他船员相信他们能航行到达悉尼。

1884 年 5 月 19 日，达德利和他的船员从南安普顿港出发。这趟航行按计划有 14 000 英里到 16 000 英里远。达德利和他的领航员斯蒂芬斯，希望在 110 天到 120 天内到达悉尼。

6 月 8 日，游船离开了佛得角，驶向了正处在冬季的南大西洋。为了保证风向良好，避免被大船撞倒，达德利在正常的大洋航线的西侧标绘航线，船员们也遇到期待中的强劲的东南信风。6 月 25 日，风向更加多变，7 月 3 日，风停了，“木犀草”号游船停滞在南大西洋，直到 7 月 5 日，他们遭遇了来自 1 600 英里外好望角的强风暴。风暴期间，狂风巨浪击破了船底。船只逐渐倾斜，一定程度上是因为吃水线下的朽木。

达德利意识到船体下沉，他命令放下救生艇。他要求帕克走下甲板，把通往船舱的梯子脚的一桶水倒掉。帕克这样做了，并按照达德利的要求把桶扔进海里。任何把桶直接扔向救生艇的尝试都会在船底撕开一个洞。因此，他们的计划是一旦人到了救生艇里，就取回漂浮着的木桶。

斯蒂芬斯、布鲁克斯和帕克上了救生艇。达德利取回了六罐补给品以及指南针，他感觉到船在沉没，得赶紧到救生艇上。他试着把供给品扔到救生艇上，但只有一罐扔到了艇上。其他船员多拿了一罐供给品和一些废棉。水桶丢了，可能被强风刮到了海里。

即使海事惯例认为如果沉船，船员不需要遵照船长的意思行事，但达德利仍旧指挥救生艇。他成功地抛下海锚并定位，以便船首顶风，使他们能够在惊涛骇浪里存活下来。救生艇里有个洞，因此人们必须不断往外舀水——即使他们用从船上取回的废棉塞住了洞口。最近的陆地在向西 2 000 海里，正常的轮船线路在东侧。

达德利、斯蒂芬斯、布鲁克斯和帕克在第一个晚上幸存下来，但他们没有淡水和食物，除了从船上抢回的两罐一磅的大头菜。三天下来，这些人只吃了些大头菜。第四天，1884 年 7 月 9 日，布鲁克斯发现了一只小海龟，达德利杀掉这只海龟。他们想要它的血液，但是海水溅过“污染”了血液。（那时水手们认为海水有毒，会造成癫狂甚至致死。）那天，他们吃掉了第二罐大头菜和一些海龟肉。

最主要的问题不是饥饿而是口渴。直到7月13日，四个人都在喝自己的尿，也只能稍微缓解下口渴。他们的嘴唇和舌头变得干燥发黑，腿脚肿胀，连续的海风侵蚀和船内的挤压使皮肤生疮。除了时不时用油布帽接的雨水，他们没有新鲜的淡水。

他们靠慢慢吃海龟维持生存，吃完了骨头和外皮，直到第十二天，7月17日，海龟被吃完了。这时，达德利首先提出建议，通过抽签决定杀掉其中一人来救活其他人。帕克既没参与谈话也没说他不参加抽签，斯蒂芬斯和布鲁克斯认为这场讨论不成熟。（当时，海难后食人行为很常见，幸存者对于这种惯例的怀疑也是正常反应。传统惯例是抽签决定，杀人和食人被视为合法行为。）

接下来的八天，这四人滴水未进。7月20日，理查德·帕克喝了很多海水，病得厉害。他得了痢疾，严重脱水。他躺在船底呻吟喘气，变得神志不清，陷入了间歇性昏迷。理查德曾明确被警告喝海水会致死。达德利再次提出抽签，但其他人忽略了这个建议。他们说，“我们最好一起死”，达德利答，“一个人可以救活其他人时，四个人就不会都死了”。

救生艇漂浮在海面上，距离陆地约1 000海里。即使他们最终用桨和衣服开航，也超不过4节的航速。第十八天，当他们连续七天未进食，五天未进水，达德利和斯蒂芬斯、布鲁克斯讨论如果没有救援到达应该做什么。达德利和斯蒂芬斯建议布鲁克斯牺牲一人救活其他人，但布鲁克斯不同意。因生病而奄奄一息的帕克并不知道这件事。

7月24日，达德利又一次建议斯蒂芬斯和布鲁克斯抽签。布鲁克斯仍然不同意，帕克是否选择参与还是反对这个提议尚不明确。抽签没有进行。这天，达德利和斯蒂芬斯提到了他们的家人，相互暗示杀掉一人挽救其他人的生命更好些。达德利建议如果第二天早晨还没有船舰出现就杀掉那个男孩。第二天，7月25日，没有船舰出现。达德利告诉布鲁克斯该杀掉那个男孩了。斯蒂芬斯再次同意，但布鲁克斯又一次反对这个建议。这时，帕克正躺在船底，十分无助，因饥饿和喝过海水而极度虚弱，绝不同意被杀，但又无法反抗。

达德利祷告，如果他们有任何鲁莽行为，请求上帝宽恕和怜悯他们。达德利让斯蒂芬斯必要时抓住帕克的脚，然后走向帕克，说：“帕克，你的生命到头了，可怜的孩子。”帕克问他：“先生，你说什么？”达德利答：“是的，我的孩子。”

他拿刀片刺进帕克的喉咙两英寸深，杀死了这个男孩。与民众的信仰相同，他们认为得到活的受害者的血液会更好。达德利和斯蒂芬斯很快喝掉尽可能多的血液，切下并吃了帕克的心脏和肝脏。三个男人——达德利、斯蒂芬斯和布鲁克斯，用船桨把帕克的身体割成碎块，靠帕克的身体和血液又活了四天。

他们吃帕克身体时候，已经快饿死了。帕克，在极其虚弱的状况下，可能也快死了。杀他的时候，看不到任何的船只和救援的迹象。斯蒂芬斯和达德利除了杀死帕克拯救其他人外没有任何幸存的机会。

男孩被杀死后的第四天，路过的船只打捞起救生筏。达德利、斯蒂芬斯和布鲁克斯获救了。他们都活下来了，但也奄奄一息。他们最终恢复过来，如果不吃帕克，他们很可能无一存活。

达德利、斯蒂芬斯和布鲁克斯被蒙特祖玛救起之后被带到了法尔茅斯。他们十分虚弱，走不了路。休息了几个小时后，他们来到了海关办公室。根据1854年商船运输法案，他们需要报告所有的海上损失。他们详细汇报了在救生筏上的日子以及帕克的死亡。达德利的主要目的是确保真相大白。最后，他回答了所有的问题，甚至情景再现了杀死帕克的过程。

主管人向内政部和商事海运部报告了此事。达德利他们被法尔茅斯港的警察拘捕入狱，三个人都确信一旦真相大白他们就会被释放了。他们到达法尔茅斯后，民众谴责他们没有进行抽签。但等到他们第一次被法尔茅斯地方行政长官传唤，他们在海上经历的所有磨难细节公之于众时，长官保释了他们，民众欢呼支持。

公诉人在准备案件时认为需要一个目击证人。因为布鲁克斯不同意杀死帕克，公诉人决定撤销对他的指控。随后布鲁克斯成为公诉人的重要证人。埃克塞特巡回法院审判了达德利和斯蒂芬斯的谋杀罪。

埃克塞特法官，巴伦·赫德尔斯顿(Baron Huddleston)是一位固执己见的法官，经常成功说服陪审团听信他的建议。他感觉这个案子很重要，有必要宣布像英国这样的文明国家不能认可野蛮的海事惯例。巡回法庭单个法官的决定对其他法官没有拘束力，因此赫德尔斯顿想要确保这个案件被上一级法院审核。他说服大陪审团提出公诉，赋予法律应有的形式规则。

然而，赫德尔斯顿担心陪审团释放了这些人。他禁止辩护律师陈述潜在的辩护观点，认为没有法律支持这种犯罪行为。他向陪审团递交了一份特别裁定，告诉他们要么认定有罪要么同意特别裁定的所有条文。陪审团同意这份特别裁定，裁定中说这些人在获救前的四天里如果没有食物可能已经死了，帕克可能最先死。裁定书接着陈述陪审团把案子交给法庭来对这些事实进行法律适用。

为了增加这份决定的分量，审判法庭又额外增加了四位法官。听讯双方关于辩护的必要性讨论后，法院拒绝了必要的辩护理由。

> 现在，我们承认这些人蓄意谋杀这位无辜的、没有反抗能力的男孩明显犯了杀人罪，除非有法律公认的理由证明这种谋杀行为是合法的。我们进一步承认本案中没有正当理由，除非被称作“必然性”解释证明这种谋杀行为合法。但是这种行为的动机并非法律所指的“必然性”，也不需要为此感到遗憾。即使法律和道德不同，一些不必然违法的事情可能不道德，但完全脱离道德的法律会产生致命的后果，这种脱离将会随之而来，如果本案的谋杀动机是法律规定的绝对防卫。但事实并非如此。保护一个人的生命通常是一种责任，放弃它可能也是最朴素、最崇高的责任……如果发生海难，船长对船员的责任，船员对乘客的责任，士兵对女人和小孩的责任……这些责任施加给人们道德影响，不是保护生命而是为了别人牺牲他们自己的生命，没有国家，至少英国不会，希望它的人民畏缩，事实上，他们从未畏缩过……承认众人争论的原则危险性不言而喻。哪位法官会承认这种必然性？生命的比较价值怎样衡量？通过力量，还是智力，或是其他什么？……
>
> 我们不应当认为，拒绝把诱惑作为犯罪理由是忽略诱惑多么可怕，遭遇多么恶劣，保持判决公正和行为正直的审判多么艰难。我们经常被迫去建立一些我们自己都达不到的标准，制定一些我们自己都无法满足的规则。但是一个人无权宣告诱惑可以作为借口，即使他可能屈服于它，也不允许同情罪犯，以任何形式改变或削弱犯罪的法律定义。因此我们的职责在于宣布本案中的被告行为是蓄意谋杀，裁决书中陈述的事实不具有杀人的正当性；宣布我们一致认同的观点，判决被告蓄意谋杀罪。①

法庭的推理反映了两种考虑标准，每种标准都赞成保证刑法的绝对明确性。第一种观点仅仅是依义而行。法院愿意赞同——事实上，感觉是被迫赞同——最高级、最严格的道德标准，即使遵照这种标准意味着牺牲别的生命，即使希望人人赞同这种标准很不合理（除非，显然地，是个英国人）。第二种观

① Regina v. Dudley & Stephens, 14 Q.B.D. 273, 286—288(1884).

点，出现在上文第一段最后几句，绝对主义的唯一替代物就是相对主义。如果我们不能确定明确的界限，我们怎么知道是否有人越界了呢？最后一段结合了这两种观点，总的说明我们不能允许任何事，甚至在具体案例中不能被我们自己的道德情感左右，“以任何形式改变或减弱犯罪的法律定义”。

达德利和斯蒂芬斯被判蓄意谋杀罪，并处以死刑。①

第五节　否定正当理由（为了法律明确性）

达德利和斯蒂芬斯案件的观点表明绝对尊重无辜的人的生命价值的哲学观，即使为了拯救更多人的生命利益也不能超越这个观念。尽管如此，即使十分确定水手的行为不合法——正如法院总结道——被告仍有权正当辩护。即使法院承认被告行为在当时情况下可以理解。多数人赞同法院主张的英勇标准，为了避免违法而要求一个人放弃他自己的生命，既不现实也不公平。法院认定被告谋杀罪并判处死刑，理由是不这样做会减损法律反对杀人和食人的效力——这反过来也宣示了法院致力于维护刑法禁令的绝对性和明确性。②

当犯人的行为违反了刑法规则但又因为正当辩护而无责时，在这些案件中划定罪错与否的清晰界线是非常有压力的。③达德利案中采取的方法会走向应得刑罚的对立面，不论何时遵照不现实的行为标准以维持规则的明确性——例如强行实施绝对的行为准则，不承认任何正当理由。这种矛盾反映了刑法两种功能间的矛盾：向人们宣布应遵守的事前规则，然后基于行为人应

① 达德利案的事实源于 Regina v. Dudley & Stephens, 14 Q.B.D. 273(1884)；two drafts of Tom Dudley's Account of the Foundering of the Yacht Mignonette, Public Record Office, Kew, England; A.W. Brian Simpson, Cannibalism and the Common Law: A Victorian Yachting Tragedy(Hambledon 1994)；Note, In Warm Blood: Some Historical and Procedural Aspects of Regina v. Dudley & Stephens, 34 U. Chicago L. Rev. 387(1967)。

② 14 Q.B.D. 273(1884).

③ 谈论特别学说的目的在于：行为者不可否认地违反了刑法规则时的除外责任。See Paul H.Robinson, Structure and Function in Criminal Law 138—42(Clarendon 1997).有人可能同样反对基于缺乏违法可责性要求的无罪赦免，即使这样的无罪赦免基于更为常见的原因，可能对于行为准则效力的影响不大。注意这种反对类似于，但又区别于我们在第二章讨论的对权力滥用的担忧——这也促使限制或拒绝辩护理由。这种担忧部分与违法后法庭操作和扭曲事实的可能性相关，鉴于达德利和斯蒂芬斯案件的顾虑——一定程度上与行为矫正相关——为了确保刑法明确清晰，防止潜在违法者事先认为某种不合理的行为是可接受的。而且，正如文中指出的，达德利和斯蒂芬斯案件奠定了抽象的规则——刑法规定必须绝对且确定。

责备性事后判决。①

然而正如我们将在第九章更加透彻讨论的，矛盾显著其实是错觉。如果我们用更准确的体系代替现有的粗糙的有罪/无罪判决体系，允许陪审团裁定行为违法性和行为人应责性间的区别，那么事前宣布的规则和事后判决的功能都能实现。

第六节　达德利案结果

公众、法院以及两个被告都希望女王能赦免罪犯——如果官方定罪书重申法律谴责食人的行为。这两人在狱中等了七天，每天都希望获得赦免。12月11日，他们的刑罚减轻到自判决之日起六个月的有期徒刑。

这两人一时之间臭名昭著(包括在图索德夫人蜡像陈列馆的蜡像)，但不久就湮没无闻。他们也得到了帕克家庭的宽恕。

从监狱获释后一年，“木犀草”号第一次出航后的某一天，达德利和斯蒂芬斯重获了航海证。但达德利发现很难在游船团体里工作，他决定重新开始，他带着家人移民澳大利亚，成为一名帐篷和防雨衣制作工。杰克·王特，“木犀草”号船主，帮助达德利移民成功。达德利的生意繁荣，但在1900年，他死于黑死病。

斯蒂芬斯没能从痛苦的经历中恢复过来，他变得抑郁，酗酒，穷困潦倒的他死时66岁。

内德·布鲁克斯有一阵子出现在娱乐节目中，但很快又返回航海，25年后穷困无子地死去。②

像马什、达德利和斯蒂芬斯可能得到了应得的处罚。但对于案件结果，刑法规则又一次信誉扫地。法律规则本应判处这些做了别人相同情境下可能做的事的人死刑。此外，这个体系必须调整它的运行方式，达到无异议的结果。人们可以想象到没有皇家赦免的所有情形。依据自由裁量权的体系最终还是不值得信赖，导致法律不能实施对个人最严厉的制裁。

在某些方面，达德利案和马什案都偏离应得刑罚。罪刑法定和应得刑罚都赞成，即使在显著不同的案例中，刑法规定的行为准则必须明确并能被准确

① See generally idem at 143—156.

② See supra n.30.

遵照。然而,罪刑法定原则在马什案中反映的合法性成本问题很难避免:罪刑法定原则与应得刑罚之间的矛盾很难解决。相反地,达德利案中的偏离应得刑罚是被误导的,也是不必要的。达德利案中判决宣告内容与偏离应得刑罚间的矛盾确实可以解决:引入一个可以区别基于缺乏违反规则的赦免和基于无过失的违反规则的赦免的体系。我们将在第九章讨论这种体系。

第七节　设置界限:罪刑法定原则和改变准则

正如我们迄今已经讨论的内容那样,由于刑法需要保证禁令的明确性,可能会出现偏离应得刑罚的问题。当刑法试图改变已有的社会准则时,紧密联系又细微不同的情形出现了。在这些案例中,法律可能过度宽泛地实施禁令——可能判处一些缺乏可责性的人们有罪——为了宣示和加强刚建立的新行为准则。这跟通常情形有细微差别,达德利案例证"维持"现有禁令,此处的禁令或准则是进化中的而非已有的禁令或准则。正如达德利案的基本原理,可以通过其他方法扩展开,我们认为放弃应得刑罚是不必要的,甚至会适得其反,应当通过严格的执行,努力提高新规则的统一适用性。

举一个体现基本原理的实例。现代社会,许多性侵犯罪[1]法律改革中一个重要的明确的目标是改变准则:具体而言,其指提高人们对于获得明确的性交同意的重要性的认识。[2]比如"约会强奸"的情境下,通常未报道的非合意性交的惊人事件大部分源于性侵行为——如果真发生这类事,当今社会准则谴责度远远不够,[3]这种担心有充分的根据。可能除了对个体犯罪的定罪,刑法在性侵犯罪法律改革中最大的贡献是帮助改变准则,以便社会和社会成员能够意识到明确许可的重要性。为了追求这一目标,强奸罪的法律改革者已经寻

---

① See, e.g., Ind. Code Ann. § 35-42-4-1; 18 Pa. Cons. Stat. Ann. § 3106; Fed. R. Evid. 412; N.J. Stat. Ann. § 2C:13—5. See generally Wayne R. LaFave, Substantive Criminal Law § 7.18, at 752—756(3d ed., West 2000).

② "改革者相信通过呼吁改革强奸法案,他们向人们清晰地阐明了错误的犯罪行为。" Cassia C. Spohn, The Rape Reform Movement: The Traditional Common Law and Rape Law Reforms, 39 Jurimetrics J. 119(1999)(quoting Jan BenDor, Justice after Rape: Legal Reform in Michigan, in Sexual Assault: The Victim and the Rapist 149, 152(Marcia J. Walker & Stanley L. Brodsky, eds., Lexington 1976)). See Susan Estrich, Rape, 95 Yale L.J. 1087, 1093(1986).

③ See Margaret T. Gordon & Stephanie Riger, The Female Fear: The Social Cost of Rape 60—61(U. Ill. 1991).

求加大传统的刑事定罪力度，要求武力抵制或者至少是武力威胁，[①]宣告非合意的性交违法。

广义的非合意性交的禁令则看起来力度不够。如果一个人被控“非合意性侵”，但他表明误以为对方同意，最终获得无罪，那么非合意性交的禁令明确性就被破坏了。毕竟，加大性侵犯罪惩罚力度的一大核心原因是通过一个新的稳定准则，示例在性交之前获得明确肯定的许可的准则。无视行为准则的人不负责任，即使是意外地，也会削弱社会希望强化的新准则：性自主权必须被尊重，必须获得谨慎的许可。事实上，扩张后的法律力图在那些“意外地”以为得到许可的人当中巩固明确的行为准则。

避免无罪释放产生危害的唯一途径就是对这种犯罪规定严厉的责任。也就是说，此时，标准的稀释便会发生，即使“误以为许可”的准则十分有限，只要求缺乏许可的过失，例如如果情况是大部分人都会得出相同的结论，使得被告的误解不存在过失，那么就是提供了错误辩解。如果有个案例，被告成功地主张自己虔诚地相信存在许可，且其他人在相同情况下都会获得，那么他可能会获得无罪释放，因此要加强现今的社会准则——关于什么是推论充分的许可，从而阻碍改变准则的推力。

但是在此使用严格责任也有问题，不管是从应得刑罚的角度，还是从有效改变大众观念的角度而言。对应得刑罚来说，用严格责任来巩固准则也令人苦恼，因为可责性要求是刑法区别于民事责任和民事拘禁的关键特征。调整可责性要求磨损了刑法最有效的特征：引入道德谴责的能力。刑法若不要求可责性，就会失去谴责和定罪的重要能力，因此失去道德权威的作用。[②]

因此，强奸罪的改革者及其他寻求通过刑法禁令来建立社会准则的人似乎遇到了一个困境。因为他们处在规则变化中，他们可能比其他人更需要一部具有很强道德信赖的刑法来影响社会公民。他们需要一部刑法——依据这部刑法的判决不仅能作为新的管理规则，引导人们生活，像“周二应该扔垃圾”，更是声明何者应受谴责的官方权威。同时，他们寻求一个清晰稳定的规则，来表明刑法真的会促进大众热议的准则问题的实现。

问题是，一项严格的规则，当它避免产生减损法律道德权威性的无罪释放时，还可能产生不公平案件，造成一般刑法，特别是修订后的强奸法案非正义的

① See, e.g., LaFave, supra n.35, § 7.20.

② See, Paul H.Robinson & John M.Darley, The Utility of Desert, 91 Nw. U. L. Rev. 453(1997).

广告效应，对于不符合可责性的通常标准的人实施处罚和强加责任无疑是令人惋惜的。与其说这项法律能够促使人们认真注意和尊重新的强调合意的行为准则，不如说是每个这样的定罪可能产生人们对于行为准则的怀疑，刑事司法体系中把罪犯放置于对被压迫的受害者的同情角色里可能同被告实际的有罪性无关。

改革者没有别的选择，只能在这两个糟糕的选择中挑一个出来吗？——不改革或者可能适得其反的改革？他们唯一的选择是允许对那些考虑不足的违法者无罪释放或者对缺乏可责性的人施加刑法责任，因此产生“不公平”案件——这是他们意图传达的信息吗？

我们并不这样认为。事实上，存在着相当多的机制可以避免或者至少减少这种矛盾。有一项利于改革的基础深厚的措施是采用“严明判决”的方法。这种体系允许对行为（非合意性交）施以谴责，因此也加强了新的行为准则，使得无过失的违法者免于罪罚，从而进一步保护了刑法的道德信赖。这能使刑法有效地说服目标大众新行为准则拥有真正的道德权威，因而可以鼓励人们支持该准则，最终使它内化为他们自己道德体系中的一部分。

对于塑造准则的改革，我们提出三点建议：

第一，责任规则必须确保可责性作为刑事责任的先决条件。这意味着缺乏同意（或规则要求的其他要素）至少达到了疏忽大意或者轻率鲁莽的程度。它也意味着使用一个理性人可适用的标准，通过被告合理预测标准判决他们，也要确保出现的定罪可以传递出道德可责性的可靠信号。①

第二，犯罪等级应当反映不同违法相应的严重性。因此，例如暴力强迫性交造成损害应当区别于暴力威胁性交，且比暴力威胁性交犯罪程度更严重，而相应地，暴力威胁性交应比非合意性交和非暴力性交更严重。相关问题中，有人可能希望对于更过分的性侵形式保留“强奸”标签下的处罚权。再一次，问题在于通过表明刑法鉴别和监管社会成员所认知的可责性的差异，建立刑法寻求的可以影响公众的道德公信力。

第三，改革者不应期待刑法做所有的工作。强奸法改革——其他任何改革——都必须从实际出发。法律改革只有作为教育和社会意识大议程下的一部分时才能起作用。刑法改革不可能替代舆论和教育。因为我们不可能期待刑法处罚会产生改变传统观念的结果，除非社会公众知晓并接受新的规范。

① See Robinson, supra n.17, at 248—256.

第六章

犯罪与犯罪人的控制

我们可将产生偏离应得刑罚的数种不同理由归类于实用主义或控制犯罪的目的。实用主义(或结果主义)的目的是为了将来能完成一定的目标,而不是去纠正过去的错误。就像我们将要探讨的那样,这虽不是以应罚性为基础的刑法系统唯一可能的动因,但这是一种常见的动因。对于实用主义者来说,正义具有"实用性"不是其本身目标,而是提升社会福利的一种手段;确切地说,人们期望刑法规范和刑法执行力能通过降低社会犯罪率以推进社会福利。

就刑法领域来说,实用主义的主要目标是提出三种以降低犯罪率作为其终极目标的机制。威慑力这一机制意图在于提前阻止那些可能正考虑未来进行犯罪的人。一种完美有效的威慑规则系统并不需要执行力,因其仅靠制裁的威胁就能使潜在的犯罪永不发生。改造这一机制的目的在于使那些过去曾犯罪的人变为守法的公民。不同于威慑机制,改造活动通常被应用于人们已经实施犯罪之后(尽管原则上并没有理由需将其限制于此)。如果前两者未能达成目标,实用主义系统将会施行权利剥夺机制,将那些无惧刑罚、不愿接受改造的危险人士从社会上驱除出去。这里再次说明,通常来说这种机制是剥夺那些已经实施犯罪并且可能再次犯罪的人的权利,但理论上来说并没有理由说这种机制不能在危险分子实施犯罪之前施行(事实上,这样一种策略从实用主义的观点来看是很有效的,因为这样可以避免初次犯罪的社会成本)。

众多刑法规则追求实现这三种实用主义目标。威慑机制一般是通过严惩规则来阻止那些社会所不希望发生的危险,有时甚至不存在应罚性时也会施加严厉的刑罚。重罪谋杀规则就是这样一种规则。该规则认为重罪犯应对其重罪行为导致他人死亡的后果承担谋杀责任,哪怕导致死亡的后果是因为意外[如下文将会讨论的德肖恩·麦卡蒂(Desean McCarty)一案]。另一方面,以改造为目的的考量机制一般会对特别服从改造的小部分犯罪人施加较轻的刑罚。比如,即使年轻的犯罪人应对其罪行承担全部责任,也经常会因这些规则而减轻刑罚。这是因为这一机制认为青少年能够改过自新。其次,权利剥夺这一机制(同威慑机制一样)倾向于从重处罚那些未来可能犯罪的人,对其施加远超于其过去行为应得的刑罚。累犯的从重惩罚制度,比如"三振出局"法,是为了剥夺累犯的权利,因为累犯行为表明其仍不受威慑、无可救药、除非被监禁才会停止其犯罪行为。

这三种实用主义机制的目的和犯罪控制的根本目的都是适当的。尽管如此,许多由绝对实用主义目的产生的具体规则是很成问题的,包括那些我们刚刚提及的规则。我们认为实用主义的考量极少能独立证明这些规则的正当性。许多能满足其他目的,如应罚性这一目的的规则,也能带来实用主义的好处。但当这两者冲突时,实用主义原则几乎不可能(如果有的话)证明偏离应罚性原则的刑法规则构建是正当的。

试图构建一个能使社会犯罪数量最小化的刑法管理体制是有意义的。当然,仅仅基于应罚性的系统也会倾向于实现犯罪控制这一目的,因为对于犯罪后会受到应得惩罚的预期会鼓励人们一开始就不去犯罪。简而言之,应罚性具有威慑力。其实,我们之前曾在别处主张,比起努力构建一种使用传统威慑机制①或改造与剥夺权利机制②的实用主义系统,努力去贯彻应罚性将会更好实现实用主义想要控制犯罪的目的。

然而即使这是不正确的,应罚性本身并不具有额外的、涉及实用主义模式的犯罪控制效益,也不能必然认为应罚性有任何的固有成本。实用主义者想要证明偏离应罚性的责任体制是合理的,他们就必须说明这种偏离性会增添远超过纯应罚性模型所实现的边际犯罪控制效益。

然而,如同我们将要探讨的那样,在几乎所有案件中,仅存在少量的证据,如果的确有的话,能显示基于实用主义的应罚性偏离带来了任何边际效益。就威慑机制而言,刑事责任规则是否有绝对的威慑效果是值得质疑的。这使

① See generally Paul H. Robinson & John M. Darley, *The Role of Deterrence in the Formulation of Criminal Law Rules: At Its Worst When Doing Its Best*, 91 Geo. L. J. 949 (2003) (hereinafter Robinson & Darley, *Role of Deterrence*); see also Paul H. Robinson & John M. Darley, *Does Criminal Law Deter? A Social Science Investigation*, 24 Oxford J. Legal Stud. 173 (2004) (hereinafter Robinson & Darley, *Does Criminal Law Deter?*), appendix available at http://www.law.upenn.edu/fac/phrobins/OxfordDeterrenceAppendix.pdf.

② See generally Paul H. Robinson, *Punishing Dangerousness: Cloaking Preventive Detention as Criminal Justice*, 114 Harv. L. Rev. 1429 (2001).

人几乎无法相信通过特定的责任调整来修补边缘将能实现一定的边际威慑效益。同样地，经验证据表明努力构建改造机制总体上并没有作用(尽管某些有针对性的改造可能具有一定作用)。就权利剥夺机制而言，延长刑期必然会增加权利剥夺的数量。更为重要的是，有证据表明通过阻止潜在的罪犯上街将会对总体的犯罪率有附随的影响。但是权利剥夺的目的无需通过刑事司法系统来实现，民事监禁机制能实现得更好。因此，为了实现权利剥夺而改变刑法规则，并且代价是失去应罚性，这是不正当的。[1]

第一节 逃逸被视为谋杀

在母亲和五位兄弟姐妹的陪伴下，如今已 17 岁的德肖恩·麦卡蒂成长于芝加哥南部，一个因高犯罪率而闻名的区域。在成长过程中，德肖恩的父亲几乎不同他联系，也没有为家庭提供经济或精神上的支持。相反，德肖恩的母亲有一位酗酒的同居男友，他经常殴打德肖恩、德肖恩的母亲以及德肖恩的兄弟姐妹。德肖恩经常会离家出走。如今德肖恩和他的祖母一起住在靠近他女友和九个月大的儿子家附近。尽管德肖恩不常去学校，他曾在米德韦机场工作过很长一段时间以养活儿子，并且正在计划修读普通同等学历的课程。

德肖恩曾数次违反法律。11 岁时，他就开始吸毒，并且迅速发展到了每天要抽四根大麻烟卷(一种大麻和五氯苯酚的混合物)以及吸食相当于 100 美元的大麻。不久后他加入了当地的一个街头匪帮。13 岁时，德肖恩因持有可卡因被捕，并被移送到了青少年犯罪司羁押。但最终青少年犯罪司撤销了对他的指控。最近，德肖恩曾两次因持有管制药物而被逮捕，这些事仍未被判决。

马卡姆市警察局对德肖恩很熟悉，他被称作黑德肖恩(DeSean Black)、疯子德肖恩(Ward DeSean)以及小 D(Little D)。一位马卡姆市警官最近因一张有效的劫车犯通缉令曾试图让德肖恩靠边停车。德肖恩驾车逃逸却被警官逮捕——但因劫车的指控被证明是错误的，他随后被释放了。还有一次德肖恩因逃逸被捕，但最后并没有因此获罪。

28 岁的安德烈·格里芬(Andre Griffin)和他的未婚妻雷内尔·布朗(Renell Brown)以及他们的女儿一起住在芝加哥。1997 年 9 月 18 日周四下午的晚些时候，雷内尔让安德烈驾驶她的 1982 版雪佛兰卡里普斯去汽车修理

① See idem.

厂维修。安德烈开走了车子，但他并没有将车子送去修理，而是将车子开到了第 154 号大街想要将车出租，那正是德肖恩所在的街区。在默特尔街和第 154 号大街的交叉路口，安德烈将车停在路边和一个自称可可(CoCo)的女子交谈。他们之前从未见过。他问她是否愿意以一些可卡因充当租金来租一辆车，或是否知道有谁愿意这么做。可可说她知道有一些人可能愿意，并告诉安德烈载她去那里。当他们到达后，可可看见了德肖恩·麦卡蒂，她只知道他叫小 D。可可问德肖恩他是否认识愿意用可卡因充当租金来租车的人。德肖恩说他愿意这么做，并告诉他们在第 154 号大街和伍德街的路口等他。在那里，德肖恩上了车，并给了安德烈两个装有可卡因的 10 美分硬币大小的袋子，他们约定德肖恩当晚九时还车。

安德烈当晚晚些时候到了指定地点，但德肖恩没有出现。安德烈没有报警说车子被偷了。两天后安德烈在第 154 号大街的一栋公寓里看到了德肖恩，他拦下了德肖恩，让他将车子停到这幢大楼的后面。德肖恩将车开到了后面，但当安德烈走到大厦后面时，德肖恩又将车开走了。安德烈仍没有报警说车子被偷了。

当晚 7 时左右，德肖恩将车停在了马什费尔德街上。他从后视镜中看到一辆马卡姆市的警车沿着第 165 号大街向东行驶。很快，那辆警车再次经过，这次是向西行驶。当德肖恩看见警车时，他开始紧张。他不想在一辆偷来的车中被抓，还随身携带着两盎司的大麻，并且没有驾驶证。德肖恩发动了车子，并沿着马什费尔德街向北行驶至第 163 号大街。等红灯时，他看见了同一辆警车停在了第 163 号大街拐角处，准备向东行驶。德肖恩在第 163 号大街左拐，向西行驶经过了那辆警车。他从后视镜中看到那辆警车在街中央掉头。那辆警车开始跟踪德肖恩，后者继续行驶并在伍德街右拐。

与此同时，驾驶那辆警车的肖恩·劳拉(Sean Laura)警官用无线电报告他正在追踪一辆车。25 岁的劳拉从他 3 岁起就梦想着成为一名警官。1995 年 9 月，劳拉从芝加哥警察学校毕业，之后在马卡姆市警察局工作。劳拉希望成为一名州警官，并最终成为一位联邦调查局特工。当晚，劳拉正在南郊区学院上课，他正处于这天第二班的中间，他已经完成了自己结束于早晨 8 时的通常夜班，并于下午 4 时刚刚回到岗位上，因为他答应了替另一位当晚请假的警察当班。

当劳拉警官接近马卡姆市和哈维市的交界处，这是他作为马卡姆市警察的管辖界限，他通知调度员他将要以“违章驾驶”为由进行交通管制。当德肖恩行驶到第159号大街和伍德街路口时，劳拉警官打开了警灯。德肖恩没有靠边停车，而是右拐进入了第159号大街，以每小时四十五英里至五十五英里的速度继续行驶。第159号大街限速每小时四十英里，德肖恩在亚什兰街左转并向北行驶，劳拉警官紧随其后。德肖恩依旧以先前的速度继续行驶，尽管亚什兰街限速每小时二十五英里。德肖恩认为步行对他来说更为有利，于是他迅速拐进一条小巷并将车遗弃在杂草丛中。他逃跑时并没有将点火装置关闭。

德肖恩向北跑去，经过了一个黑暗的后院和一条过道。劳拉警官在德肖恩遗弃的车后停下，关闭了点火装置，抓起一个手电筒，锁上了车门，开始徒步追踪德肖恩。通过肩上的无线电，他通知调度员他正在徒步追踪。这场追踪一直持续到劳拉警官跟随德肖恩跑到了两辆停在第155号大街前的车子中间。

哈维市警察局的查尔斯·布罗格登(Charles Brogdon)警官正在第154号大街和瓦因街区域进行现场采访，他通过无线电听到有一位警官正在追踪从马卡姆市进入哈维市的嫌疑人。28岁的布罗格登从业三年(巧合的是，他认识肖恩·劳拉，因为他们曾是芝加哥警察学校和南郊区学院的同班同学)，当布罗格登收到无线电调度时，他已当班四小时。

布罗格登跳上车，打开了警灯，朝接报的追踪方向开去。行驶中，布罗格登警官从调度中听到在第155号大街附近开始，车辆追踪已变为了徒步追踪。布罗格登进入了这个区域，向左急转弯进入了第155号大街，几乎撞到了角落的一棵树。在这片区域中，第155号大街是双车道，四十英尺宽，沥青路面，两边都有住宅和停车位。双向的限速标志都是每小时二十五英里。当时是晚上7时15分，天已经黑了。这片街区的街灯被街道边的大树阻挡了。当布罗格登拐进第155号大街时，他看见德肖恩正横跑过街道。布罗格登用视线追踪着德肖恩，并用无线电报告："这里是哈维市，他正往北跑向第154号大街。"当布罗格登踩刹车时，他感受到一阵撞击，车的前轮飞向了空中。

徒步追踪德肖恩的劳拉警官，从布罗格登警官驾驶的警车前横穿第155号大街时滑倒了，这导致他身体的重心低于警车的碰撞点。劳拉警官并没有被甩到警车的引擎盖上，而是被卷入了前轮下。劳拉警官在警车完全停止前被拖行了将近100英尺，没有刹车痕迹可以显示警车当时有紧急制动。布罗格登警官撞上劳拉警官时时速将近四十英里，当车最终完全停下时，劳拉已经被压在了右前轮下。

与此同时,德肖恩并没有意识到劳拉警官被撞了。他跑到第155号大街另一边后仍没有停下,最终躲在了一处门廊下。十分钟后,他认为那个警官不再跟着他了,所以他去朋友家换了衣服。

当布罗格登下车后意识到发生了什么时,他开始手忙脚乱,大声喊叫:“那是肖恩。”此时,其他警官到达了现场,人群开始聚集。邻居提议用千斤顶顶起警车,救出劳拉,对他进行心肺复苏,但警察告诉他们要等救护车到。消防员来到了现场,并用二十分钟将警车从劳拉身上移开。直升机将他迅速送往英格尔斯纪念医院。在那里医院急救人员用了一个多小时试图挽救他的生命,但他于晚上8时58分被宣告死亡。

警方根据车牌和车辆登记找到了雷内尔·布朗。他们询问了布朗和安德烈·格里芬,后者最终承认他将车借给了德肖恩并换了一些毒品。几位现场目击者也告诉警方他们看见被称作小D的人那晚跑了过去。警方逮捕了德肖恩,他承认了那晚他从劳拉警官处逃逸,并称:“我真的没有想要伤害劳拉。当你受到惊吓时,第一反应总是逃跑。”德肖恩·麦卡蒂于1997年9月21日,周日,被捕,并被指控谋杀肖恩·劳拉警官。

事故发生后,马卡姆市警察局没有发表申明。然而,马卡姆市警察局局长詹姆斯·亨特(James Hunt)将1997年9月20日的事件描述为一场“因为不当时间、不良照明而造成的不幸的、可怕的事故”,并称,“没有任何人可以去责怪”。尽管这样,布罗格登警官因这场事故受到了严重打击,一个月后辞去了警官的工作,去工地上找了一份工作。

德肖恩·麦卡蒂被指控非法占有一辆偷来的汽车,恶意逃跑以及一级谋杀。对于这些指控,他辩称自己无罪。马卡姆市公设辩护律师弗兰克·拉格(Frank Rago)被指派为德肖恩案辩护。拉格请求驳回起诉,但库克县大法官雷金纳德·贝克(Reginald Baker)驳回了该请求,认为尽管对于公诉方来说要证明德肖恩犯有谋杀罪是很困难的,但要驳回这个案件还为时过早。基于该陈述,媒体对于此案的关注以及社区内对于劳拉警官死亡的同情,辩护律师拉格认为由法官审理此案最为合适。德肖恩放弃了由陪审团审理案件的权利。

庭审持续了两天,贝克大法官最终判决德肖恩就针对其的所有指控均有罪。弗兰克·拉格请求重新庭审,但他的请求被驳回了。宣判时,德肖恩出庭为他所做的一切请求原谅。劳拉警官的母亲也出庭作出了受害人影响陈述。

大法官判决德肖恩·麦卡蒂有期徒刑四十年。[①]判决后，德肖恩·麦卡蒂的祖母表示："大法官说他会如此判决是为了威慑别人不要从警方处逃逸。他不该用我的孙子以儆效尤。"[②]

2002年4月，上诉法院维持了初审法院的判决。[③]2003年4月，伊利诺伊州最高法院鉴于另一起刚作出判决的案件，将此案发回重审，推翻了先前认为

① 这样做，大法官偏离了此案适用的伊利诺伊州法令的显然要求。法令规定当一个人被确认犯下对治安官的一级谋杀时，"法院应判决被告终身监禁或死刑……"See 730 Ill. Comp. Stat. 5/5-8-1(a)(1)(c)(iii)(emphasis added).大法官显然认为对于一个17岁、鲜有犯罪史的少年来说，终身监禁过于严酷了。伊利诺伊州显然同意大法官的观点，因为没有强制令要求执行法令的要求。

② The facts of the *McCarty* case are derived from Custodial Status Sheet for DeSean McCarty, Cook County Detention Center, Dec. 27, 1996; Markham Police Department, Supplemental Report on Sean Laura's death, Sept. 20, 1997; Transcript of Communications between Markham Dispatcher and Markham Police Unit 384 during McCarty's police chase, Markham Police Department, Sept. 20, 1997; Markham and Harvey Police Investigation Reports, Markham and Harvey Police Departments, Sept. 20, 1997; Accident Reconstruction Report for accident of Sept. 20, 1997, Harvey Police Department, Supplement to Report # 11665a—97; Markham Police Department Offense Incident Report, Markham Police Department, Sept. 20, 1997; Cook County Police Reports—Booking Officer, State v. DeSean McCarty, Sept. 20, 1997; Harvey Police Lineup Report (includes DeSean McCarty's four lineups), Sept. 22, 1997; Statement of DeSean McCarty, Cook County State's Attorney's Office, Sept. 22, 1997; Grand Jury Testimony of Andre Griffin, In Re John Doe Investigation, Sept. 23, 1997; Medical Records of DeSean McCarty, Cermak Health Services of Cook County, Sept. 24, Oct. 9, and Oct. 14, 1997; Statement of Muhammed Williams, Cook County State's Attorney's Office, Sept. 1997; Grand Jury Indictment of DeSean McCarty, Oct. 1997; Cook County Forensics Report on DeSean McCarty and Sean Laura's body, Office of the Medical Examiner, Feb. 5, 1998; Closing Arguments of the Attorneys, State v. McCarty, Sept. 15, 1998; Victim Impact Statement of Patricia Laura, Mother of Sean Laura, Office of the State's Attorney, Cook County, Ill., Oct. 28, 1998; People v. DeSean McCarty, Sept. 15, 1998(on file with authors); Brief for Defense, People v. DeSean McCarty, Nov. 3, 2000(on file with authors); Brief for Prosecution, People v. DeSean McCarty(on file with authors); Telephone Interview by C. Todd Inniss, Eve Brensike, and Colette Routel with Frank Rago, public defender, Markham Public Defender's Office, Feb. 1999(notes on file with authors); Sarah Karp, *Mother Copes with Cop's Death: Markham Officer Struck by Harvey Police Car*, Daily Southtown, Sept. 22, 1997; Karen Mellen, *Reckless Abandon: Families Want Driver Charged with Murder*, Chicago Trib., Oct. 7, 1998; T.Shawn Taylor, *Cops Arrest Teen Linked to Officer's Fatal Chase: Police Want Subject Held Accountable*, Chicago Trib., Sept. 23, 1997; T. Shawn Taylor, *Markham Cop's Death Becomes Murder Case: Bond Hearing Set in Fatal Police Chase*, Chicago Trib., Sept. 24, 1997.

③ 此案因作为重罪谋杀规则特例的说明而被收录于刑法教科书中，由此声名狼藉。See Paul H.Robinson, *Criminal Law Case Studies* 1—7(West 2000).

恶意占有偷来的汽车是一项可能导致谋杀重罪判决的“暴力重罪”。①

第二节 威慑机制

现代刑法经常表现出对威慑机制的担忧，因其似乎产生了对于实现正义这一目标的渴望。于是毫不惊讶地，有时威慑机制这一目标会被援引用于支持破坏应罚性目标的规则。这些规则包括，比如，严格刑事责任的实施以及重罪谋杀规则的广泛制定，②就像根据伊利诺伊州的规则，德肖恩·麦卡蒂犯有谋杀罪。

确实，威慑机制的原理是无处不在的。它出现于有关各种各样规则的辩论中，包括我们在别处讨论的规则。事实上，威慑机制的原理有时在这些辩论双方中都会体现，这表明威慑机制原理的支持者也不清楚威慑机制原理的经验主义效果。比如，威慑机制原理主张被用于支持法人责任或企业责任中，也被用于反对法人责任或企业责任中；被用于支持负有限责任的公司管理者应限于董事会成员和高级管理人员中；被用于支持雇主责任中，也被用于反对雇主责任中；被用于支持私家侦探和“共同谋划”规则中；被用于反对严格责任犯罪中，也被用于支持严格责任犯罪中；被用于反对过失责任中，也被用于支持过失杀人责任和使用致命武器过失袭击责任中。威慑机制对于一些犯罪未遂责任规则来说也是一种指导原理，包括彼此之间不同的一些规则：支持用于未遂的狭义“近因”测试，支持用于未遂的广义“实质措施”测试；支持限制当犯罪人成功避免犯罪行为时放弃辩护的权利，反对因犯罪未遂责任而进行不能犯辩护。③

同样地，威慑机制的主张也被用于证明或反对有关减刑辩护和取得谅解辩护的规则。这些规则包括了我们曾在他处探讨的规则。举几个例子，威慑机制的主张被用于支持证明轻率的客观（无差别）标准，被用于支持挑衅能减轻谋杀罪责的纯客观（无差别）标准，被用于反对因个体化极端情绪困扰而减轻罪责，被用于支持不完全行为能力能减轻谋杀罪责，被用于反对以一般合理

---

① See People v. McCarty, 785 N.E.2d 859, 271 Ill. Dec. 665(Ill. 2003), citing People v. Belk, 203 Ill. 2d 187, 784 N.E.2d 825, 271 Ill. Dec. 271(Ill. 2003).

② 有时重罪谋杀规则也会这样被维护，它仅在被告极有可能应对谋杀负责，但又无法证明时起作用。我们在第三章中讨论了这种证据原理。

③ See Robinson & Darley, *Role of Deterrence*, supra n.1, at 957—959, 961.

法律错误以及被胁迫作为辩护理由。威慑机制的主张也被用于支持特定辩护理由的制定,包括制定以患有认知方面的精神疾病作为辩护理由,也包括制定患有控制方面的精神疾病作为辩护理由。①

威慑机制的原理也影响了对于犯罪行为的分级。通过加重责任来推进威慑机制以用于支持根据不同的被害人(年老的,年轻的,警官,或是其他人)、地点(如在学校附近贩卖毒品)以及犯罪人的阶级(如高中生用恐怖主义恶意威胁)来区分恶意犯罪的等级。同样地,威慑机制的主张被用于支持将抢劫罪单列为一种罪行(而不是依附于盗窃罪和袭击罪);被用于支持将醉酒驾驶致人死亡定性为过失杀人罪,不需要证明疏忽甚至是因果关系;被用于反对重罪犯因非重罪行为造成他人死亡定性为重罪谋杀责任;被用于支持恶意预谋应定性为一级谋杀罪;被用于反对因放弃辩护权利(更偏向于完整的辩护)而将罪责降级;被用于支持将未遂责任同实际犯罪一样定性,但也被用于支持这一规则对一级重罪有所例外;被用于支持将盗窃牲畜的行为定性为比盗窃同等或更高价值财物更重的罪行,因为前者更容易实施且难以被察觉;被用于支持将基于无效同意(即因为错误或玩笑)的性交行为定性为比基于暴力的性交行为更轻的罪行;被用于支持盗窃罪应通过盗窃金额来定罪;被用于支持"偷车兜风"罪应降低罪行等级(和盗窃罪相比);被用于支持将信用卡诈骗,哪怕只是很小的金额,也至少定性为轻罪;被用于支持将近亲通婚定性为不高于中级重罪的罪行,即使社会道德极度愤慨地认为该罪行应被更高定级;被用于支持降低伪证罪罪行等级;被用于支持"在审判前自愿释放活着的受害人,并将其留在安全的地方"的绑匪罪行等级应被降低。②

最终,威慑机制的原理在制定广泛的量刑规则和政策时时常体现,包括主张支持死刑,反对死刑,支持死刑自动适用于杀了人被判终身监禁的囚犯,支持醉酒驾驶应当服刑,支持对于犯罪人的违法所得应处两倍罚金,支持在第二次犯罪行为之后同时获罪的犯罪行为强制适用从重处罚,支持法人犯罪应当罚金更高,支持司法审判判处最低刑期,支持对于有违法所得的犯罪行为处以罚金,以及指导决定刑期长度和罚金数额的司法自由裁量行为。③

① See idem at 959—963.
② See idem at 963—967.
③ See idem at 967—969.

众多规则中的一些规则，哪怕没有被要求，也是符合应罚性的；其他则明显与应罚性不一致。经常是，证明威慑机制的理由被用来支持一个规则是可行的，而不顾这个规则是推进还是阻碍应罚性或是这个理由是否在经验数据中得到了支持。然而大多数为了实现威慑机制的学说并没有起作用，而且有理由相信它们极不可能富有成效，甚至可能适得其反。越来越多强有力的、经验主义的分析被要求去决定这些处理是否能产生任何清楚的实用主义的效益来抵消它们有关应罚性的成本，包括牺牲应罚性的实用主义成本，也包括标准成本。

比如，基于威慑机制的目的，允许施加严格责任的规则，或是与责任不成比例的刑罚是被支持的。这些规则显然偏离了应罚性原则，这会造成犯罪人仅因其精神上有罪而要负责，且根据其呈现的精神状态可责性程度而负责。确实，基于威慑机制的原理本质上承认了这些规则会造成应罚性的偏离，但认为因它们提升了完全实现威慑机制目标的可能性而值得牺牲应罚性。①然而，更进一步来看这些学说，却暴露了它们哪怕牺牲了应罚性，也仅仅产生了值得质疑的(如果有的话)对于威慑机制的效益。

重罪谋杀就是这样一种规则。就重罪谋杀而言，威慑机制主张尽管这条规则可能被用于一些通常不具有谋杀可责性的被告，但这能有效地通过严厉制裁来恐吓这些因其重罪行为造成他人死亡的重罪犯。这将会使他们进行犯罪活动时更为小心。当极有可能造成意外伤害或死亡时，他们会更为小心。②这条规则也被认为对潜在的重罪本身具有产生附加威慑力的间接效力，特别

① 重要的是，在前文中曾提到的以及第三章中曾探讨过的证据原理和此处探讨的威慑机制原理不仅仅是同一学说的能相互替代的理由。这两种不同的理由体现了该学说本身不同的处理。证据原理支持对重罪谋杀规则的这样一种处理，比如，将该规则限制于因实际的轻率(或至少是过失)而造成死亡的可能性是很高的情况下。See Paul H.Robinson, *Imputed Criminal Liability*, 93 Yale L.J. 609, 663—665(1984).而威慑机制原理并没有这样的限制。See idem.因此，如果经验证据表明作为证据基础的可责性推断通常是有效的，那么源于该基础的处理并不会同应罚性目的冲突，相反会推进应罚性目的。而源于威慑机制基础的处理则没有这样认为。

② 霍姆斯表达了这样一种观点：如果经验表明，或立法者认为由于某种原因造成的意外死亡时常会不成比例地发生，或与其他重罪行为有关，或与抵抗警官有关，或是有其他政策原因认为预防这些死亡发生的特别努力是必要的，立法者可能会一直将这些已知得的重罪行为视为具有很大的危险倾向性从而特别禁止。因此，法律可能会认为行为者具有危险性，不仅因为预见了其可能会造成的后果，也因为立法者担忧的可能会造成的结果，尽管这种结果不会被一般经验所预知。Oliver Wendell Holmes, *The Common Law* 49(Little, Brown 1881).

是当该重罪本质上就很危险的时候。[①]类似的有关威慑机制的主张经常被用于特定商业活动中的严格责任。这种被禁止的商业活动包括了"有可能会因为错误或意外而导致造成广泛伤害的危险"。[②]尽管这种严格责任的潜在威慑效果有时是以一种更为开放的方式推进的。[③]

这些认为重罪谋杀以及其他规则有威慑力的论点有两种严重缺陷。第一,这些基于威慑机制的规则是否有效并不清楚。也就是说,作为一个经验问题,几乎没有数据可以支撑这些规则比纯粹的以应罚性为基础的刑事系统更能威慑犯罪,并且甚至有足够的理由可以怀疑它们事实上适得其反。第二,即使这些规则有效,也有能够实现同样威慑力的其他规则可以替代它们,并且不用高度牺牲应罚性。

社会科学家越来越怀疑来自官方刑罚的刑事审判系统的威胁对于阻止犯罪的效果有限。[④]威慑机制理论,特别是被用于证明超越应罚性要求的责任承担是正确的时,主张狭义地处理特定数量的责任和刑罚将会引起增强的边际威慑力——潜在的重罪犯会知道并且会考虑,过失杀人情形下他们将承担的责任和重罪谋杀规则下他们需要承担的责任之间的区别。这种区别将会改变他们是否犯罪或是犯罪时小心的程度。但在这种情况下,该主张假定了刑事规则的细节都广为人知,而这似乎很难确立。德肖恩·麦卡蒂在决定"租用"汽车或是从警方处逃逸时,会根据州明确的重罪谋杀规则来计算他的行为,这几乎是令人无法相信的。事实上,即使他曾停下来考虑过,他可能也不会知道或推测有这么一条规则存在。

正在预谋的犯罪人面临刑罚的低风险性进一步阻碍了威慑机制政策潜在的效力。[⑤]如果犯罪人认为其面临刑罚的风险性很低,以至于无关紧要,那么责

---

① "重罪谋杀规则的合理功能是,就其本质或附随情状而言,对会产生可预见的死亡危险的重罪行为提供附加的威慑力。"State v. Goodseal, 553 P.2d 279, 285(Kan. 1976).

② James B.Brady, *Strict Liability Offenses: A Justification*, 8 Crim. L. Bull. 217, 222(1972).布雷迪运用了掺水的牛奶这一例子。See idem at 223—224.

③ See, e.g., Richard A.Wasserstrom, *Strict Liability in the Criminal Law*, 12 Stan. L. Rev. 731, 736(1960)(通常主张"参与特定活动的人会更为仔细小心,因为他知道这样的活动是被严格责任法令所管辖的")。

④ See Tom R.Tyler & John M.Darley, *Building a Law-Abiding Society: Taking Public Views about Morality and the Legitimacy of Legal Authorities into Account when Formulating Substantive Law*, 28 Hofstra L. Rev. 707, 713 & nn.19—23(2000); see also Paul H.Robinson & John M.Darley, *The Utility of Desert*, 91 Nw. U. L. Rev. 453, 458—464(1997)(hereinafter Robinson & Darley, *Utility of Desert*).

⑤ See idem at 458—460.

任和刑罚规则将失去作用。而且,造成潜在犯罪人进一步忽视那种风险的主观因素是构成这种客观上低风险性威慑力最小的原因。①因为这些困难,唯一能够产生有效威慑的方法——如果这个系统尝试仅通过刑罚程度来修补——将会使刑罚提升到严苛的程度,但那种解决方法将可能产生一系列新的问题。刑事审判系统越是偏离应罚性,在社会上它的可信度就越会降低,越不可能对规制社会规范产生影响,在实行时也得不到合作和顺从。

为了推进威慑机制而牺牲应罚性的行为实际上可能会造成威慑力的净损失;比起基于威慑机制却无应罚性的系统,追求应罚性的刑事审判系统可能更能进行有效威慑。②社会科学家们越来越相信刑法的道德可信度是其得到遵守的力量源泉。③每当刑法用来惩罚无过失的犯罪人时,其道德基础——其能够规制社会,使规范能够深入个体内心,让其禁止的行为被人指责的本源——就会被逐渐削弱。因此,通过远超于应罚性的刑事惩罚得到的威慑力是要付出很大的代价的。

有一个最新的有意思的研究直接调查了有关重罪谋杀规则降低犯罪率的效果。④研究结果令人惊讶,并表明这些威慑效果是很复杂的。作者是这样评论的:

"抢劫罪的结果同重罪谋杀规则支持者和反对者的预期都不一致。在更为严格执行抢劫罪被判死刑的州却有着更多因抢劫致人死亡的案件。在将抢

---

① 许多犯罪人,如果不是多数,会对他们采取的防止被捕的措施有着不切实际的乐观想法,因此会低估被捕的可能性。See Floyd Feeney, *Robbers as Decision Makers*, in *The Reasoning Criminal*: *Rational Choice Perspectives on Offending* 53, 65—66(Derek Cornish & Ronald Clarke, eds., Springer 1986).菲尼有关抢劫犯的文章表明,第一次抢劫的罪犯会感到十分害怕和担忧,然而经验丰富的抢劫犯实行犯罪行为时不会感到犹豫或害怕。同时,一般情况下,众所周知的是人们会忽视遥远的将来才会发生的事情。See, e.g., George Anslie & Nick Haslam, *Hyperbolic Discounting*, in *Choice over Time*(George Loewenstein & Jon Elster, eds., Russell Sage 1992).比起对未来痛苦的忽视,对未来所得的忽视更为明显。如果一项未来的痛苦是确定的,如一次无法避免的电击,人们时常会选择迅速承受,这可能是为了避免对于恐惧和焦虑的预期。George Loewenstein, *Anticipation and the Valuation of Delayed Consumption*, 97 Econ. J. 667(1987).但是刑期当然是不确定的。埃尔斯特和勒文施泰因认为可能性和恐惧之间的关系可能适用于眼前这个案例。"当处于一种极低可能性水平,低于可想象的限度时……恐惧会归零。当超越该限度,我们预期超越该点后的各种可能性会有突然的增长,接着是低边际敏感性。"Jon Elster & George Loewenstein, *Utility from Memory and Anticipation*, in *Choice over Time*, supra, at 213—234.

② See generally Robinson & Darley, *Utility of Desert*, supra n.18.

③ See idem, at 468—471.

④ See Anup Malani, *Does the Felony-Murder Rule Deter? Evidence from the FBI Crime Data*(unpublished manuscript, Nov. 11, 2002).

劫罪和谋杀了一两人的情况处以同样刑罚的州甚至有着更高的持枪致人死亡的抢劫罪数量。然而当估算重罪谋杀规则时，对于该罪行有着更为严厉刑罚的州，却有着更多因抢劫死亡的受害者。”①

强奸罪也得到了一个相似的，但在统计学上没有那么重大意义的结果：该规则可能轻微降低了强奸罪的总体数量，但也伴随着强奸致人死亡的案件数量上升。②我们只能推测是什么造成了这些复杂的结果（也就是说，那些犯下抢劫或强奸的人，当重罪谋杀法规生效时，显然更有可能造成受害人死亡）。

基本上，该研究似乎表明重罪谋杀规则对于行为并没有产生效果——甚至加大了社会危害，而不是像立法者希望的那样降低危害。无论如何，就像研究报告显示的那样，行为的改变的确达到了百分比很小的一部分，但基于明确威慑正当性的刑法制定的总体效果也并不是什么强有力的实例。研究结果也表明不要依赖于刑法规则制定中的威慑力分析：因威慑力动态的复杂性以及我们缺少那些能够准确预知效果的信息。如果有什么区别的话，该研究似乎反对了制定重罪谋杀规则以影响犯罪率的有效性——甚至在我们不考虑牺牲应罚性的情况下。

然而，哪怕将有关威慑机制策略的这些问题都放在一边，威慑机制原理也被其他不偏离应罚性、很可能能更全面有效推进威慑机制的各种方法破坏了。比起对那些不应被判处那么严厉刑罚的人施加刑罚，我们应对那些法律上具有可责性的犯罪人施加严厉的（尽管仍成比例而因此是以应罚性为基础的）刑罚或增加用于反对犯罪和侦查犯罪的资源。

此外，尽管严格责任可能会使人更谨慎地作出行为，没有理由可以怀疑，就这一点而言，其会比过失责任规则更为有效。过失标准要求行为者以能够合理被期待的谨慎性来作出行为。严格责任对此能做些什么？③严格责任可能会要求人们比一般情况下要求的更为谨慎，但这似乎是无法达成的目标，在任何情况下都不太有人能达成。广义的重罪谋杀规则在一个人最初的重罪本身并不是很危险，甚至不可能有任何理由认为自己应当更为谨慎的案件中，对其判谋杀罪，比如德肖恩案。就算从警方处逃逸时，德肖恩也不可能意识到他的

---

① Idem at 23.

② See idem at 19.

③ 有人可能会主张说在某些例子中，如在重罪谋杀情况下，潜在的危险已足够严重到法律应当运用其全部权力来阻止一项违法行为，而严格责任则提供了这样一种特殊的“超级重击”。但该主张误解了过失的本质。在判断行为者的过失时，应考虑危险的严重性。当潜在的危害可能性增加时，忽视该危害就变得越发不合理，因此该行为者能避免过失责任的资格就缩减了。

行为可能造成他人意外死亡的危险，更不用说他可能会想到通过调整他的行为来努力降低这种风险。①

不论从道德层面还是从实用层面出发，以威慑机制为基础的现代刑法是失败的。其无法使被告得到应有的刑罚——并且承认了这一点。但越来越清楚的是，其也未能实现自己的目标。追求应罚性不仅仅是为了其利益，更是因为比起其他选择，应罚性能更好地阻止犯罪。

第三节　改造机制

和威慑机制的目的一样，改造犯罪人由此阻止未来犯罪的目的有时会被用来解释偏离应罚性的做法（尽管在这种情况下，造成的结果正相反——会减轻而不是加重刑罚）。尽管，正如威慑机制一样，其展现的结果并没有能维护这些做法。众多研究结果表明，典型实践的罪犯改造计划并没有引人瞩目地降低那些参与了这些计划的人的再次犯罪率。②因此，当用改造禁止来解释对于应罚性的偏离时，这种偏离很有可能并不会产生任何犯罪控制的效益。在多数情况下，没有理由会认为有效的改造机制需要牺牲应罚性，特别是当有许多无需通过监禁的制裁就可以实现应得刑罚的时候。执行应得刑罚很少会阻碍改造，有很多人主张其能够推进改造。更进一步说，无需将改造视作执行刑罚的根本基础或理由，在执行应得刑罚的情况下，推进改造也是完全可能的。因为以上原因，明确将改造优置于应罚性之前的规则越来越少了。

然而它们并没有完全消失。一个典型的改造目的替代了应罚性效益的例

---

① See generally Robinson & Darley, *Does Criminal Law Deter?*, supra n. 1; Robinson & Darley, *Role of Deterrence*, supra n.1.

② See, e.g., Andrew von Hirsch & Lisa Maher, *Should Penal Rehabilitationism Be Revived?*, in *Principled Sentencing: Readings on Theory & Policy* 26, 27, 32(Andrew von Hirsch & Andrew Ashworth, eds., 2d ed., Nw. U. Press 1998); see generally Douglas Lipton et al., *The Effectiveness of Correctional Treatment: A Survey of Treatment Evaluation Studies* (Praeger 1975). 研究也特别质疑了青少年审判系统的改造效力。See generally, e.g., Richard J.Lundman, *Prevention and Control of Juvenile Delinquency*(Oxford 1984). 伦德曼解释数据表明了体制化可能会降低青少年犯罪率，但是通过权利剥夺或威慑机制，而不是改造机制。See idem at 187—214. 对于青少年审判系统改造可能性的批判造成了政策从推进先前目标明显转移到了更有可能推进惩罚，威慑或是权利剥夺的规则上。See, e.g., Ira M.Schwartz & Deborah A.Willis, *National Trends in Juvenile Detention*, in *Reforming Juvenile Detention* 13(Ira M.Schwartz & William H.Barton, eds., Ohio St.U. Press 1994).

子就是，系统对于已经心智成熟但年轻的犯罪人的处理。正如用超过法律规定的责任年龄来推定行为者已心智成熟，可能造成不应得的刑罚，就像在第二章中讨论的那样，[①]按年龄来划分责任界限也会产生相反的问题，如按照我们常规的期待来说已经完全心智成熟的行为者实际上并没有到责任年龄。只要行为者的实际年龄没有到责任年龄，行为者就有权用未成年进行"辩护"，并要求将案件移送至有着更多判刑限制的青少年法庭。这种逃避依照成人起诉的情况经常发生，尽管行为者的心智成熟度已经达到了他应被合理期待能够避免这样的违法行为。[②]最后该种辩护的应用引起了争论。例如有这样一个案件，被告注意到他的犯罪时间是他生日当天上午的 9 时 45 分，但他真正的出生时间却是下午 12 时 50 分。因此，他主张他还没有到责任年龄。[③]

因为这一学说上的缺点而造成的一些正义无法实现，最近的改革提出要将责任年龄降低至被告可以像成年人一样接受对其严重违法的审判的年龄。多数美国司法管辖区现在已经允许年龄达到 11 岁的犯罪人就一定的违法行为像成年人一样接受审判。[④]但这项改革只是使应罚性更加偏离了原来的方

---

① 这样一种假设是明显规则偏离的一个例子，其来自对于软化僵硬的，客观上被定义的责任标准的拒绝。我们在第二章中探讨过这样的规则。如同一些其他规则一样，一种允许被告反驳该假设的，更为灵活的规则能使对于滥用的担忧和应罚性的目的之间产生更好的权衡。

② 一次成功的"辩护"不是将被告释放，而是将管辖权移送至青少年法庭。可能通过指出这一点能证明如今不成熟的辩护中本身存在着可能是错误的，无法反驳的假设。因此，我们无需担忧应受刑罚的犯罪人会通过辩护而得到释放。尽管这也不是绝对正确的，受到该辩护的应受刑罚的犯罪人仅仅是被移送至青少年法庭接受监管。青少年拘留的标准可能同可责性问题无关。比如，许多州法令重视犯罪人的危险性。See, e.g., Ala. Code § 12-15-71.1; Ky. Rev. Stat. Ann. § 645.180; N.C. Gen. Stat. § 7A-574; Utah Code Ann. § 78-3a-30.因此，不应受刑罚的青少年可能会被监禁，而应受刑罚的青少年则可能会被释放。

③ See Parker v. State, 484 A.2d 1020, 1021(Md. App. 1984).审理帕克案的法院驳回了被告的主张，认为该辩护应当根据被告人的生日而不是出生时间来适用。See 484 A.2d at 1022.当然，这并无法改变该辩护的任意性或是其结果的不合理性。根据法院的规则，如果帕克是比原先早九小时四十六分钟犯下这项罪行的，或是晚出生十一小时十一分钟，他就应有权利享有这项辩护。

④ 截至 1997 年，二十四个州允许(以及其中三个州要求)一名 10 岁的未成年人被视作成年人来控告其犯谋杀罪：阿拉斯加州(推定支持作为成年人被控告)，亚利桑那州，特拉华州，佛罗里达州，乔治亚州，夏威夷州，爱达荷州，印第安纳州，堪萨斯州，缅因州，马里兰州，内布拉斯加州，内华达州(强制作为成年人被控告)，俄克拉荷马州，俄勒冈州，宾夕法尼亚州(强制作为成年人被控告)，罗得岛州，南卡罗来纳州，南达科他州，田纳西州，佛蒙特州，华盛顿州，西弗吉尼亚州，威斯康星州(强制作为成年人被控告)。See Patrick Griffin et al., *Trying Juveniles as Adults in Criminal Court: An Analysis of State Transfer Provisions* 14—15, appendix(Dep't of Justice, Office of Juvenile Justice and Delinquency Prevention 1998), available online at http://virlib.ncjrs.org/JuvenileJustice.asp.

向。一旦接受了成人法庭的审判，被告就无法提出以不成熟为理由的辩护。因此，新的改革提升了犯罪人实际不应承担责任，原本他们可以因其心智不成熟而不受惩罚，而如今他们被视作已经完全心智成熟，因此需要为他们的行为完全负责的频率。

一个对于心智不成熟"辩护"更好的构想是让其能在任何指控中被运用，并不需要去看一个任意制定的责任年龄，而是去看犯罪人实际的心智成熟度，也许在典型案件中使用可驳回的推定能降低调查的成本。[①]基本上，对待心智成熟的未成年人的现行法律基础和无过失的关系更小，反而是和能改造那些犯罪人的理念更为相近。[②]然而两种效益都可能通过一种更为灵活的规则来实现，即允许心智成熟度的个案评估。

在实际运用中，有广泛基础的改造机制不太可能适用于犯罪人，因为20世纪80年代的刑事政策将重心从改造目的转移到了第三方犯罪控制机制——剥夺权利上。为了将那些无可救药的，被证明了他们无惧威慑，并且也无法被改造的犯罪人从社会上排除出去，产生了诸如对累犯——像在之后会被探讨的查尔斯·阿尔蒙德(Charles Almond)这样的人从严处罚的规则。

第四节　电视暴力

1963年3月4日，一位法官宣告查尔斯·阿尔蒙德因其在一幢空置的大厦入室盗窃而被判有罪。五年后，他承认对他岳父的一辆汽车"扔了东西"(一块石头)，以及闯入皮勒石油公司的办公室。这三项罪行分别应当判处四年、两年和十八年有期徒刑。但他的犯罪行为并没有造成任何人受伤。1988年，阿尔蒙德因其家中的电表需要加设旁通管而获得了缓刑。

1991年7月14日，已经59岁的阿尔蒙德和他的家人一起待在弗吉尼亚州奥古斯塔县的家中。尽管只有两年级的学历，也不会读写，他自己经营着一家汽车修理厂。离开汽车修理厂并没有让阿尔蒙德能享受他的周日生活，他再次见证了儿子们之间无休无止的同样的争吵：看什么电视节目。出于未知

---

① 注意，在这种情况下，会作出有关被告是否有资格确立这样一种辩护的假设，而和检方需要证明存在违法行为的要素无关，因此这是被宪法所允许的。See infra chapter 9 nn. 6—7.

② See, e.g., In re Gault, 387 U.S. 1, 14—15(1967)(描述了青少年法院系统对实现保护和改造目标的发展)；Frederick J. Ludwig, *Rationale of Responsibility for Young Offenders*, 29 Neb. L. Rev. 521, 534(1950)；idem at 537。

的原因，他收养的儿子、8岁的安东尼(Anthony)和他亲生儿子、23岁的小查尔斯(Charles, Jr.)对看什么电视节目永远有着冲突。过去，这些分歧达到了十分激烈的程度，以至于阿尔蒙德远离家庭纷扰的唯一方法是去切萨皮克湾钓鱼。

这天争吵再次开始了，他们越吵声音越大。最终，阿尔蒙德宣布他会结束这种争吵。他拿起了他一个儿子留在附近桌上的0.22口径的左轮手枪，并对电视机开了枪。电视机的玻璃碎片随着爆炸飞了过来，划伤了阿尔蒙德两周大的孙女和他的继女。尽管没有人严重受伤，他们的父母都带他们去了国王女儿医院以防万一。医院的工作人员将事件报告给了治安官办公室。治安官办公室申请了对阿尔蒙德住宅的搜查令，在那里警官们发现了许多其他枪支，包括两支来复枪，两支霰弹枪，以及两支左轮手枪。然而，奥古斯塔县地方检察官同意就开枪指控撤回起诉，因为阿尔蒙德并没有想要伤害任何人。他决定仅指控阿尔蒙德持有枪支。根据弗吉尼亚州法律这将会被判两年有期徒刑。

基于不完全清楚的原因，当地政府从未起诉阿尔蒙德，但这个案件被移交至弗吉尼亚州西区美国检察官办公室，根据职业犯罪人的量刑规定，阿尔蒙德被指控持有枪支这一重罪。[①]1992年3月4日，联邦大陪审团控告了阿尔蒙

---

① Almond was charged under 18 U.S.C. § 922(g), which makes it unlawful for certain persons(such as convicted felons, the provision under which Almond was prosecuted) "to ship or transport in interstate or foreign commerce, or possess in or affecting commerce, any firearm or ammunition; or to receive any firearm or ammunition which has been shipped or transported in interstate or foreign commerce". The career-offender sentencing provision for that offense appears in 18 U.S.C. § 924(e), which states: (1) In the case of a person who violates section 922(g) of this title and has three previous convictions by any court referred to in section 922(g)(1) of this title for a violent felony or a serious drug offense, or both, committed on occasions different from one another, such person shall be fined under this title and imprisoned not less than fifteen years, and, notwithstanding any other provision of law, the court shall not suspend the sentence of, or grant a probationary sentence to, such person with respect to the conviction under section 922(g).(2) As used in this subsection—... (B) the term "violent felony" means any crime punishable by imprisonment for a term exceeding one year, or any act of juvenile delinquency involving the use or carrying of a firearm, knife, or destructive device that would be punishable by imprisonment for such term if committed by an adult, that—(i) has as an element the use, attempted use, or threatened use of physical force against the person of another; or (ii) is burglary, arson, or extortion, involves use of explosives, or otherwise involves conduct that presents a serious potential risk of physical injury to another[.] 18 U.S.C. § 924(e)(1),(2)(B). 根据该法条，阿尔蒙德被确认于20世纪60年代的罪行：(1)进入空置的大厦盗窃，(2)向汽车丢一块"投射物"(一块石头)，以及(3)闯入皮埃尔石油公司的办公室，被认为是符合先前犯有三项"暴力重罪"的。

德。七个月后，一位联邦法官通过审理判决他有罪。1993 年 4 月，阿尔蒙德被判十五年有期徒刑，且不得假释，因为他曾是“职业武装罪犯”。直到阿尔蒙德 75 岁前，他都得一直待在监狱中。①

第五节　权利剥夺机制

如同威慑机制和改造机制一样，第三种传统的犯罪控制机制，剥夺危险的犯罪人的权利，同样也偏离了应罚性。量刑准则十分重视先前的犯罪记录②，“三振出局”法，以及有关惯犯的条例③，比起第一次犯相似罪行的犯罪人，通常会对惯犯加以两倍、三倍或四倍的惩罚。④这种加重的判刑是因为这些犯罪人被认为将来很有可能犯罪，而增加的刑期可以阻止他们这么做。根据美国量

---

① The facts of the *Almond* case are derived from the following sources: United States v. Almond, Apr. 1, 1992(on file with authors); Almond v. United States, 854 F. Supp. 439 (W.D.Va. 1994).

② See, e.g., U.S.S.G. §4A1.1 et seq.; idem at ch. 5, part A(Sentencing Table) (setting guideline sentence as function of “offense level” and “criminal history category”); Ariz. Stat. §16-90-801(b)(1); Del. Stat. tit. 11, §6580(c)(1); Wash. Stat. §9.94A.010(1).

③ See, e.g., 18 U.S.C. §3559; Mont. Code Ann. §46-18-219; see generally Ewing v. California, 538 U.S. 11, 15(2003); John Clark et al., “*Three Strikes and You're Out*”: *A Review of State Legislation* 9—10(Nat'l Inst. of Justice: Research in Brief, NJC 165369, 1997); Alex Glashausser, Note, *The Treatment of Foreign Country Convictions as Predicates for Sentence Enhancement Under Recidivist Statutes*, 44 Duke L.J. 134, 134—135 (1994); Andrea E. Joseph, Note, *What Goes Around Comes Around*—Nichols v. United States: *Validating the Collateral Use of Uncounseled Misdemeanor Convictions for the Purpose of Sentence Enhancement*, 23 Pepp. L. Rev. 965, 1000 n.203(1996)(citing 24 C.J.S. Criminal Law §§1526—1528(West 1989 & supp. 1995)).

④ 一名犯下重罪的 25 岁犯罪人通常本应被判十年有期徒刑，但实际服刑年限通常会比这要长。他可能会强制性被判终身监禁不得假释，这意味着被判四十五年或更长。See, e.g., Del. Code Ann. tit. 11, §4214; 720 Ill. Comp. Stat. Ann. 5/33B-1.即使是已生效有一段时间，不那么引人注目的惯犯法令也有着实质影响。比如，作为这些法令的结构模型，《模范刑法典》的条款允许对累犯“延长刑期”，这本质上加倍了被授权的最高刑：三级重罪的最高刑从五年提升到了十年；二级重罪的最高刑从十年提升到了二十年；一级重罪的最高刑从二十年提升到了终身监禁。Model Penal Code §7.03(3) &(4).即使没有“三振出局”或惯犯法令，《联邦量刑指南》将量刑在很大程度上同犯罪人的犯罪史联系起来，这也是同样地因危险性而提升刑罚。比如，根据《联邦量刑指南》，如无犯罪记录，十级犯罪会被判六个月到十二个月有期徒刑，如有重大犯罪记录则会被判二十四个月到三十个月有期徒刑；十九级犯罪会被判三十个月到三十七个月有期徒刑，如有犯罪记录则会被判六十三个月到七十八个月有期徒刑；三十七级犯罪通常会被判十八年到二十二年有期徒刑，如有犯罪记录则会被判三十年有期徒刑到终身监禁。See 2 *Federal Sentencing Guidelines Manual* 1151(West 2004).

刑委员会的指导手册："在计算犯罪史分类中包括的特定因素和现存的认为累犯和职业罪犯行为模式是相关的经验主义研究结果是一致的。"①阿尔蒙德就是根据这样一条条款被判刑的。

这种为了达到剥夺权利目的而特别设计的规则扩张并不局限于惯犯或累犯加重刑罚的法律，也存在着其他形式。犯罪团伙成员和招募成员的行为现在都会被惩罚。②司法改革已经降低了青少年可能会像成年人一样被审判的年龄。③这些改革夸口说其共同的对于危险分子更有利的政府控制，很容易就能从立法史上的每一次改革中总结出来。

---

① 1 *Federal Sentencing Guidelines Manual* 349(West 2004).

② See, e.g., Nev. Rev. Stat. §193.168; Okla. Stat. Ann. tit. 21, §856(D)—(F); Cal.Penal Code §186.22(a); see generally Bart H. Rubin, Note, *Hail, Hail, the Gangs Are All Here: Why New York Should Adopt a Comprehensive Anti-Gang Statute*, 66 Fordham L. Rev. 2033(1998).加利福尼亚州法令是州《街头恐怖主义与执行预防法》的一部分，是对于"一个州具有危机是由于街头暴力团伙造成的，其成员威胁、恐吓、犯下众多破坏社区和平的罪行"的回应。Cal. Penal Code §186.21.

③ 1992年到1995年间，四十一个州通过了使青少年被视作成年人来审判更为容易的法律。Melissa Sickmund et al., *Juvenile Offenders and Victims: 1997 Update on Violence* 30(Nat'l Ctr. for Juvenile Justice 1997).二十五个管辖区允许至少就一个犯罪行为将10岁的未成年人视作成年人来起诉。See supra n.32; Griffin et al., supra n.32, at 14, appendix.哥伦比亚特区就特定武装犯罪允许将任何年龄的未成年人视作成年人来起诉，并注释到除谋杀罪以外，先前提及的二十四个州允许就其他罪行将10岁的未成年人视作成年人来起诉。其中的某些州要求青少年法院的法官同意将青少年移送至成人法院；其他州则将决定权留给了检方进行自由裁量；仍有其他州要求只有就特定罪行才能移送。See idem at 85—89; see generally Eric K.Klein, *Dennis the Menace or Billy the Kid: An Analysis of the Role of Transfer to Criminal Court in Juvenile Justice*, 35 Am.Crim. L. Rev. 371, 401—409(1998)(discussing the problems that result when children are tried as adults).根据最近的一份司法部报告，"如今每个州存在至少一条条款可以就其将青少年移送至成人法院"。Kevin J.Strom, *Profile of State Prisoners under Age 18, 1985—1997*, at 1(Bureau of Justice: Special Report, NCJ 176989, 2000).截至1997年，二十八个州有能够自动将特定犯罪人从青少年法院管辖中排除出去的法令；十五个州允许公诉人将一些青少年案件直接起诉到成人罪犯法院；四十六个州允许青少年法院法官根据自由裁量将案件移送至成人法院。Idem at 2; see also Griffin et al., supra n.32, at 2.这种改变的结果是，年龄低于18岁的未成年人被送进监狱的数量从1985年的每1 000名暴力犯罪被逮捕者中有18名，上升到了1997年的每1 000名被逮捕者中有33名。Strom, supra, at 5 table 4.立法史进一步证明这些改革中存在权利剥夺原理。比如，1994年对加利福尼亚州立法的报告解释了将刑事起诉年龄从16岁降低至14岁的必要性，"公众对于青少年暴力犯罪数量的增加和暴力程度的担忧是合理的"，认为该项立法"是对公众合理期望能表达什么是严重问题的理性回应"。A.B. 560, 1993—1994 Leg., reg. sess.(Cal. 1994)(enacted).国会研究服务部对于该州立法也总结出了相似的原理："将危险的孩童监禁起来，这样他们未来就不会犯罪。"Cong. Res. Serv., Pub. No.95—1152 GOV, *Juveniles in the Adult Criminal Justice System: An Overview* 5(Library of Cong. 1995).

偏离应罚性以支持剥夺权利这一目的是法定违法等级的计划，该计划将犯罪未遂和犯罪既遂等同。[①]这样的分级判断显然和世俗对于正义的理解有着矛盾——造成伤害的应当加重犯罪人的责任，从而施加更重的惩罚，没有造成伤害的应当有相反的结果[②]——但是如果其目的是最大程度上控制危险分子，这样做就是有其意义的。[③]因为警方有幸在犯罪人完成犯罪之前阻止了他，未遂的犯罪人可能和既遂的犯罪人一样危险，使得两者在权利剥夺上是处于同等地位的。

尽管不那么频繁，但重心在于危险性和权利剥夺的刑事审判系统会造成扭曲的相反结果：审判不公，由此被告可能未能承担应受的刑罚。这样一种错误在责任的分配和评估应处以的刑罚时都可能发生。比如，当一个人"没有任何公共危险"时，或是这个人的目的是根本无法实现的时候，《模范刑法典》会同意责任的减轻或以犯罪未遂来作完全辩护。[④]这样一种规则可能使得目的在于剥夺危险分子权利的系统有其意义：剥夺并非危险分子的权利是对预防犯罪资源的浪费。但是当一个人完全相信其行为会有犯罪危害性，不管其选择的方式是否能真正成功都应当受到惩罚。[⑤]

在刑罚制度下对于应罚性的偏离在量刑时更为常见，至少在19世纪80年代前十分典型的、现在仍存在于许多司法管辖区中的自由裁量量刑系统下

---

① See, e.g., Model Penal Code §5.05(1).

② See Paul H.Robinson & John M.Darley, *Justice, Liability, and Blame: Community Views and the Criminal Law*, Study 1 at 14—28 and Study 3 at 33—42(Westview 1995)(hereinafter Robinson & Darley, *Justice, Liability, and Blame*).另一方面，道德理论家对于该问题产生了分歧，使得这成为了我们探讨的区域中少有的(可能是仅有的主要区域)，一些报应主义者和应罚性实用主义者可能会对应罚性的规定互不赞同。See supra chapter 1 nn.6—7 and accompanying text.

③ 起草者解释，"该分级系统的理论十分简单：当量刑取决于行为者的反社会倾向和对于矫正制裁的需求时，计划的成功或失败对于必要措施的严重程度而言并没有多大的区别"。Model Penal Code §5.05(1), Comment at 490(1985).同样地，起草者解释，"刑罚的主要目的是为了压制危险的个人"。Model Penal Code §5.01, Comment at 323(1985); see also idem at 298, 299, 331. For other examples of the Model Penal Code's concern for dangerousness, see Paul H. Robinson, Criminal Law §12.1 at 647—648(Aspen L. & Bus. 1997).

④ Model Penal Code §5.05(2).

⑤ 呈艾滋病病毒阳性的儿子想要通过对他一直厌恶的父亲吐痰来杀害他，如果能证明该方法无法杀害他父亲，并且他也不再具有危险性(如果这名被轻视的父亲已经自然死亡)，那么他能免予刑罚。(For an example of such an HIV-mistaken-effect attack, see State v. Smith, 621 A.2d 493(N.J. Super. 1993).)但如果儿子想要无理杀害的意图是真实的，并且他显示了想要实现这一意图，那么他的可责性就很明确了。

很常见。将重心落于预防而不是应罚性的法官①可能会减轻对于严重犯罪的犯罪人的量刑，如果该犯罪人不再具有危险性的话。因此，最近被找到的前纳粹集中营长官可以免受他应得的刑罚，因为他年事已高（纳粹的威胁已经不存在），不再具有危险性。

在设计和效果上，所有这些基于权利剥夺的法令和规则都违反了基于应罚性而加以惩罚的概念。它们基于罪犯个人的特点以及刑罚对于罪犯的影响，而不是罪行的严重性或可责性来调整刑罚，而后者是应罚性的系统所要求的。换言之，它们将定性为"罪犯"的人群投入监狱，而不是因为个人实际的罪行进行惩罚。最初的一部分监禁判决可能符合应罚性，但随之而来的是一部分不能被称为应得刑罚的纯预防性的拘留。

我们可以建立一套理论将先前的犯罪记录至少和应得的刑罚联系在一起，就像安德鲁·冯·赫希（Andrew von Hirsch）所做的那样。②这种理论主张，再次犯下先前犯过的罪行的犯罪人会被看作在藐视这个系统。然而尽管这种藐视可能会成为施加比第一次违法行为应得的刑罚更为严厉的刑罚的理由，它无法成为累犯法令和量刑指南大幅度加重刑罚的理由——从严处罚会导致刑罚中因藐视而施加的部分要超过因为犯罪本身而引起的部分。③

再考虑阿尔蒙德的案子。阿尔蒙德射击其电视机的罪行，哪怕考虑到随之而来的危害部分，也不应受十五年有期徒刑的惩罚。事实上，他全部犯罪生涯的累积影响——他先前是否因为他早些的犯罪被正式制裁过——很可能并不能成为这样严重责任的依据，至少就应罚性角度而言。然而累犯从重处罚，比如"三振出局"法，是愿意忍受这种对于应罚性的明显偏离的，因为这样能够剥夺具有危险性的犯罪人的权利。

然而，正如我们先前所探讨的基于威慑机制的规则一样，刑罚的加重不仅仅是应罚性所不希望的，就它们自身权利剥夺的原理而言也是有问题的。实践中，"三振出局"法和相关的体系通过仅在罪犯犯罪生涯需要提前适用"三振

---

① 法官之间对于他们遵循的量刑目标有着相当大的不一致——是 1984 年《量刑改革法案》联邦量刑指南介绍部分的主要因素。See S. Rep. No.98—225, at 41 n.18(1983), reprinted in 1984 U.S.C.C.A.N. 3182, 3224 n.18.

② See generally Andrew von Hirsch, *Past or Future Crimes: Deservedness and Dangerousness in the Sentencing of Criminals* 132—138(Rutgers 1985).

③ See Robinson, supra n.2, at 1436 & n.27.

出局”法时来监禁罪犯，这完全改变了良好的预防性，同时未能监禁那些更有可能犯罪的十几岁、二十几岁的潜在罪犯。[①]许多基于权利剥夺的规则因此甚至无法推进有效的权利剥夺，经常会导致浪费资源在那些不存在显著危险的人身上。

我们有理由去质疑作为通常方法的权利剥夺策略的逻辑，通过权利剥夺而降低犯罪率的特殊努力的数据并没有使得那些特别策略增加人们的信心。比如，有关“三振出局”法有利于犯罪控制的证据，往好的来说，也是混乱的。一些研究从可用的数据中总结到，“三振出局”法并没有显著降低犯罪率。[②]其他有关犯罪生涯模式的研究认为这些模式会使得“三振出局”法对犯罪率根本没有任何影响——就算有影响，哪怕在监禁了众多罪犯的前提下，这种影响也是轻微的。[③]也有其他研究主张“三振出局”法确实有一定的效果。[④]

但是再次，正如我们先前探讨的基于威慑机制的规则一样，就算这样的规则被证明可以有利于实用主义犯罪控制，它们并不需要被证明，因为这样的效益也能通过其他不需要以应罚性的偏离为代价的方式来提升，这种牺牲往往是现在的规则所带来的。当存在一个剥夺危险罪犯权利的成功系统是可能的情况下，其应当通过创造一个对其预防性本质是很开放的更为广泛的民事拘

---

① See idem at 1450 & n.79.

② See Franklin E. Zimring et al., *Punishment and Democracy: Three Strikes and You're Out in California* (Oxford 2001); Mike Males & Dan Macallair, *Striking Out: The Failure of California's "Three Strikes and You're Out" Law*, 11 Stan. L. & Pol'y Rev. 65 (2000); see also Michael Vitiello, *Punishment and Democracy: A Hard Look at Three Strikes' Overblown Promises*, 90 Cal. L. Rev. 257, 268—280 (2002) (reviewing book by Zimring et al., supra, and discussing its data).

③ See Linda S. Beres & Thomas D. Griffith, *Habitual Offender Statutes and Criminal Deterrence*, 34 Conn. L. Rev. 55, 69 (2001); Linda S. Beres & Thomas D. Griffith, *Do Three Strikes Laws Make Sense? Habitual Offender Statutes and Criminal Incapacitation*, 87 Geo. L.J. 103, 135 (1998); William Spelman, *Criminal Incapacitation* 14 (Plenum 1994); Alfred Blumstein, *Prisons*, in *Crime* 387, 395—98 (James Q. Wilson & Joan Petersilia, eds., ICS Press 1995).

④ See Joanna M. Shepherd, *Fear of the First Strike: The Full Deterrent Effect of California's Two-and Three-Strikes Legislation*, 31 J. Legal Stud. 159, 159 (2002); James A. Ardaiz, *California's Three Strikes Law: History, Expectations, Consequences*, 32 McGeorge L. Rev. 1, 3—7 (2000); Brian P. Janiskee & Edward J. Erher, *Crime, Punishment and Romero: An Analysis of the Case against California's Three Strikes Law*, 39 Duq. L. Rev. 43, 53 (2000); see also Bill Jones, *Why the Three Strikes Law Is Working in California*, 11 Stan. L. & Pol'y Rev. 23 (1999). Cf. Peter Greenwood et al., *Estimated Benefits and Costs of California's New Mandatory-Sentencing Law*, in *Three Strikes and You're Out: Vengeance as Public Policy* (David Shichor & Dale K. Sechrest, eds., Rand 1996).

留系统来实施。这样一种解决方案将会使权利剥夺成为可能，但是也会使刑法保持其道德约束力。

在第十章中，我们将会更为详细地讨论公开承认运用预防性拘留和通过一种明确的民事拘留系统来实现这种拘留的选择，这样一种选择可以不扭曲刑事审判系统，也可以得到其应得的密切监督。在第九章中，我们也提出权利剥夺这一目的经常可以用另一种不扭曲正义的方式推进：具体而言，就是只在决定刑罚形式而不是决定刑罚程度上考虑这些关联因素。

第七章

控制警察权和检察权

对于偏离应得刑罚的第六种合理解释是，当刑事司法官员对将罪犯绳之以法的热情已经超越了对程序公正和个人权利的尊重时，我们需要这样一种制度来制止他们可能采取的不当行为。相反地，我们对限制政府干涉以及对程序正义的追求，有时也会以牺牲实体正义为代价。此处，至关重要的是如何权衡法律的有效实施所带来的社会利益以及与之相反的，阻止法律滥用和过度干预而产生的社会利益。

这种利益权衡有时很清晰，可以得到确定的答案。为了防止不当追诉的发生，宪法设定了一系列权利及保护措施，包括第四修正案中的禁止无理搜查和扣押（艾勒案中所涉及的主要问题）、第五修正案所规定的权利以及禁止不经正当程序获得的证词、获得及时审判的权利以及禁止双重危险（伊格内托案中涉及的主要问题）。[①]基于宪法的权威性，相较法律的有效实施，这些权利及保护措施能得到优先实现。然而在很多情况下，承认和捍卫这些权利会产生限制国家公诉权的效果，即使潜在的被追诉者确实是有罪的。

还有一些规则，虽不属于宪法范畴，但也是为防止不当追诉或政府过度介入而设定。禁止审判无受审资格者规则及禁止诱陷抗辩规则（德洛雷安案中所涉及），旨在阻止公诉权的滥用及法律的不当实施，即使这些规则有时也会阻碍真正有罪的当事人得到惩罚。无论这些规则是否衍生自宪法规定，公民个人的自由与实质正确的结果之间潜在的权衡动摇了我们对这些保护性规则坚决拥护的态度。

有些人或许并不觉得这个问题有什么复杂。坚定的应得刑罚基础论者认为保障法律的有效实施更为重要，而坚定的反政府过度介入基础论者则认为

---

① 获得辩护权不属于这一范畴，因为它不涉及偏离应得刑罚的问题。相反，这一权利是为了保障法官能基于事实作出更准确的判断而设计的，而不是为了实现其他与准确裁判不相关甚至是相抵触的目标。

尊重个人权利才是要事。

然而其他大多数人却并不属于上述两派中的任何一派，他们给予实体正义和程序正义同等的重视。但即使对这部分人而言，这两种原则初看之下也是相互对立，只能择一而从的。我们在此想要指出的是，至少在一部分案件中，这两种原则是可以共存并得到合理权衡的。权衡的结果取决于这两种原则的相对价值，并不是指原则本身的价值，而是该原则对于刑事司法系统道德权威的实际影响，即该原则的有效性。

正如我们在第六章中所讨论的，坚持罪刑相称、罚当其罪的优点之一是可以增强刑法的道德信誉，从而起到有效控制犯罪的效果。但也有证据表明，能影响刑事司法系统威信的不仅有结果的公正性，还有司法机关的诚信度和程序的公正性。此外，程序正义有其单独的价值，不需依附结果公正而存在。即使一个刑事司法体系有完善的责任规则，程序上的不公也会使其信誉扫地。同时，正如一些文献所说，其"合法性"也会受到减损。①因此，贯彻公正的基本要求可能会造成偏离应得刑罚的后果，从而削弱刑事司法体系的道德信誉，但这样做也能够维持体系的合法性，促进人们遵守刑法。

如何解决程序正义与实体正义间的矛盾，我们认为应当衡量这些原则的工具价值，即它们分别能在何种程度上维护法律系统的合法性，从而促使人们尊重法律、遵守法律。②通过观察公众对于程序正义的认知，我们可以区分真正

---

① Tom R. Tyler & John M. Darley, *Building a Law-Abiding Society: Taking Public Views about Morality and the Legitimacy of Legal Authorities into Account when Formulating Substantive Law*, 28 Hofstra L. Rev. 707, 723—724 & nn.70—72(2000); E. Allen Lind & Tom R. Tyler, *The Social Psychology of Procedural Justice* 65—83(Plenum 1988); John Thibaut & Laurens Walker, *Procedural Justice: A Psychological Analysis* 67—116(Erlbaum 1975).

法院也有相同的观点：体面、安全和自由都要求政府官员遵循和普通公民一样的行为准则。在法治政府中，如果政府不守法，那么其存在的根基都会受到动摇。我们的政府是一个有力的、无处不在的老师。政府就是我们的榜样，无论它是好是坏，人民都会以它为标杆。犯罪是会传染的。如果政府自身就是违法之徒，那么人民也不会尊重法律，而是以自己的意志为法律，无政府主义就会盛行。如果在刑法的实施过程中，只要结果合理，手段是否合法并不重要——如果政府为了指控一名罪犯可以不惜触犯法律——那么后果将不堪设想。法院应当坚定地反对这种观点。

Olmstead v. United States, 277 U.S. 438, 485(1928)(Brandeis, J.,持反对意见)。

② See Tom R. Tyler, *Why People Obey the Law* 32—37, 64—68(Yale 1990); See "Moral Credibility 'versus' Legitimacy: Evaluating the Tradeoffs."最高法院司法诚信观点的支持者已意识到其与司法系统声誉的关系，参见如 United States v. Calandra, 414 U.S. 338, 357(1974)(Bren-nan, J.,持反对意见)("非法证据排除规则同时实现了两个目标，一是防止司法系统沾染鼓励不法行为的污点，二是向全体公众保证，政府不会从其不法行为中获利，从而最小化公众对政府失去信任的风险")。

有益于维护法律体系合法性的规则和那些并没有这种效果的规则。这里，关键的问题是，如果没有某项程序性规则，那么法律体系的合法性会受到减损吗？公众遵守法律的意愿会减弱吗？又或者，设立某项程序性规则并严格遵守是更好的选择？然而这种做法会增加偏离应得刑罚发生的可能性，使得法律体系显得随意而武断，只重程序而忽视案件事实。①

第一节　纵虎归山

30 岁的拉里·艾勒(Larry Eyler)是一个充满矛盾的人。一米八五的个子，一身腱子肉，却长着一张娃娃脸，性格还很内敛安静。他的行为有时幼稚、天真，但有时却又能很狡诈。然而，艾勒内心最大的矛盾源于他的性取向。虽然自记事起，艾勒就喜欢男人，但他很少说起这个话题。或许是因为严格的宗教教育，他对自己的性取向感到羞耻，这种羞耻进而转化成了暴力。他在性生活中总是充满着愤怒，热衷于将性伴侣捆绑起来，言语咒骂。但艾勒最喜欢的还是虐待性伴侣，甚至有时造成对方死亡。

白天，艾勒过着看似正常的生活。他供职于维戈郡办公室，和一名叫大卫·利特尔(David Little)的中年图书馆学教授同住在印第安纳州泰瑞豪特的一间公寓里。在过去的一年里，艾勒和约翰·多布罗沃尔斯基斯(John Dobrovolskis)，一名住在芝加哥的已婚男子，保持着稳定的恋爱关系。多布罗沃尔斯基斯的妻子莎莉(Sally)对此完全知情，但她仍然选择继续和他一起生活。然而艾勒和多布罗沃尔斯基斯的这段关系并不太平，两人经常通过电话激烈争吵，利特尔对多布罗沃尔斯基斯毫不掩饰的憎恶使得情况更加糟糕。这一切给艾勒带来了巨大的压力。在和多布罗沃尔斯基斯性交时，艾勒有时会把他捆绑起来，但并没有伤害他。

艾勒最暴力的一面远不止于此。深夜里，他喜欢驱车去芝加哥住宅区的同性恋酒吧，并随车携带一套“性虐套装”，包括小刀、一根带金属尖端的鞭子、一把剑、手铐和催泪瓦斯。史蒂芬·阿甘(Steven Agan)是艾勒曾经光顾过的

---

① 当然，衡量一个规则对于实质可信度的影响以及对于程序合法性的影响也能够大致揭示公众对这两种目标的重要性的看法。如果我们总是能发现，以牺牲程序正义为代价获得实体正义能够提升司法系统的声誉，那么我们就可以认为公众对于罪犯获得应得刑罚的在意程度高于程序上的公正。然而，规则的改变引起的非正义或正义的增加或减少，都是边缘化而不具有代表性的，我们不能把个别的结果推广到整体的判断，从而认为公众就是关注一点胜过另外一点。

车行的一名员工，因此和艾勒有过几面之缘。1982 年 12 月 19 日，艾勒载了要求搭便车的阿甘，而当时阿甘并没有发现艾勒的异常——他随身携带了一把屠刀，并下定决心要将他阴暗的性幻想付诸实践。

艾勒驾车沿着 63 号公路一路向北，来到了纽波特附近的一处废弃农场。他持刀威胁阿甘脱掉上衣，随后用手铐将阿甘铐上，堵住他的嘴巴，把他拽进了一间小屋。之后，艾勒又用绳子将惊恐不已的阿甘绑到一根柱子上，解开了他的腰带并扒下了他的裤子。艾勒回到车上拿了工具，悉心搭建了一个操作台，放置了灯光刺眼的手电筒。然后，他缓慢地用刀扎入阿甘的胸部。由于嘴被塞住，阿甘发不出任何叫声，他尝试着避开艾勒的刀，但他的行为只能让艾勒感到更兴奋。狂怒之下，艾勒更用力地刺入阿甘的腹部及咽喉。阿甘终于失血过多而亡，但艾勒并没有因此而停下来，相反，他继续残害阿甘的尸体。等到冷静下来后，艾勒把尸体拖入了一片林地，然后驱车离开。1982 年 12 月 28 日，也就是阿甘遇害后的第九天，他千疮百孔的尸体被发现了，但凶手到底是谁，警方毫无线索。

1983 年初，又有几具年轻男性的尸体出现在了芝加哥北部郊区和泰瑞豪特之间的高速公路上。他们之中大多数都是同性恋，有些则是男妓。相同的是，所有尸体都像阿甘那样被毁坏得体无完肤。印第安纳州警方怀疑这是一桩连环杀人案，并联合多个机构成立了专案组进行调查，并任命弗兰克·洛夫(Frank Love)警官作为负责人。

有人向警方举报艾勒就是凶手，并告诉洛夫警官，艾勒热衷于捆绑，在进行性行为时非常暴力，而且经常开车经过尸体被发现的公路。举报者还说，艾勒曾卷入 1978 年泰瑞豪特的一桩故意伤害案，他开车载了马克·亨利(Mark Henry)，然后用刀威胁亨利，对其实施了性虐待。之后，亨利在试图逃跑的过程中被艾勒刺伤，并被抛弃在一片田地中，但亨利挣扎着走出田地求助，最终被送去了医院。后来，警方在艾勒的车上搜出了他的“性虐套装”，艾特因此被逮捕并被指控恶意伤害。然而，当开庭之日即将到来时，艾勒的律师提出以 2 500 美元为对价，要求亨利撤诉，亨利同意了。为了证实这一线索，专案组对艾勒进行监视，但并没有搜查艾勒的车或住所。监视期间，警方发现艾勒常常在深夜驱车去芝加哥的同性恋酒吧。有时他也会搭载要求搭车的人。

对调查毫不知情的艾勒持续寻找着年轻男性。1983 年 8 月 30 日半夜，他开车在芝加哥湖滨接了拉弗·卡利斯(Ralph Calise)。卡利斯是一个贫穷的年轻人，他靠政府救济过活，有时也倒卖少量毒品。艾勒开车带着卡利斯到森林湖西边的一块开阔的野地，然后故技重施，用手铐铐住卡利斯，堵住他的嘴，解开他的腰带，扒下他的裤子，开始虐待。艾勒缓慢地在卡利斯的胸部、腹部、背部、颈部割了十七道深深的口子。他越刺越深，直到刺破了卡利斯的肺和肝脏。鲜血从卡利斯的尸体中飞溅而出，沾到了艾勒的裤子上，流进了他的靴子里。

这次，艾勒并未能全身而退。他的靴子和车胎在潮湿的土地上留下了印记。莱克县警方第二天就发现了尸体。他们复刻了靴子和车胎的印记，但未找到任何关于凶手身份的线索。伊利诺伊警方联系了印第安纳警方，并交换各自掌握的信息，然而调查还是中止了。

1983 年 9 月 30 日凌晨，艾勒开车搭载了达里尔·海沃德(Daryl Hayward)，一名来自阿肯色州的年轻流浪汉。当时海沃德正走在丹雷恩高速公路上，等待着有人能顺带捎他去印第安纳波利斯参加葬礼。艾勒答应让他搭车的时候，海沃德还满心欢喜地认为自己碰到了好人。

车开出了一段路，艾勒轻声说："我有一个癖好。""什么癖好?"海沃德问道。"把人绑起来，"艾勒说，"如果你愿意让我绑，我可以给你 100 美元。这会让我觉得很爽。把人绑起来，看到那人无助的样子，只要一小会儿，就能让我觉得很爽。"艾勒保证不会伤到海沃德，并且承诺完事儿后立刻给他松绑。海沃德一开始是拒绝的，但 100 美元的诱惑又让他动摇了。艾勒沿着 65 号州际公路向南开，在一道深沟附近停下了。艾勒递给海沃德一个装着绳子和胶带的塑料杂物袋，嘱咐海沃德脱掉上衣。四周嘈杂的车流声让海沃德感到很不安，他问道："为什么不能换一个没人的地方?"① 艾勒同意了，提议带海沃德去一个安静的仓库。

早上 7 时左右，两人从沟里爬了出来。这时，印第安纳州警察肯尼斯·伯利(Kenneth Buehrle)恰好路过此处。州际公路上不能停车，因此伯利掉了头准备来检查艾勒的车。这时伯利正好看到了拿着袋子的海沃德，这让他觉得很可疑。艾勒和海沃德上了车扬长而去，伯利紧追其后，逼停了艾勒。他检查了艾勒的驾驶证，并开具了一张不得在州际公路上停车的警告单。伯利又问两人在沟里干什么，艾勒称自己想上厕所。当伯利要求检查海沃德手里的袋子时，海沃德交出了他自己的包，试图糊弄过去。这让伯利的疑心更重了，于

① Gera-Lind Kolarik, *Freed to Kill*: *The True Story of Larry Eyler* (Chicago Rev. 1990).

是他呼叫了洛厄尔警察局的调度员马克斯·亨特(Max Hunter),要求核实汽车司机的注册信息。

当亨特得知司机的个人信息后,他意识到这就是每日任务板上张贴的通缉令里的"拉里·艾勒——多起谋杀案犯罪嫌疑人"。亨特激动地通知伯利,伯利旋即联系了值班警长,等待进一步指示。约翰·巴甫拉科维克(John Pavlakovic)警长下令将艾勒和海沃德带回警局讯问,并扣押车辆,但并未要求逮捕两人。

与此同时,另外两名警察也来到了现场,和伯利一起对艾勒和海沃德进行搜身,之后两人被戴上手铐,分坐两辆警车回警局。一名警察在搜查艾勒的车时发现了装着绳子和胶带的袋子,伯利证实这正是他一开始看到的那个袋子。海沃德终于撑不下去了,坦白了艾勒要求支付100美元与他进行捆绑性爱的事实。警方向两人宣读了米兰达警告,但对于他们是否被捕,基于什么指控被捕,却未作说明。

在警局,当地的警察并不知道该如何处置两人。通缉令上只写了艾勒是犯罪嫌疑人,却并没有任何关于处置嫌疑人的指令。于是警方把艾勒关在一间牢房里,紧急通知专案组前来处理此事。洛夫和另外两名专案组警察乘坐直升机迅速赶来,落地后洛夫就开始讯问艾勒关于他性取向的问题。艾勒拒绝回答这个问题,但除此之外都表现得非常配合。他回答了其他所有问题,并且同意警方的一切要求,包括搜查他的车。然而艾勒坚决否认他与谋杀案有关。

这时,一名警察走了进来,把艾勒的随身物品还给他。专案组警察注意到了艾勒的靴子,怀疑靴底的花纹和卡利斯谋杀案现场发现的脚印相吻合。巴甫拉科维克要求留下艾勒的靴子,艾勒同意了。

另一边,警方技术人员正在艾勒的车上采集指纹和轮胎印记。他们发现艾勒的刀上有血迹。对此,艾勒辩称这是他前几日不当心划伤了自己留下的,为此他还去了县医院。①

长时间羁押却不提出控告可能构成非法逮捕,洛夫因此非常担忧。他告诉巴甫拉科维克:"你必须控告他。虽然召妓可能不足以支持控告,但我们目前掌握的只有这些。"

---

① Idem.

巴甫拉科维克拒绝道:“艾勒已经支付了保释金,没有必要再这么做。”①紧张的气氛在当地警方与专案组间蔓延开来,时间不断流逝,但检方依然没有提出控告。最后,在晚上7时左右,伯利警官还是叫停了对艾勒的羁押。艾勒离开后不久,莱克县警局的警察赶来了,他们对艾勒已经被释放的消息感到非常愤怒。

第二天,也就是10月1日的早上,洛夫和另外一名警察带着搜查令前往大卫·利特尔的公寓。艾勒和利特尔当时都在,两人积极配合警方搜查。警察带走了很多艾勒的个人物品,还有电话账单和信用卡。警察总局对电话账单进行了研究,发现艾勒在“高速公路杀手”连环杀人案所涉及的至少九个凶杀现场附近都使用公用电话联系过利特尔和多布罗沃尔斯基斯,而且这些通话均发生于案发后不久。同样地,艾勒信用卡的消费记录也显示他曾在凶杀现场附近加过油。在接下来的几周里,警方又对利特尔的公寓进行了三次搜查,采集了艾勒的血液和头发样本。

艾勒的靴子、刀和车轮被送去了警局以及联邦调查局的犯罪实验室。联邦调查局实验室技术员在艾勒靴子内侧发现了卡利斯的血迹。印第安纳州警局犯罪实验室证实,艾勒的刀上的血迹也来源于卡利斯。除此之外,艾勒的靴底以及轮胎的形状和在卡利斯尸体被发现的地方所留下的印记完全一致。艾勒因涉嫌谋杀卡利斯被捕,警方设置了高达100万美元的保释金,艾勒无力支付。

随后,利特尔和艾勒的家人聘请大卫·席佩斯(David Schippers)作为艾勒的代理律师。席佩斯对案件进行了研究后决定基于9月10日艾勒被非法逮捕的事实提起审前动议,要求:(1)排除9月30日在洛厄尔警局获取的证据及证言;(2)宣布10月1日的搜查令无效,并排除基于该搜查令获取的证据;(3)排除10月3日获取的证据,即艾勒的皮卡;(4)宣布10月及11月执行的另外三份搜查令无效,并排除基于此获得的证据,包括艾勒的头发及血液的样本。

审前听证会主要考察9月30日进行的无证搜查以及取证是否符合1968年最高法院在特里(Terry)诉俄亥俄州案中确立的原则,即当警方对公民是否进行犯罪活动产生了“合理怀疑”——一种比逮捕所需达到的“合理根据”要求更低的标准,则其有权对该公民进行短暂的拘留及搜查。

---

① Idem.

听证会上,公诉方称,伯利基于违法停车的事实要求艾勒靠边停车,属合法行为,之后怀疑艾勒涉嫌谋杀,根据特里案确立的规则,伯利有权对艾勒进行短暂拘留及搜查。即使拘留的程序不尽合适,但伯利的行为符合诚实信用原则,且无意侵扰艾勒,也无意侵犯其权利。公诉方还提出应适用“必然发现情况例外”原则,即一项证据,只要从其他渠道也必然能够获取,则即使其系通过非法搜查而得,也应当被采信。

辩护律师席佩斯辩称:“如果检方的理论被采信,那么警方只要想抓一个人,就总能在调查过程中找到合理的借口。”

法官指出,尽管根据特里案,警方一开始逼停艾勒的行为是合法的,但后续将其关押起来的做法没有法律依据。此外,警方设定的保释金额已经大大超过了合理的限度,虽然最终并没有收取,但上述理由也足以证明艾勒遭到了非法逮捕。法官特别批判了警方在发现装着绳子和胶带的杂物袋的现场进行的搜查:“这次搜查不是一次合法的逮捕附带搜查,它不是出于保护警察的目的而进行的搜查,当时警方也并没有理由相信车上有走私物品或是犯罪证据。因此,警方扣押车上杂物袋的行为显然是有违宪法的。”

法院认为1983年9月30日警方的取证行为以非法逮捕为前提,因此当天获取的一切证据,包括艾勒的刀和靴子,都应予以排除。对于警方提出的“伯利的行为符合诚实信用原则”以及“必然发现情况例外”,法官并不认可。

至于10月1日进行的搜查,法官认定搜查令无效,因此对于相关证据也予以排除。而10月3日获取的证据及证言,法官适用了“必然发现情况例外”原则,因为即使没有非法获取的信息,警方也会扣押艾勒的卡车。

州检察官非常震惊,因为法院几乎排除了所有重要证据,包括10月1日获取的刀、沾有卡利斯血迹的靴子、电话及信用卡账单,这意味着对艾勒的起诉几乎不可能成立。仅凭车轮印迹与案发现场留下的痕迹相吻合这一点是无法支撑谋杀指控的。检方决定上诉,但这无疑又要花费很多时间。

另一边,在法院作出判决之后,席佩斯要求保释艾勒,威廉·布洛克(William Block)法官设置了10 000美元的保释金,之后,艾勒就被释放了。罗伯特·巴伯科克斯(Robert Babcox)警长眼睁睁地看着艾勒和他的母亲以及律师上了车扬长而去。“这是纵虎归山啊,”巴伯科克斯感慨道,“一切都只是时间问题。”保释期间,艾勒不能离开伊利诺伊州。2月29日,利特尔离开了泰瑞豪特,在西舍温大道1628号租了一间公寓。席佩斯给艾勒提供了新的工作机会，让他来粉刷办公室的墙壁。艾勒表现得很好，也获得了越来越多的机会，同时，他也依然保有着之前的兴趣爱好。他和多布罗沃斯基斯旧情复燃，但仍然会在电话里吵架嘶吼，利特尔对多布罗沃尔斯基斯的嫉妒和憎恶也一如既往，这又让艾勒陷入了焦虑。

1984 年 4 月初，一个叫考博伊(Cowboy)的年轻流浪汉从芝加哥住宅区的街道上失踪了。一段时间后，另一个流浪汉在艾勒公寓后的垃圾桶里发现了一只苍白的断手，他赶紧打电话报了警。警察觉得他要么是疯了，要么是在开玩笑，于是挂断了电话。

7 月，席佩斯设法让警方返还了扣押卡车。不久后，艾勒又能在夜晚驱车兜风了，尽管他不能跨越州界限。8 月 17 日是一个周五，利特尔前来拜访，多布罗沃尔斯基斯为此和艾勒吵了好几次架。利特尔离开后，抑郁而愤怒的艾勒再次驾车夜巡。

在街上搜寻"猎物"的时候，艾勒看到了丹尼·布里奇斯(Danny Bridges)，一名 15 岁的站街男妓，便让他上了车，带回了公寓。艾勒承诺，如果布里奇斯能接受捆绑性爱，他可以支付更高的酬劳，布里奇斯答应了。然而，当艾勒真的用绳子绑住他并暴力地堵住他的嘴时，布里奇斯受到了惊吓，他开始抵抗，此时艾勒重重地击打了他的右眼，把他打晕了。随后，艾勒把丹尼捆绑严实，打开性虐套装，拿出一把切肉刀开始切割布里奇斯的身体，并用一个锥子刺入他的胸部，最终扎入了他的心脏和左肺，杀死了他。①

第二节　非法证据排除规则

美国宪法第四修正案的非法证据排除规则规定，警方通过非法搜查或逮捕获得的证据，不可用于起诉该权利被侵害者。②此外，还有一些相似的规则，

---

① 艾勒案的事实摘自以下来源：Eyler v. Babcox, 582 F. Supp. 981(N.D. Ill. 1983); People v. Eyler, 477 N.E.2d 774(Ill. App. 1985); Eyler v. Illinois, 498 U.S. 881(1990); Gera-Lind Kolarik, *Freed to Kill: The True Story of Larry Eyler* (Chicago Rev. 1990); George Anastaplo, *Lawyers, First Principles, and Contemporary Challenges: Explorations*, 19 N. Ill. U. L. Rev. 353(1999); John O'Brien, *The Eyler Legacy: 21 Deaths; Murderer Admitted Grisly 2-State Spree*, Chicago Trib., Mar. 9, 1994; Sarah Talalay, *Eyler Dies in Prison, Had AIDS: Lawyer to Talk on Confessions*, Chicago Trib., Mar. 7, 1994。

② See Weeks v. United States, 232 U.S. 383(1914); Mapp v. Ohio, 367 U.S. 643(1961).

要求排除在违反宪法第五修正案或是米兰达规则[1]的情况下获取的犯罪嫌疑人供述。

这些规则以及宪法第六修正案规定的获得及时审判的权利是对犯罪嫌疑人重要的宪法性保护。然而正如艾勒案所展现的一样，它们也极有可能阻碍惩罚犯罪这一目的的实现。证据明确表明艾勒犯下了十恶不赦的罪行，但由于取证程序不合法，法官排除了这些证据的适用，检方对艾勒的控诉便失去了依据。因此，在像艾勒这样犯罪事实明确，理当承担刑事责任，但证据排除规则阻碍了其犯罪证据的适用的罪犯身上就产生了偏离应得刑罚的效果。(除此之外，证据排除规则还会间接导致偏离应得刑罚的发生。通过引导资源流向和有罪或是无辜没有本质关系的证据禁止动议，这些规则在被告人实际上是无罪的情况下会使得资源从追求有力辩护转移。)[2]

证据排除规则阻碍公诉的几率有多高的问题引发了热烈讨论。以米兰达规则为例，对于其可能产生的影响，不同的人有不同的预估。有学者以大量先行研究为基础，通过数据分析得出，在所有的刑事案件中，因违反米兰达规则而落败的指控占到其中的3.8%。这意味着每年大约有28 000起严重暴力犯罪案件和79 000起财产犯罪案件，因为米兰达规则的存在而免于法律的追究，[3]还有几乎同样数量的案件中，法院因为米兰达规则而作出了更有利于被告人的判决。

然而，另一项数据分析基于相同的先行研究，得出的结论却是：在米兰达规则刚刚确立后的一段时间内，因违反该规则而落败的指控并未达到3.8%，最高只有0.78%，如今，这样的情况就更少了。[4]至于宪法第四修正案的非法证

---

① 384 U.S. 436(1966).事实上，关于第四、第五修正案中非法证据排除规则的相似性，近来有人认为米兰达规则更多的是为了保障第四修正案项下的利益，而不是第五修正案。See Timothy O'Neill, *Rethinking Miranda: Custodial Interrogation as a Fourth Amendment Search and Seizure*, 37 UC Davis L. Rev. 1109(2004).

② See William J. Stuntz, *The Virtues and Vices of the Exclusionary Rule*, 20 Harv. J. L. & Pub. Pol'y 443, 444(1997).

③ Paul G. Cassell, *Miranda's Social Costs: An Empirical Reassessment*, *The* Miranda *Debate* 175, 183, 185 (Richard A. Leo & George C. Thomas III, eds., Northeastern U. 1998). See Paul G.Cassell & Bret S.Hayman, *Police Interrogation in the 1990s: An Empirical Study of the Effects of Miranda*, *The* Miranda *Debate*, supra 222, 232. See George C.Thomas III, *Plain Talk about the Miranda Empirical Debate: A "Steady-State" Theory of Confessions*, *The* Miranda *Debate*, supra 236, 246.

④ Stephen J.Schulhofer, *Miranda's Practical Effect: Substantial Benefits and Vanishingly Small Social Costs*, *The Miranda Debate*, supra n.12, at 191, 192.

据排除规则，最高法院数据表明，因该规则而获得释放的重罪犯罪嫌疑人占到0.6%—2.35%。这一比例看上去似乎很低，但转化为绝对数量，也是非常惊人的。[①]然而，最高法院也引用了其他研究数据主张其影响较小。[②]在最近的一项研究中，大约400个法官、检察官、辩护律师根据自己的实践经验估算得出，在所有刑事案件中，约7%主张适用第四修正案，4%主张适用第五修正案，其中得到支持的只有10%—12%。[③]无论如何，很清楚的一点是，这些规则都有阻碍犯罪者获得应得刑罚的效果。

这里需要作一点澄清，有些人可能会认为偏离应得刑罚的源头就在于宪法本身，而不在非法证据排除规则。如果调查案件的警察没有违反宪法，那么他们从一开始就不会获得某些证据，最后的结果也是一样的：有罪的人能够逃脱惩罚。这种观点至少有一部分是正确的；很显然，对于不合理搜查和逮捕的宪法保护一定程度上限制了法律的实施。但即使如此，这一观点忽视了一种可能性，即警察可以通过不违反宪法的方式取得争议证据，而这些非法证据排除规则反而能有效激励警方使用合法的手段进行调查。

此外，即使是宪法本身阻碍了案件的侦破，这些调查上的失败和非法证据排除规则造成的颠倒黑白的后果是不同的。首先，单纯由宪法造成的调查失败只会发生在司法审判系统之外，因此不会有损于审判程序的威信及声誉。其次，在公众认知中，这些调查失败不会和某个特定的罪犯联系在一起，只是作为法律实施中的普遍弱点而存在，是由法律体系本身的限制造成的。因此，

---

① See United States v. Leon, 468 U.S. 897, 908 n.6(1984)(Thomas Y. Davies, *A Hard Look at What We Know(and Still Need to Learn) about the "Costs" of the Exclusionary Rule: The NIJ Study and Other Stud-ies of "Lost" Arrests*, 1983 Am. B. Found. Res. J. 611, 621).

② See United States v. Leon, 468 U.S. 897, 950—951 n.11(1984)(Brennan, J.,持反对意见)(Peter F.Nardulli, *The Societal Cost of the Exclusionary Rule: An Empirical Assessment*, 1983 Am. B.Found. Res. J. 585, 596; Floyd Feeney et al., *Arrests without Conviction: How Often They Occur and Why*(Nat'l Inst. of Just. 1983)).

③ Stephen G. Valdes, Comment, *Frequency and Success: An Empirical Study of Criminal Law Defenses, Federal Constitutional Evidentiary Claims, and Plea Negotiations*, 153 U. Pa. L. Rev. 1709, 1728—1729(2005).当被要求估算这些主张在他们各自的区域中总体出现的几率而不是他们自己在执业过程中遇到的几率时，这些法官、检察官、律师给出的数据更低，第四修正案大约有4.5%，第五修正案2.5%。如上文。区域总体胜诉几率同样更低，大约在2%—5%。如上文。除了在诉讼中被明确援用，这些规则还有一些显著的间接影响，比如当非法证据排除动议可能使指控不成立的情况下，检方就会拒绝追诉。研究参与者估计，第四修正案所引起的拒绝追诉率有0.7%；第五修正案则会在少于0.1%的案件中导致拒绝追诉的后果。如上文。

它们被视为法律实施中固有的限制，正如我们在第四章中所讨论的预算约束和在证据收集中会遇到的其他问题一样。那么，我们的关注点应当转移到非法证据排除规则的救济作用上。

为了实现一个更重要的目标，即阻止警方和其他国家机构实施违宪搜查、逮捕或是使用非法讯问手段[1]，偏离应得刑罚被视为是一种必要的代价。事实上，最高法院再三强调，非法证据排除规则并非出自宪法的直接要求，而是对于警方、检方不当行为的一种救济。[2]但对警方、检方的威慑不是非法证据排除规则合法性的唯一解释[3]——我们会在下文进行更深入的讨论——而是法院在决定该规则的适用范围时会以此为参考，但这一规则已经发展到了一种与其他的法律基础不相容的地步。[4]

其他相关的规则背后的原理也是一样的，比如“毒树之果”原则排除的不

---

① 关于第四修正案的规则，See United States v. Janis, 428 U.S. 433, 446(1976)(“这一规则的‘首要目标’，甚至是全部目标，‘是遏制警方的不法行为’”)(United States v. Calandra, 414 U.S. 338, 347(1974))；Terry v. Ohio, 392 U.S. 1, 12(1968)(指出这一规则的“主要意义在于威慑”)；Linkletter v. Walker, 381 U.S. 618, 636—637(1965)(从 Wolf [v. Colorado, 338 U.S. 25(1949)]开始，所有要求排除非法证据必须基于威慑警方不法行为的目的的案件)；Mapp v. Ohio, 367 U.S. 643, 656(1961)(“非法证据排除规则的目的在于‘遏制——强制人们尊重宪法保障——以让人们没理由不尊重它这一唯一有效的手段’”)(引用 Elkins v. United States, 364 U.S. 206, 217(1960))；See United States v. Leon, 468 U.S. 897, 906, 916(1984)；Stone v. Powell, 428 U.S. 465, 485(1976)；Joshua Dressler, *Understanding Criminal Procedure* §21.02(2d ed., Lexis 1997)(提到威慑是非法证据排除规则的核心目的)；Charles H. Whitebread & Christopher Slobogin, *Criminal Procedure: An Analysis of Cases and Concepts* §2.01, at 18(4th ed., West 2000)。

② 关于第四修正案的规则，See Arizona v. Evans, 514 U.S. 1, 10(1995)(提到“第四修正案并没有明确要求排除违反其规定而获取的证据”)；United States v. Leon, 468 U.S. 897, 905(1984)(反对“本法院和个别法官的意见暗示该规则是第四修正案的必然推论”这一观点)；United States v. Calandra, 414 U.S. 338, 347(1974)(非法证据排除规则是“司法创造的救济方式，而不是一项个人的宪法性权利”)。关于米兰达规则，参见 Dickerson v. United States, 530 U.S. 428, 120 S. Ct. 2326(2000)。

③ 还有人认为，这些规则除了能够阻止行政部门滥用权力外，还能维持司法机关的诚信度。参见 supra nn.2—3, infra nn.32—33；参见 Thomas S. Schrock & Robert C. Welsch, *Up from Calandra: The Exclusionary Rule as a Constitutional Requirement*, 59 Minn. L. Rev. 251, 257—260(1974)；Silas Wasserstrom & William J. Mertens, *The Exclusionary Rule on the Scaffold: But Was It a Fair Trial?*, 22 Am. Crim. L. Rev. 85, 87—88, 151—152(1984)；对比 Timothy Lynch, *In Defense of the Exclusionary Rule*, 23 Harv. J. L. & Pub Pol'y 711(2000)。也有人断定，这些规则能够促进基本的公平，防止国家对个人施加过多的控制。诚信和公平的论点都能从一定程度上证明这些规则对于维护司法系统在公众心目中的合法性来说是必要的，如下文所讨论。See “*Moral Credibility ‘versus’ Legitimacy: Evaluating the Tradeoffs*”.

④ See infra nn. 32—34.

仅是“毒树”（通过违法行为直接获得的第一手证据），还包括以“毒树”为基础而获得的第二手证据。[1]虽然排除“毒树”并不是为了遏制不法行为，而是因为其可靠性存疑，但事实上“毒树之果”原则背后的原理就在于此。[2]比如，警方通过严刑拷打得来的犯罪嫌疑人供述是不可靠的，对这样的供述予以排除是有必要的。但如果犯罪嫌疑人坦白了尸体藏匿地点，警方因此而找到了尸体，那么尸体就是非常可靠的证据，仅根据可靠性这一点就没有理由对其予以排除。[3]（这里需要注意，之后发现的尸体并不会让逼供得来的供述变得更可靠。这里的供述，单独来看，依然是不可靠的证据；虽然由此获得的第二手证据使供述显得更可靠，但真正反映被告犯罪事实、能够支持检方起诉的，仍然是第二手证据。）

遏制违法行为的原理对一系列关键的证据排除规则以及相关规则来说至关重要。然而这些规则是否确实能够起到制止不法行为的作用，仍需进一步的论证。现存的证据表明，这些规则所谓的遏制违法行为的作用并不能抵销它们所带来的偏离应得刑罚的后果。这一威慑策略只有在能够给予大多数不法行为相应的惩罚的情况下才可以说是有效的，[4]但不论这些规则能不能做到这一点，它们都会带来很大的不确定性。从来没有明确的证据表明非法证据排除规则和米兰达规则确实降低了违宪搜查、逮捕或非法讯问的数量。[5]即使是这些规则的倡导者也坦白地承认，鲜有证据能证明它们的威慑效果，可能也很难进行实证论证。[6]

---

① See Wong Sun v. United States, 371 U.S. 471(1963).

② 见第三章。

③ Akhil Reed Amar & Renee B.Lettow, *Fifth Amendment First Principles: The Self-Incrimination Clause*, 93 Mich. L. Rev. 857, 858(1995); New York v. Quarles, 467 U.S. 649, 669—672(1984)(O'Connor, J., 部分赞同).

④ 见第六章。

⑤ Mapp v. Ohio, 367 U.S. 643(1961).案后大约15年，第四修正案的非法证据排除规则已被各州采纳，最高法院自身也承认“目前还没有证据能证明该规则具有威慑效果”。United States v. Janis, 428 U.S. 433, 452 n.22(1976).一项研究统计了因非法证据排除规则而落败的指控数量，数据表明这一规则并未能对警方的不法行为产生有效的威慑效果。参见 L.Timothy Perrin et al., If It's Broken, Fix It: Moving beyond the Exclusionary Rule, 83 Iowa L. Rev. 669, 734—736(1998)。

⑥ See Wayne R.LaFave, *1 Search and Seizure: A Treatise on the Fourth Amendment* §1.2(b), 33(4th ed., West 2004) Charles Alan Wright, *Must the Criminal Go Free if the Constable Blunders?*, 50 Tex. L. Rev. 736, 739(1972); Bradley C.Canon, *Ideology and Reality in the Debate over the Exclusionary Rule: A Conservative Argument for Its Retention*, 23 S. Tex. L.J. 559, 560(1982); Arval A. Morris, *The Exclusionary Rule, Deter-rence and Posner's Economic Analysis of Law*, 57 Wash. L. Rev. 647, 653(1982).

比如，让我们设想一下一名警察违反宪法第四修正案会受到的惩罚。当然，对违法获取的证据予以排除是一种制裁手段，但这一做法的后果很大程度上是由整个社会一起承担的，违法的警察所受到的只是间接的影响。如果警察的违法行为使得罪犯逍遥法外，他的名声可能会受损。

即使一项证据排除规则的作用是排除某一证据的适用，但犯罪嫌疑人仍有可能被起诉，这种情况下，违法取证的警察就会认为自己的行为也没什么大不了。此外，警察可能还会认为进行非法搜查或逮捕并不需要冒多大的风险，毕竟如果没有非法搜查得来的证据，或许都无法对犯罪嫌疑人定罪。在一些不以定罪为全部或是核心目的的情况下，即使证据排除后犯罪嫌疑人会被无罪释放，警察也根本不会在意。这种情况包括：

> 以逮捕或没收作为惩罚性制裁的情况（常见于赌博、醉酒）；以保障人身安全为由逮捕醉酒之人的情况；以找回失窃财产为目的进行搜查的情况；为了满足公众呼声而在犯罪高发区域进行逮捕、搜查、扣押的情况；以阻止武器或违禁品，如麻醉毒品等进入流通为目的进行搜查的情况以及为防止犯罪嫌疑人携带可能威胁到警察的武器而进行搜查的情况。①

最高法院也意识到，当警方的目的不在于提起公诉，或是愿意为了实现其他目的而放弃提起公诉的情况下，非法证据排除规则对于遏制警方的不法行为是毫无用处的。②所以，即使一项证据可能，在某些情况下甚至一定会被排除，警察往往也不会因此就停止实施不法搜查。

然而，更糟糕的是，即使在警察有违宪行为的情况下，所得来的证据也不是总能被排除的。比如，警察成功掩饰了自己的不法行为，或是犯罪嫌疑人根本就没有意识到自己遭到了不法对待，抑或是犯罪嫌疑人自己认罪。此外，在一项非法证据只是起到附带的证明作用，而不是直接用于证明犯罪嫌疑人的犯罪事实时，该证据也有可能适用。虽然非法证据无法用于支持检方的主诉，但在一些情况下可以用于质疑被告的证词，③也可以在量刑听审中、大陪审团诉讼中、联邦民事税务诉讼中以及公民驱逐出境程序中予以适用。④还有一种

---

① Dallin H. Oaks, *Studying the Exclusionary Rule in Search and Seizure*, 37 U. Chicago L. Rev. 665, 721—722(1970).

② Terry v. Ohio, 392 U.S. 1, 14(1968).

③ 最高法院判例法承认控告例外的讨论及批判，see 6 LaFave, supra n. 26, § 11.6(a)。

④ 参见 Carmen R.Parcelli, *The Exclusionary Rule*, 88 Geo. L.J. 1043, 1055—1056 & nn.625—632(2000)(案例集)。

非法证据不被排除的可能，即判案法官重视实体正义，无法接受确定有罪的被告逃脱法律制裁，那么该法官就会认为警方或检方的行为没有违反法律的规定，或是将他们的违法行为认定为第四修正案以及米兰达规则的“例外情形”。①在很多情况下，当犯罪嫌疑人的宪法权利遭到侵害时，根据现有的救济方式，作为侵害者的警察或检察官不会遭受任何的惩罚。总而言之，非法证据排除规则完全有可能以偏离应得刑罚为代价，却只换来微乎其微的威慑作用。

但是，正如上文所提到的，威慑作用不是非法证据排除规则合法性的唯一解释，或许也不是最好的解释。还有观点认为，非法证据排除规则是促进刑事司法系统合法性的重要机制，是维持作为维护宪法机构的司法部门的公正性的必要手段。这一观点在最高法院早期援引非法证据排除规则的判决中反复被强调。②然而，近几年来，最高法院为了实现遏制滥用执法权的目的，已经将司法体系的公正性置于次要的位置，或是将两者融合在一起。③相应地，由于非法证据排除规则的威慑作用在一些情形下显得微乎其微，最高法院创设了一些例外规则，这一做法几乎没有考虑到伴随而来的对司法公正性的牺牲。

因此，根据现有的规定，非法证据排除规则的对于司法体系公正性的影响似乎很小，但这些规则之间的不一致性却表明，在维护司法体系公正性这一点上，它们并没有起到什么作用。比如，如果公正性的要求是法院必须拒绝支持任何违宪行为，或是成为任何违宪行为的共谋，那么法院就应该排除一切经由违宪行为得来的证据，无论该证据系警方或检方基于其职权还是超越职权而获取的，也无论该证据在何种程序中被提出。然而事实并非如此。④此外，我们

① Stephen J.Markman, *Six Observations on the Exclusionary Rule*, 20 Harv. J. L. & Pub. Pol'y 423, 428(1997).

② See Mapp v. Ohio, 367 U.S. 643, 659(1961); Elkins v. United States, 364 U.S. 206, 223(1960); Weeks v. United States, 232 U.S. 383, 394(1914).

③ 有一个案件这样描述司法诚信和威慑效果的关系：显然，司法诚信不代表法院在任何情况下都不能采信违反第四修正案而获取的证据。赋予被告人提起证据禁止动议的权利……在证据规则的语境下，“司法诚信”的首要含义就是法院不应违反或鼓励违反宪法。然而在宪法修正案中，证据本身的正确性是毋庸置疑的，当证据被提交给法庭时，违法行为就完成了……因此，这里的焦点就是采信非法获取的证据，是否会产生鼓励违反第四修正案的效果。正如最高法院在近期的判例中提到的，这一问题的本质就是排除非法证据是否能达到威慑的目的。United States v. Janis, 428 U.S. 433, 458 n.35(1976); See Stone v. Powell, 428 U.S. 465, 485(1976); Michigan v. Tucker, 417 U.S. 433, 451 n.25(1974); 对比 1 LaFave, supra n.26, § 1.1(f), at 23。

④ See INS v. Lopez-Mendoza, 468 U.S. 1032(1984); Stone v. Powell, 428 U.S. 465 (1976); United States v. Janis, 428 U.S. 433(1976); Idem at 455 n.31.

也有理由认为现有的非法证据排除规则的诚实信用例外[①]会破坏司法体系的公正性；如果法院应当宣誓不与任何违宪行为有所瓜葛，那么法院就不该关心实施违宪行为的警察或检察官的主观状态。

至少根据目前的设想，非法证据排除规则并没有起到促进公众对司法部门公正性的承认的作用，因此放弃适用这些规则也不会造成多大的损失。另一方面，非法证据排除规则巨大的潜在利益可能会成为支持扩大这些规则适用范围的理由，如果这样做真的可以提升司法体系的公正性的话。但就目前来看，这些规则的构建方式只是放大了它们的实施成本，却将它们的优点最小化了：很显然，它们以实现威慑目标的名义，造成了偏离应得刑罚的后果，对司法体系公正性的提升作用可以忽略不计，相较于其他规则，这些规则的绝对效果以及相对优势，都是未经证实的。

非法证据排除规则因造成偏离应得刑罚的后果以及存疑的威慑作用而受到争议。另外，在保护犯罪嫌疑人基本权利上，这些规则也有可能起到反作用。由于实施这些规则并不会带来多大的益处，法庭也就对发现侵权行为缺乏兴致。事实上，非法证据排除规则和我们接下来会讨论的及时审判规则最关键的问题在于，它们的威慑作用到底对谁更有效：是阻止了警察、检察官实施违宪行为，还是阻止了法庭认定某一行为违反了宪法的规定，需要获得救济。前者是这些规则的目的所在；然而后者却是这些规则的倡导者最不想看到的。

在这一章的结尾部分，我们将会讨论实施非法证据排除规则的其他可能的方式，在第十章中，我们将会讨论非法证据排除规则的民事替代方案。对于警方非法获取犯罪嫌疑人供述这一问题（比如违反米兰达规则而获取供述），我们还有另外一种潜在的解决方式：要求警方必须对讯问过程进行录像。对讯问过程进行录像、录音是一直被提倡的一种方式，[②]也曾经实施过一段时间。英国早在 1988 年开始要求录像，[③]到了 1990 年，美国大约六分之一的警察

① See United States v. Leon, 468 U.S. 897(1984).

② See Christopher Slobogin, *Toward Taping*, 1 Ohio St. J. Crim. L. 309, 309 & n.1 (2003)(Paul G. Cassell, *Miranda's Social Costs*: *An Empirical Assessment*, 90 Nw. U. L. Rev. 387, 489—492(1996); Welsh S.White, *False Confessions and the Constitution*: *Safeguards against Untrustworthy Confessions*, 32 Harv. C.R.-C.L. L. Rev. 105, 153—155 (1997)).

③ See Craig M. Bradley, *The Emerging International Consensus as to Criminal Procedure Rules*, 14 Mich. J. Int'l L. 171, 183—186(1993).

局——其中有三分之一服务人数超过 50 000 人——至少在一些案件中对讯问过程进行了录像。[1]明尼苏达州和阿拉斯加州强制要求讯问录像，得克萨斯州也实施了一项相似的有效措施，即要求排除口头供述，除非有录音为证。[2]伊利诺伊州近期在全州范围内推进一项试点计划，要求在所有的一级谋杀案中对讯问过程进行录像。[3]美国律师协会代表大会最近批准了一份报告，敦促执法者对讯问过程进行录像。[4]

第三节　及时裁判规则

获得及时裁判的权利[5]作为一项宪法权利，同样也植根于公平公正、遏制政府滥用职权的理念，同时又有可能造成偏离应得刑罚的后果。尽管有宪法的明文规定，如今，规定被告人必须受审的期限的法规保障着这一规则的有效实施。[6]比如，联邦快速审判法规定，在被告人被起诉后或是首次出庭后的七十天内必须开始审判，符合法律规定的例外情形的，或是法官出于正义的目的认为有必要的，该期限可以延长。[7]

及时审判显然是一项必要的规则，如果没有这一规则，那么国家就可以不经审判而无限期地关押囚犯。及时审判权有两个相关且重要的目的：一方面，它旨在防止检方将迟延作为一种办案策略（从这个意义上来讲，这一规则就好比是公诉后的“诉讼时效”，要求法院快速处理案件）；另一方面，它旨在防止未

---

① See William A.Geller, *Videotaping Interrogations and Confessions*, *The Miranda Debate* 303, 303(Richard A. Leo & George C.Thomas III, eds., Northeastern U. 1998).

② See State v. Scales, 518 N.W.2d 587(Minn. 1994); Stephan v. State, 711 P.2d 1156, 1162(Alaska 1985); Tex. Code Crim. Proc. art. 38.22 § 3(a)(1)(2002).得克萨斯州的法律局限性更大，因其只要求对供述进行录像，而不要求对相应的讯问过程录像。

③ See 20 Ill. Comp. Stat. 3930/7.2.

④ See Margaret Graham Tebo, *ABA Says States Should Decide Who Can Marry*, 3 No.6 ABA J.E-Report 2(Feb. 13, 2004).

⑤ “在所有刑事诉讼中，被告人都有权获得及时、公开的审判”美国宪法第六修正案。为了判断被告人的获得及时审判权是否被侵害，法院应采取个案平衡测试，考虑以下四点因素：(1)预审延迟的期限；(2)延迟的原因；(3)被告人是否主张获得及时审判权，若主张，以何种方式主张；以及(4)对被告人造成的损害。参见 Barker v. Wingo, 407 U.S. 514, 530—33(1972)。除非切实存在迟延，并对被告造成了损害，也就是说，除非满足第四点因素，其他因素都不必考虑。See Barker, 407 U.S. at 530, *Preliminary Proceedings*: *Speedy Trial*, 33 Geo. L.J. Ann. Rev. Crim. Proc. 344, 347(2004).

⑥ See idem at 350—360; Wayne R. LaFave et al., *Criminal Procedure* § 18.3(c)(4th ed., West 2004).

⑦ See 18 U.S.C. § 3161(c)(1); 18 U.S.C. § 3161(h); 18 U.S.C. § 3161(h)(8).

决指控影响被告人的生活。国家可能对被告人的人身自由进行直接限制(比如审前监禁、限制保释),另外,判决作出前,被告人的生活也可能受到公众舆论的影响。①

即便如此,和非法证据排除规则一样的,违反及时审判原则的救济方式——驳回起诉,②也会不必要地造成偏离应得刑罚的后果。(同时,这种救济方式对塑造获得及时审判权的适用范围存在一定的影响,而且这种影响或许是有害的,因为救济力度之大可能会让法庭对该权利的适用范围作出限缩的解释。)③事实上,获得及时审判权比非法证据排除规则更有力,因为它能导致指控完全被驳回,而不仅是在刑事审判中排除一些证据的适用。

此外,和第四修正案的非法证据排除规则一样,至少从它的直接后果来看,获得及时审判权的获益者更多的是有罪之人而不是无辜之人。当犯罪嫌疑人因及时审判权受侵害而被释放时,他显然就逃脱了受到指控和惩罚的可能。但对于那些无论在什么情况下都会被无罪释放的无辜之人该怎么办呢?无辜之人,无论接受及时审判,或是审判迟延,后果都是一样——获得释放,但如果没有审判迟延,他就可以更早地重获自由。这样的人会因审判迟延而得到任何补偿吗?目前来看,并不会。

我们没有理由认为违反及时审判规则"唯一可能的救济"④是驳回起诉。⑤我们可以在承认这项权利的同时,寻找替代的救济方式,这样就可以在不偏离应得刑罚的前提下维护司法体系最基本的公正性、防止检察官"耍花招"操纵公诉。⑥为了

① See United States v. Ewell, 383 U.S. 116, 120(1966); LaFave et al., supra n.44, § 18.1(b).

② See Barker v. Wingo, 407 U.S. 514, 521—522(1972); Strunk v. United States, 412 U.S. 434, 439—440(1973); LaFave et al., supra n.44, § 18.3(c) at 871.

根据联邦速审法,当被告人的获得及时审判权受到侵害时,法院可以无偏见或选择性地驳回起诉:在决定是否要无偏见或选择性地驳回起诉时,法院应当考虑以下因素:违法行为的严重性;导致驳回起诉的事实原因;重新起诉对于实施本章规定以及司法的影响。18 U.S.C. § 3162(a)(1) &(2).

③ See Anthony G. Amsterdam, *Speedy Criminal Trial: Rights and Remedies*, 27 Stan. L. Rev. 525, 525(1975).另一方面,也有人认为这一惩罚措施之严厉,能够保障侵犯获得及时审判权的情况从一开始就不会发生。

④ Strunk, 412 U.S. at 440.

⑤ See Amsterdam, supra n.48, at 534—535.

⑥ 当然,由于最高法院的先例已经认定驳回起诉是获得及时审判权受到侵害时的唯一宪法性救济,这些替代性的救济手段在现有的法律框架下无法实施。See Barker, 407 U.S. at 521—522; Strunk, 412 U.S. at 439—440.

阻止检方的不当操纵、[1]减少对公民人身自由的侵犯，司法体系可以采取的替代救济方案有：停止审前监禁、[2]金钱赔偿、[3]减刑、[4]驳回起诉（违反联邦快速审判法的救济方式之一，尽管这里不构成违宪），[5]或是视情况而定，同时适用多种救济方式。由于及时审判权本身服务于多个目的，因此侵犯该权利可能造成不同形式、不同程度的后果，[6]法院应当有权为不同的损害后果制定不同的救济方式。同样重要的是，允许更灵活地适用救济方式，可以让法院从一开始就关注到案件中是否存在对获得及时审判权的侵犯。[7]

对于违反双重危险规则和无行为能力规则的救济，除了放弃或推迟起诉，没有别的显而易见的替代方式。但非法证据排除规则和及时审判规则并不是实现它们所服务的目标的最佳方式。我们在上文已经讨论过对及时审判权不同的替代救济方式，其中一些也可以适用于非法证据排除规则，这一部分我们会在第十章中作更深入的阐述。由于我们有多种不同的替代方案，也由于这两项规则并没有很好地服务于它们所期望的目标，现存的救济方式在更多情况下损害了而不是提升了司法体系的道德可信度以及合法性。

第四节　艾勒案余波

艾勒用钢锯切割布里奇斯早已残破的尸体，然后将尸块装进了灰色大垃

---

① 另一种可以在阻止检方不当行为的同时缩小该规则适用范围的方法就是参考宪法正当程序原则的设计，为侵害获得及时审判权的认定设定一些先决条件。根据正当程序原则，“被告人必须证明政府的迟延是一种为了获得战术上的优势而故意采取的手段”，而且这一迟延确实造成了对被告人的不公。Preliminary Proceedings: Speedy Trial, supra n.43, at 344—45(United States v. Marion, 404 U.S. 307, 324(1971)). Speedy-trial law currently establishes a presumption of prejudice once the trial is delayed beyond a certain point.dem at 347 n.1226.

② See Amsterdam, 48, at 533; idem at 535.

③ 关于这一议题的详细讨论，参见下文第十章。可以设想一种“反向保释”制度，国家需缴纳保证金，以保证其将及时审判被告人。如果被告人没有在规定的期限内获得审判，那么国家就会丧失这笔保证金，或者按超期的天数，逐日加收保证金。

④ 准确来说，被告人在审前被羁押的时间可以折抵刑期。当然，很多地区已经开始这么做了。18 U.S.C. § 3585(b); Charles Alan Wright et al., *3 Federal Practice and Procedure: Criminal* 3d § 528 n.23(West 2004) Lynn S. Branham, *The Law of Sentencing, Corrections, and Prisoners' Rights 95* (West 1998).然而，即使在这些地区，当发生了审判迟延的情况，被告人在审判迟延期间内每被关押一天，可折抵刑期大于一天，迟延的时间越长，可折抵的刑期越多。在现代的审判模式下，法官的自由裁量权受到了一定的限制，因此这种方案是可行的，否则法官将会虚增刑期，来弥补被审前监禁折抵的刑期。

⑤ See LaFave et al., supra n.44, § 18.3(c) at 871.

⑥ Amsterdam, supra 48, at 537; idem at 538.

⑦ Amsterdam, supra 48, at 538.

圾袋中。直到下午，他才把这些袋子扔到了隔壁大楼的垃圾桶里。由于袋子很重，艾勒扔了几次才扔完。艾勒大楼的管理员和隔壁大楼的管理员都看到他来来回回地扔垃圾。回到住处，艾勒重新粉刷了墙壁以掩盖血迹。

第二天一早，隔壁大楼的管理员看到了这些灰色大垃圾袋，由于知道它们不属于这里的租户，管理员打开了其中一个袋子。映入他眼帘的是人腿的上部。管理员立刻报了警，警察和他以及另外几个管理员进行了谈话，他们指认艾勒就是当时扔垃圾的人。又有警察来到了现场，他们中有人记起艾勒是一桩连环杀人案的犯罪嫌疑人。随后，警方逮捕了艾勒，并对该区域进行封锁。

之后，警察带着搜查证来到了艾勒的住处。公寓内部看上去干净整洁，但通过系统的搜查，警方获得了充分的证据：尸体的身份得到了证实，现场还发现了钢锯、锥子以及布里奇斯的血迹。警方在袋子上发现了艾勒的两枚指纹，其中一枚在袋子的内侧。根据席佩斯的指令，艾勒没有作任何陈述，也没对证据作出任何解释。

艾勒背负的多项指控，包括谋杀以及加重型绑架，意味着他所面临的是死刑。案件获得了媒体广泛的报道。布里奇斯的葬礼、他可怕的死法以及艾勒之前逃脱法律制裁的事实引发了公众的广泛关注。将艾勒和布里奇斯谋杀案联系到一起的证据也被众人所熟知。

在这样的背景下，伊利诺伊州检察院对一审法院在卡利斯案中就相关证据予以排除的判决提起上诉。1985 年 4 月 26 日，二审法院以 2 比 1 的票数维持了一审法院的判决。

在布里奇斯案审理过程中，利特尔作为检方证人出庭。艾勒并未作出任何证言。陪审团就所有指控裁定被告有罪，艾勒最终被判死刑。

艾勒更换了代理律师，新律师凯瑟琳·泽尔纳(Kathleen Zellner)和印第安纳州检方达成了协议。州检方承诺不再追究死刑，作为回报，艾勒坦白了谋杀史蒂芬·阿甘的事实，同时还提到，利特尔也参与了作案。艾勒认了罪，在 1990 年 12 月 28 日，距离阿甘尸体被发现的那天整整八年，艾勒被判了六十年监禁。利特尔也被起诉并接受了审判，但即使有艾勒的证词作为公诉的依据，陪审团还是没有被说服，利特尔被无罪释放。

泽尔纳也尝试着和伊利诺伊州检方达成辩诉交易。艾勒愿意坦白曾犯下另外 20 起谋杀案的事实，并指认其中几起案件的同谋，希望检方不再追究死刑，改为终身监禁。库克郡检察官表示拒绝，认为这是“最贪婪、最丑恶的敲诈”，并表示，他决不会允许艾勒杀了那么多人反倒能从中获益。

此外,泽尔纳就布里奇斯案中的指控提起了上诉。1994 年 3 月 6 日,一个周日,1984 年就已感染了艾滋病的艾勒在庞蒂亚克惩教中心的医务室去世了。上诉因此在伊利诺伊州最高法院悬而不决。

第四、第五修正案中的非法证据排除规则旨在制止警方和其他执法者在调查案件时实施不当行为。而伊格内托案中的禁止双重危险原则旨在防止不当追诉,因而该原则适用的对象以及时间点都是不同的。即使如此,它们所造成的后果是相同的:一个为遏制政府越权而制定的规则,却可能会阻碍法院给予罪犯应得的惩罚。

第五节　加热导管中的照片

自从 1973 年和前妻离婚(并获得了三个孩子的监护权),十三年来,梅尔文·伊格内托(Melvin Ignatow)活得越来越嚣张而浮夸。他戴着昂贵的珠宝,开一辆科尔维特跑车,染头又烫头,常年出没在单身俱乐部中,和年轻女人约会。作为一个大学辍学生,他在肯塔基州路易斯维尔市的一家进出口公司工作,在这里,他遇到了玛丽·安·肖尔(Mary Ann Shore)。两人的关系持续十年了,其间,当伊格内托出差时,玛丽·安会帮忙照看他的孩子们。然而 1986 年 9 月,经朋友介绍,48 岁的伊格内托开始和 34 岁的布兰达·谢菲尔(Brenda Schaefer)约会。谢菲尔是威廉·斯伯丁(William Spalding)医生诊所里的一名 X 光技师。这位朋友和谢菲尔的闺蜜乔伊斯·斯莫尔伍德(Joyce Smallwood)又是恋人关系。两对情侣开着伊格内托 32 英尺的游艇出海巡游。

谢菲尔也离过婚。1971 年 12 月,她和前夫查尔斯·范佩尔特(Charles Van Pelt)结了婚,但仅仅在几年后,这段婚姻就出现了危机,一部分原因是谢菲尔不愿意和前夫"亲热"。尽管谢菲尔也喜欢亲吻和拥抱,但是一提到房事,她就变得十分拘谨而羞怯。这段婚姻持续了四年,离婚后,和伊格内托一样,谢菲尔也在外貌和生活方式上有了很大的改变。她垫了鼻子,隆了胸,箍了牙,频繁光顾单身酒吧,和富有的男人约会,只要他们能给她买珠宝,带她去旅行。

伊格内托和谢菲尔之间的关系变得正经起来了。1987 年的情人节,伊格内托带着一枚定制的 2.3 克拉的钻戒向谢菲尔求婚,然而两人并没有定下婚期。能和这样一个年轻貌美的女人恋爱,让伊格内托激动不已,他为此洋洋自得,[1]但却仍然和玛丽·安·肖尔保持着肉体关系。因谢菲尔的出现而惨遭抛弃的玛丽·安,自然对此耿耿于怀。因为工作的原因,谢菲尔只能在周末和伊格内托见面,一些朋友和同事都觉得,谢菲尔和伊格内托在一起,更多的是为了满足自己的物质需求,而不是出于情感上的依恋。

谢菲尔越来越抑郁。诊所的同事注意到她变得很痛苦,又常常很紧张。谢菲尔对很多朋友和家人说,她开始讨厌甚至是恐惧伊格内托,想要解除婚约。她告诉琳达·拉弗(Linda Love),有一次早上醒来,她发现伊格内托拿着一块浸淫着氯仿的抹布靠在她身边,还说这是为了帮助她入眠。谢菲尔还透露,伊格内托有时会逼她服用"性药",[2]吃了之后就会失去知觉,醒来后发现自己浑身赤裸,对发生过什么一无所知。

与此同时,伊格内托也在向肖尔抱怨谢菲尔很"死板",他想在肖尔家里对谢菲尔进行一场"性治疗",改改她的毛病,[3]并把日子定在了1988年9月24日。伊格内托还让肖尔帮忙在她家后面挖一个坑。肖尔拒绝了,并告诉伊格内托,无论他打算做什么,自己都不想参与。伊格内托保证他只是想吓吓谢菲尔而已,肖尔最终还是默许了。两人还进行了一场试验,看看在门外能不能听到房子里的尖叫声。

在伊格内托计划的"治疗"会面前的周三,谢菲尔告诉办公室的女士们,她已离开了伊格内托。周五,当谢菲尔在工作时,伊格内托打电话给她,并在听到她说"很忙"时变得十分暴戾,因此谢菲尔才不情愿地接了电话并说道:"我告诉过你再也不要打电话给我了。"[4]谢菲尔后来告诉一位同事,她打算第二天去见一下伊格内托,并把他的首饰和皮大衣还给他。她并补充说,伊格内托令她感到很害怕。那天晚上,谢菲尔曾与她的嫂子交谈,并告诉对方她怀疑伊格内托一直在她下班回家的路上跟踪她。她还说她打算星期天去见吉姆·罗什(Jim Rush)博士,一位曾经的爱慕对象。(同时,那天下午,伊格内托把一把铲子、一把木制的桨、照相机、胶片、塑料垃圾袋、胶带、一双手套、绳子和一瓶氯

① Elinor J. Brecher, Brenda Schaefer: "*That Woman Who Disappeared*": *How Could This Ordinary Person with No Apparent Enemies—a Doctor's Office Assistant Who Lived with Her Parents—Just Simply Vanish?*, Courier-Journal(Louisville, Ky.), Mar. 5. 1989, at 1A.

② Idem.

③ Susan Craighead, *Police Focused Investigation on Ignatow from Start*, *Files Show*, Courier-Journal(Louisville, Ky.), Feb. 13, 1990, at 1B.

④ Brecher, supra n.60.

仿以及一些性玩具带去了肖尔的房子。）

星期六下午四点前，谢菲尔开车接上了伊格内托进行最后一次见面。大约5时30分或6时，伊格内托和谢菲尔抵达了肖尔家。伊格内托让谢菲尔坐在沙发上，告诉了她“性治疗”主意。谢菲尔起身想要离开，但是他强迫她回到沙发上，并告诉她“她必须要这样做，因为她实在太冷淡了”。[1]

他在一张黄色的纸上列有一份清单，写明了他的“性治疗”的所有步骤。首先，他强迫谢菲尔靠墙站立，脱掉衣服好让他拍照。接下来，伊格内托脱下自己的衣服，只穿着黑袜子，将谢菲尔绑到咖啡桌上，强迫她肛交了两个小时。伊格内托命令肖尔拍摄他和谢菲尔的照片，但叮嘱肖尔不要将他的头拍进画面。之后，伊格内托将谢菲尔移到卧室，在那里对她施加了更多的性行为，而肖尔则拍摄了更多照片，并参与了对谢菲尔的虐待行为。在遭受侵袭期间，谢菲尔一直在哭泣，并一度在伊格内托用木桨打她时大声尖叫。最终，肖尔因为太过恐惧以及对伊格内托继续猥亵的厌恶而逃到了厨房，将谢菲尔和伊格内托留在了卧室里。

伊格内托将氯仿倒在手帕上，并盖住谢菲尔的嘴巴和鼻子。在不确定谢菲尔是否死亡时，伊格内托又用绳子紧紧勒住她脖子使其窒息，然后他从卧室中出来，向肖尔宣布了谢菲尔的死亡。肖尔进入卧室，看见床上的谢菲尔双手被绑，一根绳子紧紧地勒在她的脖子上。伊格内托将谢菲尔的身体折叠成胎儿的姿势，并用绳索牢牢捆绑着。随后，伊格内托和肖尔将谢菲尔的身体包裹在垃圾袋中，并埋在了后院。

伊格内托换了衣服，扔掉了脏衣服。他把罪证都放在肖尔的车后备箱里。然后他刺破了谢菲尔的车后轮，并将一个钉子推入孔中。他戴着手套进入谢菲尔车的车厢里，把车开到了64号州际公路，肖尔开车跟着他。伊格内托把谢菲尔的汽车丢在高速公路一侧，并让肖尔开车把他送回家。伊格内托独自在家里将谢菲尔的首饰和拍的折磨照的胶卷放在塑料袋中，并用胶带粘在了地板输热管的内部。

第二天早上6时8分，一名警察看到谢菲尔的车停放在布雷肯里奇车道天桥附近的紧急停车带上。汽车右后轮胎瘪平，后挡风玻璃破碎，收音机失踪，一侧乘客侧门未上锁。后备箱盖的左后角有损坏，并且后备箱锁已被撬开。后排座椅和汽车外面溅有看似血迹的东西。

---

① Leslie Scanlon, *I Did Not Kill Her*: *Ignatow's Ex-Lover Admits Helping Dig Hole for Victim*, Courier-Journal(Louisville, Ky.), Dec. 18, 1991, at 1A.

那天早上早些时候，伊格内托跟她母亲艾希讨论过谢菲尔的明显失踪，随后，伊格内托在中午去找了谢菲尔一家并与之一起度过了整个下午。他似乎很紧张不安，偶尔也像小孩一样呜咽，但他并没有流泪。谢菲尔的兄弟汤姆(Tom)和他的女朋友琳达·拉弗去了派出所并见到了探员吉姆·维斯利(Jim Wesley)。拉弗告诉了维斯利谢菲尔说过的所有关于伊格内托和他令人毛骨悚然的行为的信息，所以维斯利决定跟伊格内托面谈。维斯利和另外两名警官在伊格内托的家里对他进行了询问，伊格内托仔细地重述了前一天的事件，但奇怪的是，他是根据准备好的笔记说的。他告诉警官，谢菲尔周六下午3时接到了他然后他们开车兜了一圈。他详细补充了开车的细节，并提到了每一次停车。警官十分不满地离开了，他们认为伊格内托看起来过于冷酷和有条理。

调查工作进展十分不顺。伊格内托被要求进行测谎仪测试，但他拒绝了，声称这样的测试会对他脆弱的心脏造成太大的压力。其他人提出的关于谢菲尔失踪当天踪迹的说法与伊格内托所言相冲突。肯塔基救援协会的成员花了八十个小时在俄亥俄河寻找谢菲尔的尸体，但空手而归。斯伯丁博士开设了一个奖励基金，以获取有关谢菲尔失踪情况的信息，短短两周内基金就增加到了16 000美元。但伊格内托没有对基金作出任何捐助。

调查人员从谢菲尔的一个同事那里得到了有用的信息，这位同事恰巧知道一位认识肖尔的发型师，而且肖尔曾向她透露过伊格内托对她的控制，以及她无法摆脱与他的关系的事。罗伯特·斯波克(Robert Spokler)提供的消息更加加深了警方对于肖尔牵涉到谢菲尔失踪一案中的怀疑。罗伯特·斯波克每周支付125美元给肖尔，雇她照顾他的孩子们。斯波克的记载显示，肖尔在9月24日周六没有来工作。背景调查还显示肖尔有五个关于空头支票的逮捕令。维斯利和联邦调查局决定，如果肖尔拒绝合作，就用要求支付空头支票的费用作为手段令她就范。

肖尔到达派出所接受询问，并进行了谎言测试，在测谎中她露了马脚。当维斯利就测试结果与肖尔对质时，她变得十分焦虑激动，并拒绝再说任何话。维斯利允许她离开，但指派了一名警察跟着她。那天晚上，肖尔被目击与伊格内托一起在雨中行走。维斯利在家中得到了这个消息。一辆未做标记的警车在这两人旁边停下。伊格内托保持着镇定，并告诉肖尔要合作。在车站，维斯利询问了肖尔，要求知晓她都知道些什么。他告诉肖尔，他知道是伊格内托杀了谢菲尔，而且伊格内托根本不会在乎她，但是肖尔并没有被说动。维斯利可以感觉到她有话想说，所以他撤掉了所有的障碍，用空头支票的事威胁她。不过肖尔仍未合作。1989 年 2 月 14 日上午 12 时 45 分，肖尔被采取了指纹，并且因为五张 100 美元以下的空头支票受到了监禁。

几个月后，肖尔被传唤在联邦大陪审团面前作证。美国律师斯科特·科克斯(Scott Cox)询问肖尔她在谢菲尔失踪前见到过她几次。肖尔回复道她只见过谢菲尔一次。随后当科克斯问肖尔她最后一次见到谢菲尔时谢菲尔是什么样子，肖尔应答道“你是说最后一次?”①科克斯随后指出肖尔陈述当中的矛盾之处，肖尔面色变得苍白，离开了陪审团室。1990 年 1 月 9 日，肖尔向联邦调查局和警方坦白，当伊格内托在肖尔的租房里杀害谢菲尔的时候她是在场的。她将警方带到屋后林子里那处她和伊格内托埋葬谢菲尔的地方，并同意带着隐藏的麦克风跟伊格内托谈话。作为回报，当局同意仅以篡改物证的罪名指控她。

肖尔录下了跟伊格内托的对话，对话中伊格内托命令她要拒绝调查人员的测谎仪测试的要求，并提到了谢菲尔的埋尸地点以向肖尔确定尸体没有被发现。第二天，伊格内托因涉嫌谋杀、绑架、鸡奸、性虐待、抢劫和篡改物证被捕。

1 月 10 日，警方在肖尔的后院挖了几个小时后，带来了一只德国牧羊犬宾果(Bingo)。宾果在十五分钟内识别到了气味，警员们又挖了几分钟后，他们的铁锹触到了一个黑色的塑料袋。几小时后又发现了一个较小的塑料袋。这些袋子被带到哈马那(Humana)医院大学的尸体解剖室，医学检查员从较小的袋子中取出谢菲尔的衣服，然后转向较大的袋子。谢菲尔的身体被四层塑料袋重叠包裹，由棕褐色胶带密封。她的皮肤已经严重腐烂分解，脸部特征也已消失。法医的牙科医生帮忙通过牙齿鉴定确认了谢菲尔的身份。

1991 年 12 月 2 日，在伊格内托谋杀案陪审团择选开始前一天，玛丽·安·肖尔对其篡改物证的行为认罪。随着陪审员开始审议，伊格内托的审判一直进行到 12 月 21 日。大多数陪审员认为，伊格内托以某种方式参与了犯罪，但仍存在一些问题他们无法解决。首先，肖尔似乎不是一个可靠的证人。伊格内托的律师在这方面做了很好的工作，将她描绘成一个满怀嫉妒、背叛成性的前女友。第二，肖尔和伊格内托之间十三分钟的录音对话被认为是检察机关的失职。辩护方认为，伊格内托只是在谈论一个他借给肖尔的保险箱。最终，陪审团认为伊格内托在绑架和谋杀谢菲尔一案中无罪。

1992 年 2 月 3 日，玛丽·安·肖尔因篡改物证而被判处最高五年监禁。

---

① Susan Craighead, *Attorney's Slip of the Tongue Led to Break in Schaefer Case*, Courier-Journal(Louisville, Ky.), Mar. 1, 1990, at 1A.

1992年10月1日，伊格内托之前房子的现任业主罗纳德(Ronald)以及朱迪斯·沃特金斯(Judith Watkins)正在更换地毯。在贴在地板管内部的塑料袋中，他们发现了没冲印的胶卷和一些首饰，并通知了联邦调查局。这卷胶卷冲印出来之后，揭示了约100张"性行为，虐待，折磨布伦达·苏·谢菲尔"的照片。[①]但是伊格内托已经在谢菲尔被杀案中被无罪释放了。双重危险的禁令禁止检察官再次审判伊格内托。[②]

---

① Bob Hill, *Double Jeopardy: Obsession, Murder, and Justice Denied* 328(Morrow 1995).

② 伊格内托一案事实来自 Bob Hill, *Double Jeopardy: Obsession, Murder, and Justice Denied* (Morrow 1995); Elinor J. Brecher, *Brenda Schaefer: "That Woman Who Disappeared": How Could This Ordinary Person with No Apparent Enemies—a Doctor's Office Assistant Who Lived with Her Parents—Just Simply Vanish?*, Courier-Journal(Louisville, Ky.), Mar. 5, 1989, at 1A; Susan Craighead, *Attorney's Slip of the Tongue Led to Break in Schaefer Case*, Courier-Journal(Louisville, Ky.), Mar. 1, 1990, at 1A; Susan Craighead, *Family Urge[s] Bond Be Set at Affordable Level*, Courier-Journal(Louisville, Ky.), Feb. 1, 1990, at 1B; Susan Craighead, *Police Focused Investigation on Ignatow from Start, Files Show*, Courier-Journal(Louisville, Ky.), Feb. 13, 1990, at 1B; Todd Murphy, *Ignatow Witness Pleads Guilty to Evidence Tampering*, Courier-Journal(Louisville, Ky.), Dec. 3, 1991, at 1B; Mary O'Doherty, *Threatening-Letter Trial Begins for Missing Woman's Boss*, Courier-Journal (Louisville, Ky.), Aug. 9, 1989, at 1B; Clay Ryce, *Schaefer's Boss Is Charged in Threat against Her Fiancé*, Courier-Journal (Louisville, Ky.), Mar. 26, 1989, at 1B; Leslie Scanlon, *Bizarre Murder Case Enters New Stage with Jury Selection*, Courier-Journal(Louisville, Ky.), Dec. 4, 1991, at 1A; Leslie Scanlon, *Schaefer Wasn't Going to Wed Ignatow*, Courier-Journal(Louisville, Ky.), Dec. 14, 1991, at 5A; Leslie Scanlon, *Shore-Inlow to Tell Jury Her Side of Schaefer Case*, Courier-Journal(Louisville, Ky.), Dec. 17, 1991, at 1B; Leslie Scanlon, *I Did Not Kill Her: Ignatow's Ex-Lover Admits Helping Dig Hole for Victim*, Courier-Journal (Louisville, Ky.), Dec. 18, 1991, at 1A; Leslie Scanlon, *Ignatow Confesses to Killing Schaefer*, Courier-Journal(Louisville, Ky.), Oct. 3, 1992, at 1A; Leslie Scanlon, *Ignatow's Defense Rests without His Testimony in Murder Trial*, Courier-Journal(Louisville, Ky.), Dec. 21, 1991, at 11A; Leslie Scanlon, *Ignatow's Lawyer Blames Shore-Inlow: Former Girlfriend Described as Jealous*, Courier-Journal(Louisville, Ky.), Dec. 10, 1991, at 1A; Leslie Scanlon, *Kenton Jury Acquits Ignatow in Death of Fiancé Schaefer*, Courier-Journal (Louisville, Ky.), Dec. 22, 1991, at 1A; Leslie Scanlon, *No Evidence Links Ignatow with Murder, Jurors Say*, Courier-Journal(Louisville, Ky.), Dec. 23, 1991, at 1A; Cary B. Willis, FBI Recorded Murder Suspect in Brenda Schaefer Case, Courier-Journal(Louisville, Ky.), Feb. 6, 1990, at 1A; Cary B. Willis, *Ignatow Lawyer Says Release of Tape Should Rule Out Death*, Courier-Journal (Louisville, Ky.), Feb. 7, 1990, at 1A; Cary B. Willis, *Top Schaefer-Case Suspect Talks to Federal Grand Jury*, Courier-Journal(Louisville, Ky.), Oct. 17, 1989, at 3B; Andrew Wolfson, *Court Won't Hear Ignatow Perjury Appeal; 2001 Conviction for Lying about Schaefer Stands*, Courier-Journal (Louisville, Ky.), Apr. 21, 2004, at 5B; Andrew Wolfson, *Finding Evidence in Home a Fluke*, Courier-Journal(Louisville, Ky.), Oct. 3, 1992, at 1A; Deborah Yetter, *Federal Grand Jury Indicts Ignatow on Perjury Charge*, Courier-Journal(Louisville, Ky.), Jan.

第六节 双重危险

有时候，为了防止似乎是显而易见的程序不公，往往要牺牲公正的结果，即使这一不公行为并不会对被告的案情产生任何实际的侵害。例如禁止双重危险的宪法规则，这一规则即使是在明显对被告不利的案件中依然能够适用。另一项规则，即当被告无能力参与诉讼程序时，可以阻止审讯的规则，与导致侵害的不公则有更直接的关联。这两个规则——双重危险和无能力受审，都对政府检控权力的行使施加了有价值的、必要的限制。然而，正如伊格内托案所显现的，这些规则存在着导致严重有失正义的潜在可能性，这种可能性也显示出，对该等规则限制性的探究可能会促使整个体制避免一些严重的有失正义，同时也能够满足他们所保护的最基本的公正要求。

防止某人因同一罪名被二次审判的禁止双重危险之禁令[①]主要有两个目的：(1)确保规避检察机关的侵扰，从而保证在单独的刑事诉讼程序中对被告进行最终判决和安置；(2)提高准确性——通过阻止国家机关在被告被定罪前轻易地进行重审的方式来实现。[②]这两个目标中，只有第一个可能与判处应得刑罚有冲突，然而这两个目标是相互交织在一起的。在很多情况下，我们无法得知最初的无罪释放或后来的定罪是否真的能够诠释事情的真相。允许多次"彩排"直到控方"得到正确结论"的行为实际上可能使检察机关引诱陪审团陷入错误的结论。

双重危险能在多大程度上阻止适当起诉，尚不清楚。与限制性法规相比，获取关于禁令实施的实际频率的统计数据是十分困难的。在一项涵盖六个

---

① "任何人不得因同一罪行两次被置于生命或肢体的双重危险中。"*U.S. Const. amend. V. See Missouri v. Hunter*, 459 U.S. 359(1983); North Carolina v. Pearce, 395 U.S. 711(1969).事实上，除了"一罪多诉"以外，该规则还设置了"一罪多行为"禁令，无论是在单独审判还是多次审判之后，针对惩戒一伤害或恶行的犯罪都禁止定罪。See Hunter; Albernaz v. United States, 450 U.S. 333(1981); Blockburger v. United States, 284 U.S. 299 (1932).规则的该方面旨在寻找阻止对于多个罪名惩戒同一行为或伤害的检控，例如以扒窃为例，对一个同时触犯"盗窃""偷窃"和"扒窃"行为的扒手的检控。But see Susan R. Klein, Double Jeopardy's Demise, 88 Cal. L. Rev. 1001, 1006(2000).然而"一罪多罚"禁令对于我们的目标并不是很重要，因为它与适当刑罚的目标完全一致，并且通过阻止对同一行为和伤害的不适当多重惩罚实际上促进了该目标的实现。

② 雨果·布莱克法官在格林诉美国案中表达了这两个目标：国家及其所有资源和权力不应当被允许多次试图对被指控犯罪的个人进行定罪，从而使他陷入尴尬、支出花费和受折磨的境地，并迫使他生活在持续的焦虑和不安全状态中，以及增加无辜之人被认定有罪的可能性。*Green v. United States*, 355 U.S. 184, 187—188(1957).

州、涉及约400名法官、检察官和辩护律师的调查中，受访者预估了在每一千个刑事案件中，大约有两到三个案件会用到双重危险禁令。①鉴于这项规则的主要功用在于阻止启动二次审判(而不是引起未决检控的无罪开释或解除)，以及检察官们没有理由保留案件无罪的记载——因为如果可能的话，他们会再次提出检控，因此，确切的数据是很难得到的。此外，提升这一禁令的使用是否会在实现应得刑罚时一律产生好的结果尚不清楚。也许这一禁令的存在能促使检察机关在第一回合检控时就尽到最大的努力，也许它也可能会降低检察机关侵扰战术的风险，从而推动应得刑罚的确立。

同时，诸如伊格内托案等案件也为双重危险保护更限缩地使用提供了显而易见的理由。几乎可以肯定的是，对伊格内托的第二次起诉，也就是他虐待布伦达的照片被认定的那次，将导致对他的定罪。在伊格内托案中，如果允许第二次起诉，则不会发生定罪，因为过分热情的检察官将会固执地与伊格内托纠缠，或是因为他们已经将第一次审判用作之后再次起诉的预先彩排。相反，第二次起诉的原因十分简单——只是新的证据突然出现，而且是一份权力机关不知道且无法在第一回合就通过一般勤勉即可以发现的证据。

但是，尽管伊格内托一案中正义的丧失令人难以接受，从双重危险规则中获益的方式仍然十分有限，除非充分尊重这一禁令，即使是在它如伊格内托案中一样阻挠定罪量刑的时候。一个没有双重禁令规则的世界将会产生一系列对抗的不公正，这在平等层面令人难以接受的事实似乎是确定的。重要的是，如果双重危险导致偏离正义标准，通常就不会有其他替代的补救措施；而通过修改补救措施以允许第二次起诉的行为将会破坏该权利的实质。

即使如此，这一权利的实质本身也承认了最高法院先例中包含的一些解释，其中一些比其他的更符合应得刑罚的目标。正如一位评论员指出的那样，鉴于这些数量众多而且貌似合理的替代解释，“我们可以隔离那种我们希望条款能够防范的政府骚扰的类型，反过来这又可以告知我们对[一个]现代社会中‘双重危险犯罪’的定义”。②寻求促进刑罚和阻止检察权滥用的解释将力求减少检察机关进行干扰或是多次提起控诉的能力，同时能够在对应受谴责之

① See Valdes, supra n.16, at 1719—1720.该调查是在较早的项目之后形成的，仅限于田纳西州的律师和法官。See Neil P.Cohen et al., *The Prevalence and Use of Criminal Defenses: A Preliminary Study*, 60 Tenn. L. Rev. 957(1993).然而，田纳西州的研究没有涉及双重危险。

② Klein, supra n.68, at 1028.

犯罪者的检控和刑罚上保持一定的灵活性。[①]更具体地说，一种致力于探寻最大程度促进刑罚的、对于双重危险条款的解释将有可能对“危险”的边界进行严格的定义，亦即，当危险“发生”[②]时，或者更重要的，当危险结束时，对其施加具体的管制要求。一个基于应得刑罚的解释可能仅会在一审产生裁定时将某个绝对禁止的重罚施加在重新检控中。如果在裁决作出之前、危险境地发生之后（如解除或无效审判），可能会有一个更灵活的规则来确定禁令是否适用——例如，通过论证过早的终止不会引起损害以创设一个关于检控能够克服这一情况的最终推定。[③]基于损害的解释有可能与“持续危险”的观点相一致，例如，有可能会考虑在无罪释放裁定终局前允许检察上诉。[④]

另外，双重危险禁令中一个易受侵害影响的解释可能会拒绝把以欺骗方式获得无罪释放的被告列入考虑范围。[⑤]这项规则有可能适用于像伊格内托这样对破坏法律强制力作出不当行为的被告——以这些行为本身就相当于是刑事犯罪的方式，如妨碍司法公正、篡改证据以及作伪证等一些他最终被定罪的罪行。这是在他第一次庭审中阻止了有效检控的关键。

当然，时刻注意以及防范操纵检控起诉的可能性是十分有必要的，否则它将趋向于引起整体失衡并且扭曲结果，致使应得刑罚难以实现。然而，这些担忧并不一定能证明扩张“双重危险条款”解释的合理性，因为它们也可以通过“正当程序条款”下的逐案审查来解决。[⑥]

---

① 由于双重危险与基于适当刑罚的结果最大化之间的紧张关系涉及多重起诉禁令而不是多重惩罚禁令，这个问题更多地涉及条款中“处于危险之中”的含义，而不是“同一罪行”的含义。即使如此，司法解释关于“同一罪行”的范围也是高度相关的，因为它决定了“双重危险条款”最初会在何时发挥作用。Cf. Anne Bowen Poulin, *Double Jeopardy Protection from Successive Prosecution: A Proposed Approach*, 92 Geo. L.J. 1183(2004).

② 所谓的“危险”目前会在陪审团审判中陪审团被选定并宣誓就职时以及在法官审判中第一位证人宣誓时产生。See *Crist v. Bretz*, 437 U.S. 28, 38(1978)（陪审团判决）；*Finch v. United States*, 433 U.S. 676(1977)（法官审判）；cf. *Goolsby v. Hutto*, 691 F.2d 199 (4th Cir. 1982).

③ 对当前“双重危险条款”下允许误判之后重新起诉之规则的讨论，请参阅 LaFave 等人，supra n.44, at §25.2。关于解除的规则，参见同上§§25.2(f), 25.3(a), (d)。

④ See *Kepner v. United States*, 195 U.S. 100, 134(1904)(Holmes, J., dissenting); Akhil Reed Amar, *Double Jeopardy Law Made Simple*, 106Yale L.J. 1807, 1842—1846 (1997).

⑤ Cf. *Aleman v. Judges of the Circuit Court*, 138 F.3d 302(7th Cir. 1998) Anne Bowen Poulin, *Double Jeopardy and Judicial Accountability: When Is an Acquittal Not an Acquittal*, 27 Ariz. St. L.J. 953, 988—991(1995). See generally David S. Rudstein, Double Jeopardy and the Fraudulently Obtained Acquittal, 60 Mo. L. Rev. 607(1995).

⑥ See Amar, supra n.75, at 1846—1848. Idem at 1847.

有趣的是，英国政府最近限缩了双重危险禁令的范围，当然，这并不是宪法规则，因为英国没有宪法。①这条新的英国法规适用于规定的“适格犯罪”，②如谋杀、误杀、绑架、性犯罪、纵火和某些毒品犯罪，③并且在公诉机关主管人同意某个检察官申请重审令且上诉法院授权批准的情况下，允许在无罪释放判决后进行重新审理。④只有在针对被告人出现“新的、强有力的证据”的情况下、重审“符合公共利益”的情况下以及重审不会违反英国任何条约义务的情况下，主管人才会同意该申请。⑤上诉法院如果信纳“存在新的和令人信服的证据”，并且“该证据在所有情况下都符合维护秩序的正义”，则上诉法院必须准予申请。⑥就后一项要求而言，相关注意事项包括公平审判的可能性、自一审以来的时间经过、新证据可能在第一次审判中已被呈递但检控机关存在过错可能性以及其他任何证明检察机关失于“勤勉尽职或考察行为”的证据。⑦通常根据英国法律，这种改变溯及既往，允许对那些在变更前被无罪释放的人进行第二次起诉。⑧

其他一些国家也在考虑此种变革。例如，在新西兰，法律委员会已经提出了禁止最高刑罚超过十四年的罪行的例外。⑨再审的前提是被赦免者因“司法行政”的过错（例如伪证、制造证据或是贿赂证人）获得无罪释放而且被赦免者后来又被判定犯有这种行政罪行。⑩在所要求的其他资格条件，如考虑事件经过及“正义利益”，与英国相似的情况下，新西兰高等法院有权在此类案件中下令第二次审判。⑪刑事诉讼法案，包括拟议的修改案以及更改陪审团基于

① See Criminal Justice Act 2003, part 10: Retrial for Serious Offences, available online at http://www.legislation.hmso.gov.uk/acts/acts2003/20030044.htm; see also Robert L.Weinberg, Try, Try Again: If at First They Don't Succeed, Criminal Prosecutions in England Now Get a Second Chance, Legal Times, Feb. 16, 2004, at 52; *Delivering Justice for All—Criminal Justice Bill Receives Royal Assent*, M2 Presswire, Nov. 21, 2003.

② See Criminal Justice Act 2003, supra n.78, at §75(8).

③ See idem at sch.5 pt.1(犯罪列表).

④ See idem at §§76, 77(1).

⑤ See idem at §§76(4), 78(1).

⑥ Idem at §§77(1), 78(1), 79(1).

⑦ Idem at §79(2).

⑧ See Clare Dyer, *Police Have a Hit List*, *Says Former Law Lord*, Guardian(London), Jan.6, 2004, at 17.

⑨ See Law Commission, Report 70: *Acquittal following Perversion of the Course of Justice* 16(2001), available online at http://www.lawcom.govt.nz.

⑩ See idem.

⑪ See idem at 16—18.

11—1 投票方式经全体一致即可定罪规则的提案，于 2004 年 6 月 22 日被提交至议会，目前仍悬而未决。①

我们之所以讨论以上对美国规则的替代解释，以及提出英国和新西兰的规则变更，主要有两个原因。首先，它们表明了人们目前对刑事刑罚制度结果之公平正义的关切是真实且重大的。但其次，同样重要的是，它们也表明了十分重要的一点——对于体制未能在具体案件中实现正义的情况，世俗大众的反应和政治上的反应往往存在过激的风险，会以一种在另一方向下可能错误的粗糙规则来取代某种方向下错误的规则。我们在这本书中讨论的情况正是可能并且必然会导致民众激愤和政治措施的这一种。然而，认识到由这些案件所提供的对于问题的解决办法很少会是明显或简单的这一点至关重要。否则这样的假设就是忽略追求正义本身的困难，更不用说我们在本书中讨论的其他系统性目标，而且这样做是置刑罚于持续危险当中。

第七节　伊格内托案后续

虽然新发现的照片中没有显示他的脸，但他的身体和手表上的标记“毫无疑问”鉴定了照片里的人就是梅尔·伊格内托(Mel Ignatow)。伊格内托继而被捕并被法庭命令未着衣饰拍摄照片。

联邦大陪审团指控伊格内托犯伪证罪，诱使玛丽·安·肖尔作伪证并对联邦调查局负责调查谢菲尔消失案的探员撒谎。起诉书指控伊格内托对联邦大陪审团说谎，他声称自己对谢菲尔的订婚戒指一无所知，最后一次看到谢菲尔是 1988 年 9 月 24 日，是在谢菲尔开车将他送回家时，自己与谢菲尔的死亡毫无关系。

得知自己正受到宪法权利法案的双重危险条款的保护，伊格内托承认了对布伦达·谢菲尔的谋杀罪，并对伪证罪的指控认罪。1992 年 11 月 13 日，伊格内托被判于联邦监狱监禁八年零一个月，并且没有获得假释的资格。然而，他因良好表现为自己争取了一年的减罚，并且因其在等待审判期间于监狱中

① See Diana McCurdy, *Verdict of Public Hits the Courts*, New Zealand Herald, June 26, 2004, at B8; Lesley Deverall, *Changes to the Law to Allow for Majority Verdicts in Court and Changing the Double Jeopardy Rules Have Been Introduced into Parliament*; *Majority Verdicts Bill Introduced*, IRN News, June 23, 2004. To our knowledge, the law remains pending. See New Law to Tackle Threats to Juries, New Zealand Herald, Apr. 17, 2005.

度过的时间而获得了两年的信誉度(credit)。五年后,伊格内托于1997年的万圣节被释放。

2001年,伊格内托再次被指控犯有伪证罪,这次是因为他在另一次审讯——斯伯丁博士审讯期间的证词,斯伯丁在谢菲尔失踪后威胁了伊格内托,并被判犯有"恐怖威胁"罪。伊格内托被定罪并被判处九年狱中监禁。按计划他将于2007年8月被释放。①

第八节　无行为能力

另一个促进公平但可能损害刑罚的规则是无行为能力辩护。如果被告人无法理解针对他的诉讼程序的性质或无法充分协助律师准备辩护,这种无行为能力将会阻却审判。②即使在审判之后,无行为能力也有可能阻碍定罪、判刑或执行刑罚。③尽管这些阻碍审判的无行为能力原因与其他阻碍审判的原因不同(例如,它们不会影响被告参与他自己的辩护),几个司法管辖区提出了一个单独的可能在诉讼过程中任何时候被援引阻碍进一步的诉讼的无行为能力辩护。④辩护并不会呈现出对刑事制裁强制性的完全阻碍。根据某些限制,被认定为无能力接受审判的人有可能被允许进入精神病院,直到被告已经有足够的能力进行诉讼。⑤

所谓的"能力"要求需要以下几个基础。首先,它部分来自正当程序概念,即起诉一个不知晓诉讼性质的或是无意义地参与诉讼的被告人是不公平的。⑥公平审判的权利、被告以自己的名义作证的权利以及面对证人质证的权利都提出了对能力的要求。⑦第六修正案对律师协助的担保也支持了这一要求,如

① 关于伊格内托自述事实的来源,see supra n.67。

② See authorities collected at Paul H. Robinson, 2 Criminal Law Defenses §208(b)(West 1984 & 2004 supp.).

③ See idem at §§208(e), (f).

④ See, e.g., Ariz. R. Crim. P. 11.1; Idaho Code §18—210; N.C. Gen. Stat. §15A.

⑤ 根据最高法院对杰克逊诉印第安纳州(406 U.S. 715(1972))一案的判决,这种直至其具备能力的监禁不会成为事实上的终身监禁;杰克逊案的法庭认为被告人只能在"合理的时间"内被监禁,以确定他是否能在"可预见的未来"恢复能力。Idem at 738.如果在合理时间之后,被告有可能恢复,法院则认为,持续性监禁只有通过"针对这一目标的演变"才能合法化。Idem.如果他不可能恢复,则必须解除对他的指控。解除指控后的监禁只有在满足通常的民事监禁标准的情况下才能合法化。

⑥ See *Drope v. Missouri*, 420 U.S. 162(1975); Pate v. Robinson, 383 U.S. 375(1966); Youtsey v. United States, 97 F. 937, 941(6th Cir. 1899).

⑦ See generally Wayne R. LaFave, 1 Substantive Criminal Law §4.4(a) at 568(2d ed., West 2003).

果被告无法就充分辩护所必需的事项与律师进行沟通、理解和通知，律师的权利也将失去意义。

相关辩护就是对于维持刑事诉讼尊严的需要。①因为行为能力要求之下的基本原理包括了除被告个人权利以外的其他关切问题，被告也许不能放弃有能力受审的权利。此外，如果被告无能力受审，也就意味着其可能也没有足够的能力放弃这项权利。②

行为能力要求也部分取决于要确保刑事诉讼中准确性和可靠性的需要。在被告无法参与辩护准备的情况下，存在不准确结果的风险就会增加。③这一潜在的不安全问题，毕竟扎根于实现正当刑罚的愿望中，因此要求在作出限制辩护范围的决定之前须得谨慎行事。然而，这一关切问题显然并不是唯一的，因为即使有无可辩驳的物证来证明有罪，无行为能力的辩护也会对刑罚产生阻碍。事实上，因为许多国家（遵循旧的普通法规则的国家）禁止对无能力被告进行判刑，所以即使被告提出完全辩护并且在判决作出之后变成无行为能力人，无能力辩护仍然会存在。④

虽然在某种程度上，行为能力要求的存在是为了推进应得刑罚，⑤但完全禁止对所有无能力被告（及其可能产生的民事义务）的刑事诉讼可能会导致刑罚从两个方向都发生偏离。没有审判，无过错的罪犯可以被不当拘留，应被谴责的罪犯可以逃避他们应得的惩罚。

一系列的方法陆续被提出以设法避免无行为能力认定中应得刑罚的偏离。包括要求在对待被告和使其为审判做准备时有合理努力，⑥而且正如《模范刑法典》所建议的那样，允许被告“对审判前以及无被告人亲自参与时容易

---

① 参见上文。这种理由可能与排除规则的司法完整性理由具备某些相同的特征。参见上文 nn.2—3，19，30—33，和随附文本。而且，像这样的理由一样，它也涉及在管制视野中促进司法制度合法性的需求。See generally infra “Moral Credibility ‘versus’ Legitimacy: Evaluating the Tradeoffs”.

② See, e.g., Pate v. Robinson, 383 U.S. 375, 384(1966); Taylor v. United States, 282 F.2d 16, 23(8th Cir. 1960); Seidner v. United States, 260 F.2d 732, 734(D.C. Cir. 1958).

③ See 1 LaFave, supra n.96, at 568.

④ See 2 Robinson, supra n.91, § 208(f) nn.33, 35(collecting authorities); Sir Matthew Hale, 1 Historia Placitorum Coronae 35(George Wilson, ed., T. Payne 1778); William Blackstone, 4 Commentaries on the Law of England 396(Repub. 1854).

⑤ 关于在理论上与适当刑罚目标不一致的其他理由的讨论，参见 supra chapters 2—4。

⑥ See 1 LaFave, supra n.96, at 568.

受到公正裁定影响的检控提出任何法律异议”。[1]这些程序是明智的，因为在可行的情况下，他们为无能力辩护寻求界定，最大限度地发挥其协调公平目标与应得刑罚目标的冲突。

最后一项规则，诱捕辩护，因其与威慑警察而不是检察官的不当行为有关，而成为对宪法排除规则的回护。在此，犯罪者因为警察作用太积极（也许是“刺激”或类似行为）导致其犯罪而获得辩护。宪法没有规定这一辩护，但其根本目的和效力与第四和第五修正案的规则是相同的。

第九节　可卡因案

在其汽车制造业的职业生涯初期，约翰·扎卡里·德洛雷安（John Zachary DeLorean）被公认为是最棒的工程师。虽然有些人认为他性格粗暴古怪，但他似乎总是知道人们想要什么，并能够迅速地晋升到底特律的精英队伍中。但到20世纪70年代，尽管成功担任了通用汽车公司最年轻的部门经理之一，并随后担任庞蒂克汽车公司的负责人，德洛雷安对行政管理一直采取冲突的过激态度，对公司结构甚至是着装风格也一直有冲突（他倾向于连鬓胡子以及喇叭裤而不是蓝色套装）。人们说他已经“走进了好莱坞”，因为商务旅行让他接触到了新的社交圈，感受到了阳光明媚的加利福尼亚州的魅力。

到1973年，38岁的德洛雷安与他的第一任妻子离婚，继而再婚，然后与他的第二任妻子（20岁）离婚，并与他的第三任妻子，一个洛杉矶时装模特，克里斯蒂娜·费拉尔（Christina Ferrare）结婚。在第三次婚姻前几个月，他被要求从通用辞职。尽管他失去了65万美元的薪水，但由于他计划成立自己的公司，德洛雷安依然很兴奋。他告诉新闻界，他将制作一辆豪华轿车，这种轿车将更加节能，并且将具有比市场上任何其他汽车产品更多的安全功能，以及将会有从顶部开放的“鸥翼”式门。

当德洛雷安倡导各种慈善事业并且为支持民权发声时，他也疏远了许多从前曾与他并肩工作过的人，尤其是在金钱问题上。一位名叫彼得·艾维雷亚（Peter Avrea）的发明家声称，德洛雷安因为未依受雇职权保护其应当保护的专利，而骗走了艾维雷亚数十万美元。威奇托市的一名汽车经销商声称德

---

① Model Penal Code §4.06(3).

洛雷安毁掉了他的汽车经销代理权，并偷走了他的鸥翼梅赛德斯 300SL 来作为“模型”。

以上这些都没能成为德洛雷安的烦恼。多年以来，他的梦想正在实现。1977 年，他成立了德洛雷安汽车公司并最终决定在北爱尔兰的邓莫利建立生产工厂，因为这个地方正迫切需要大量的工作机会，并引诱他将自己从英国政府贷款中获得的 1.131 亿美元的投资收益投放到了这里。像小萨米·戴维斯(Sammy Davis, Jr.)这样的美国投资者，将德洛雷安的新举措视作绝佳的避税方式，借此德洛雷安能够不花自己一分钱就使得公司开设了起来。

经过一些早期的设计问题后，第一款车型——DMC-12 终于从公司的新工厂出货。但是，德洛雷安从通用汽车引来的工程师和他从莲花汽车获得的新合作伙伴之间的技术冲突增加了时间和成本的限制，使得许多原计划的创新之处难以实施。冲突只是造成工厂面临的长期现金短缺其中之一的原因。德洛雷安将公司支出与私人采购相混合的倾向，如内华达州一家小型雪地摩托车公司和纽约办事处的艺术品，也不利于帮助这家正深受困扰的汽车公司。

虽然不锈钢汽车首次推出时销量不错，但豪华车市场逐渐放缓，公司里的一部分人逐渐开始关注一款定价 25 000 美元(高于保时捷和奔驰同类车)的单色、不可转换的双座汽车所面临的有限市场。这款汽车也有许多机械上的问题。德洛雷安汽车的官方发言人约翰尼·卡森(Johnny Carson)就曾在仅仅开了几英里之后遇到车辆故障的情况。紧急运来新部件之后，新部件也出现故障。在克利夫兰博物馆车展中有个人爬进了车里后发现车门无法打开，继而被困在车里数小时。

最终，1980 年，在超过 1.3 亿美元的原始投资之外又提供了 3 300 万美元的贷款后，英国政府明确表示到此为止——它将不会再向公司投入资金。不仅如此，1981 年 10 月，在一个失望的前员工将证明公司资金是如何被随意使用以及德洛雷安个人投资少于规定的几份公司备忘录和文件副本带出之后，英国首相撒切尔夫人下令对公司财务开展警方调查。该公司随后被英国评审人员清算，但之后汽车本身开始暴露更多的技术问题。11 月下旬，2 000 多辆已经上路的德洛雷安汽车不得不被召回以修复存在的问题。

到 1982 年 1 月，公司的财政状况陷入重重困境。在英国政府拒绝提供额外贷款后，德洛雷安授权解雇了公司的 2 600 名员工中近半数的人。政府启动了新的审查程序，以判断该公司是否能够生存下去。截至 2 月底，该公司进入接管状态，公司及其财务的全部控制权被指定金融家接管，这就相当于宣布破产了。德洛雷安在接受采访时试图扭转局面，他表示“对结果感到高兴”，解释说政府现在不得不处理债务问题。

最终，经过几个月对维持公司继续运转之路的努力寻找，英国政府在5月宣布工厂将在月底之前关闭。不过几个小时之后，德洛雷安就宣布他拥有了新靠山，他们将提供3 700万美元给他以维持工厂运营。他并没有透露资金来源，但告知了该靠山是“一个个人和一家银行”。他周围那些之前听到过这种来自未知资源资金提供的模糊承诺的人，都表示非常怀疑。

到了6月，德洛雷安再也没有了想法，但之后他想到了与前邻居詹姆斯·蒂莫西·霍夫曼(James Timothy Hoffman)曾经的对话。霍夫曼和德洛雷安是通过他们的儿子熟识的，并且曾非常笼统地讨论过各自的商业问题。当德洛雷安多年来在商业世界创出自己名堂的同时，霍夫曼也在药物贸易和处理可卡因方面取得了成功。霍夫曼早先曾打电话给德洛雷安吸引他对投资毒品交易的兴趣。(德洛雷安情况未知，但霍夫曼确实打过电话，因为他在1981年被联邦调查局逮捕，并同意帮助他们找到其他参与毒品交易的人以减少刑罚。意识到在探员面前保持可用价值的重要性，霍夫曼总是在寻找可以转交给政府的人。)

当德洛雷安在6月给霍夫曼回电话时，对话变得更具体了。霍夫曼在打电话时提到他已经通过从哥伦比亚和泰国偷运毒品赚了不少钱。两人约定7月11日在加州纽波特海滩万豪酒店会面，进一步讨论相关事项。在这次会面时，德洛雷安提出了毒品交易的想法。

7月13日，在众多录音电话的第一通中，德洛雷安向霍夫曼解释说他的公司有4 000万美元的汽车，但没有现金，所以他想继续他们曾讨论的那个话题。会面期间，联邦调查局隐藏在桌子下方的摄像机记录了德洛雷安含糊的声音，这个声音解释说他的税务人员可以重造过去的记录，使一切看上去都是合法的。如所解释的交易那样，可卡因的利润可以通过加利福尼亚州圣卡洛斯的尤里卡联邦储蓄机构来输送，使其看上去合法。德洛雷安稍微放心了一些，并解释说他不太在乎钱来自哪里——可能来自毒品、有组织的犯罪或任何其他来源，只要这笔钱最终能通过公认的金融机构到达他手里。

9月4日，德洛雷安在华盛顿特区与霍夫曼会面。德洛雷安不知道的是，这次会面被录像了。德洛雷安同意提供180万美元资助一项毒品交易，以筹集4 000万美元来挽救他的公司。霍夫曼向他保证不会轻易地让他与交易产生关联。霍夫曼警告德洛雷安，让他最好不要现在同意，以后又要在没有充分理由的情况下退出。他遵循着提示单提出他不希望德洛雷安参与到一些令他不快的事情当中去，否则这个汽车制造商可以随时撤出。霍夫曼说："我不会发疯，我不会受伤，我什么都不会做。如果你能在别的地方找到钱，就再好不过了，我会让你那样做。"但是，德洛雷安心意已决。他解释说，他很感激霍夫曼给了他离开的选择，但是，"我想继续下去"。①

9 月 8 日，德洛雷安前往加利福尼亚州的圣卡洛斯，与毒品交易商的非法银行家"詹姆斯·本尼迪克特"(James Benedict)交谈，实际上这个"詹姆斯·本尼迪克特"是联邦调查局探员本尼迪克特·蒂萨(Benedict Tisa)。这位银行家制定了一个计划，将一个"在携带可卡因上非常成功"的人接纳进来。②这个人是指威廉·赫特里克(William Hetrick)，一名 50 岁的飞行员，曾被报道运送毒品，且其生活方式明显超出了一个没有客户的飞行服务操作员所能达到的范围。联邦调查局认为他是加利福尼亚南部主要的可卡因贩运者之一，但未能抓住他走私。

德洛雷安和霍夫曼在金沙酒店举行会面讨论细节，德洛雷安也与赫特里克会谈；9 月 28 日，他们再次在华盛顿特区的博纳文图酒店见面。德洛雷安被介绍给一个蓄胡子的黑手党主要人物"维琴察先生"(Mr. Vicenza)，这个人实际上是缉毒局(DEA)探员约翰·瓦列斯特拉(John Valestra)。当他们午餐时，卧底代理商与德洛雷安就回报率进行了讨论，估计道"从特定的可卡因买卖"③中，他可以在四十八小时内获得 1 000 万美元。

为了达成协议，德洛雷安建议给维琴察 50%的德洛雷安汽车工业股份作为抵押，然后让黑手党人用自己的钱购买可卡因。在 9 月 29 日的一封信中，他向维琴察签署了超过 500 股的德洛雷安汽车公司股票，并向本尼迪克特派发了 5 000 股股票。(根据后来的估算，这是他在公司的全部投票权股权。)从表中得知，德洛雷安致电了飞行员赫特里克，十分令人尴尬地说道："他们想要跟那些你持有的旧金山猴子继续交易。"④"猴子"以前被用作一公斤可卡因的

① Judith Cummings, *DeLorean Is Freed of Cocaine Charge by a Federal Jury*, N.Y. Times, Aug. 17, 1984.

② Judith Cummings, *DeLorean, in Tape, Tells of Lacking Drug Money*, N. Y. Times, Apr. 21, 1984.

③ Jay Mathews, *The Trials of John DeLorean*, Wash. Post, Mar. 4, 1984.

④ Judith Cummings, *Drug Trial of DeLorean Brings Out Actions Embarrassing to Both Sides*, N.Y. Times, July 12, 1984.

代码。他们最终决定会面。

在10月18日周一，赫特里克及其助理史蒂芬·阿林顿(Steven Arrington)抵达洛杉矶机场，携带着超过六十磅、价值约2 400万美元的可卡因。他们当即被捕。与此同时，霍夫曼打电话给德洛雷安告知可卡因已经到达，德洛雷安准备好了第二天早上飞往洛杉矶。

10月19日上午，英国政府宣布将永久关闭北爱尔兰的德洛雷安工厂。同一天早上，德洛雷安飞往洛杉矶完成了部分毒品交易。(他和英国政府都不知道，与此同时一位合法的银行家一直在拼命地打电话给德洛雷安办公室。她仅仅需要德洛雷安的签名就能确定一笔挽救公司的贷款，那时她被告知德洛雷安正在前往洛杉矶。)

在洛杉矶，德洛雷安去了机场的金沙酒店。他的房间里有接通的线路和摄像机正在运行。当德洛雷安进入房间时，他看到了一个打开的装有可卡因的手提箱，并探身检查。手提箱里大概有五十五磅可卡因。在1982年，一公斤(2.2磅)以零售价5—6万美元卖给经销商，然后以零售价高达40万美元的水平销售。德洛雷安拿起一个公斤袋，说它比黄金更好。“正是时候。”他微笑着。一杯杯香槟被传递着，德洛雷安为“每个人的巨大成功”而祝酒。

敲门声打断了庆祝活动。探员杰瑞·威斯特(Jerry West)进入房间。“我是联邦调查局，你们因违反麻醉毒品法而被捕。”

当英国政府因逮捕消息受到影响时——事实上德洛雷安汽车公司欠债务人的债务已超过7 000万美元——德洛雷安也被关在监狱里一整夜。逮捕的新闻震惊了整个国家；甚至是在世界大赛期间被宣布。他的投资者被震惊了，许多人意识到他们被毁了。周三上午，联邦调查局向德洛雷安递交了一份宣誓书，补充了他出钱计划从泰国进口海洛因一事。他对所有九项毒品违法行为表示拒绝认罪。保释金最初是500万美元，在检察官重新评估其逃跑潜在性之后，保释金额度被提高到1 000万美元。

德洛雷安无法提供释放所需的500万美元的保释金现金，并在码头岛联邦监狱里待了十天。他聘用了沃伦委员会律师约瑟夫·鲍尔(Joseph Ball)，一个因幕后谈判方面颇有技巧而享誉的律师，以及霍华德·威茨曼(Howard Weitzman)，一个已经成功代理过黑手党人物查尔斯·曼森及其家庭成员案件的律师。威茨曼最终领衔辩护团队。德洛雷安签字以他名下一栋房屋来支付律师费用。

德洛雷安汽车公司申请了破产，后来被出售给统一国际公司（Consolidated International Inc.），该公司承担了约 870 万美元的债务。美国国税局扩大了对德洛雷安可能的税务欺诈的调查。截至 8 月，132 位奥本海默（Oppenheimer）投资者也向德洛雷安和奥本海默提起诉讼，认为他们非法挪用了用于研发的 1 870 万美元。

在监禁九个月后，1983 年 6 月 13 日，威廉·赫特里克转而认罪并同意针对德洛雷安作证。两周后，虽然没有同意作证，第三被告阿林顿也认罪。德洛雷安被独自留在监狱里承受监禁。

审判从 1 月 7 日起始日向后延长了三个月，并在 4 月和 6 月再次延期。甚至在审判开始之前，两本关于德洛雷安个人生活的书籍还被出版了。10 月，当 CBS 新闻获得了德洛雷安毒品被捕案录像带的副本并在周日晚间新闻播出后，关于该案件的公众关注达到了全新水平。全国都看到了德洛雷安高兴地检查可卡因，然后被警察戴上手铐的场面。

3 月 5 日，陪审团筛选终于开始了。潜在的陪审员们填写了长达四十页的问卷，并单独接受了会见采访。许多人都密切关注着审判。每天早上，德洛雷安与他的妻子克里斯蒂娜一起乘坐他的主代理律师的梅赛德斯轿车到达法院。法律专家不断推测德洛雷安的这位时装模特妻子每天在通过着装传递怎样的信息，记者们会每天更新报道她的行头。每天离开法庭时，德洛雷安经常受到祝福者的问候。成群的青少年试图获得他的亲笔签名。

在审判当中，德洛雷安的辩护专注于诱捕的控诉主张，他声称他的犯罪行为是由霍夫曼和政府其他探员引起的。举证结束后，法官驳回了九项陈述中的一项，并将二十项诉讼（法令）中的两项撤销，本质指控仍保持相同，但这给辩护方传递了令人鼓舞的讯息。

1984 年 8 月 16 日，经过二十九小时的审议（期间因不相干的炸弹威胁有所中断），基于德洛雷安提出的诱捕控诉，陪审团宣布对其所有的指控不成立。在与法官和陪审团进行了不寻常的两小时会议后，德洛雷安向新闻界致意，并宣称“作为基督徒，我不抱敌意，也没有怨恨”。[①]

第二年——尽管仍然涉嫌挪用资金和面临着大量来自 DMC 债权人和其他人，包括他雇用了却未支付酬金的律师的民事控诉，德洛雷安继续着他的新

① Cummings, supra n.104.

书巡回会来宣传自传，并且宣布了制造全新的、高速的、奢华汽车的计划。①

第十节 诱捕

对诱捕的辩护允许当事人控诉，虽然他确实实施了犯罪，但该种行为是因为他受到警察（或警察的探员）鼓动才这样做的。例如，约翰·德洛雷安能够成功申诉他被“诬陷”进行了一项毒品交易，如果执法当局没有引诱他这样做，

① 德洛雷安案件的事实来自 Associated Press v. U.S. District Ct., 705 F.2d 1143(9th Cir. 1983); Ivan Fallon & James Srodes, *Dream Maker: The Rise and Fall of John Z. DeLorean* 24(Smithmark 1983); *DeLorean Arrest Jars Britons*, N.Y. Times, Oct. 22, 1982; *DeLorean Reportedly Stumbled into Drug Probe*, UPI, Oct. 23, 1982; *DeLorean to Build Sports Cars in Belfast Instead of Puerto Rico*, Wash. Post, Aug. 8, 1978; *I.R.A. Denies DeLorean Ties*, N.Y. Times, Dec. 22, 1982; *Three Month Delay in DeLorean Trial*, UPI, Dec. 8, 1982; *Stung by John DeLorean*, N.Y. Times, Aug. 18, 1984, at sec. 1, 22; *Where John DeLorean Is Now*, *Daily Telegraph*, Apr. 22, 1995; Untitled, Wall St. J., Aug. 7, 1980; *Untitled*, N.Y.Times, May 11, 1973; AP, *British to Close Books on DeLorean*, Chicago Trib., Nov. 23, 1997; AP, *De-Lorean Plea for Aid Said to Bring Many Calls*, N.Y. Times, Nov. 9, 1984; AP, *Judge Names Examiner for DeLorean Motor*, N.Y. Times, Jan. 6, 1983; James Bates, *Company Town*, *L.A. Times*, Aug. 18, 1995.; Judith Cummings, *A Film about DeLorean Is Planned*, N. Y. Times, June 11, 1984; Judith Cummings, *A Reporter's Notebook: DeLorean: The Defendant as Celebrity*, N.Y. Times, May 8, 1984; Judith Cummings, *Agent Tells of Plan to Arrest DeLorean with Drug*, N.Y. Times, May 4, 1984; Judith Cummings, *Agent Tells of Report on DeLorean*, N.Y. Times, June 16, 1984; Judith Cummings, *Coast Judge Orders a Trial Delay of DeLorean in Drug Plot Charge*, N. Y. Times, Oct. 4, 1983; Judith Cummings, *DeLorean Automobile Executive Arrested in Drug Smuggling Case*, N.Y. Times, Oct. 20, 1982; Judith Cummings, *DeLorean Facing Drug Trial Alone*, *N. Y. Times*, June 25, 1983; Judith Cummings, *DeLorean Is Freed of Cocaine Charge by a Federal Jury*, N.Y. Times, Aug. 17, 1984; Judith Cummings, *DeLorean Granted Delay in His Trial*, N.Y. Times, June 24, 1983; Judith Cummings, *DeLorean, in Tape, Tells of Lacking Drug Money*, N.Y. Times, Apr. 21, 1984; Judith Cummings, *DeLorean Link with I.R.A. Not Confirmed or Disproved*, N.Y. Times, Dec. 22, 1982; Judith Cummings, *Drug Trial of DeLorean Brings Out Actions Embarrassing to Both Sides*, N.Y. Times, July 12, 1984; Judith Cummings, *First Candidates Interviewed for Jury to Hear Drug Trial of John DeLorean*, N.Y.Times, Mar. 14, 1984; Judith Cummings, *Flynt Arrested on Refusal to Yield Tapes of DeLorean to Court*, N.Y. Times, Nov. 2, 1983; Judith Cummings, *Jury in Drug Case Indicts DeLorean*, N.Y. Times, Oct. 30, 1982; Judith Cummings, *Man in the News: DeLorean Trial Judge*, N.Y. Times, June 28, 1984; Judith Cummings, *One of 8 DeLorean Drug Charges Dismissed, but Trial Goes On*, N.Y. Times, July 13, 1984; Judith Cummings, *Prosecution Rests in DeLorean Case*, N.Y. Times, July 11, 1984; Chuck Conconi, *Personalities*, *Wash. Post*, July 31, 1984; Charlotte Curtis, *Wife Says DeLorean Has Bids for Film Deal*, N.Y. Times, Nov. 5, 1982; James J. Doyle, *Attorneys Allege Break-ins in DeLorean Case*, （转下页）

他将永远不会犯罪。美国是世界上少数的几个认可诱捕辩护的国家之一。联邦政府及全部五十个州都允许诱捕辩护。①对于此类辩护成功率的估算各有不同。最近的一项涵盖六个州，涉及 400 名法官、检察官和辩护律师的调查发现，约有三分之一的辩护能够成功。②在另一项针对田纳西州法官、检察官和辩护律师的调查中发现，每一千个案例中此类辩护仅有少于一个会在庭审中获胜，尽管辩方律师声称它影响了 1.4%的案件最终结果（如同影响辩诉交易一样）。③

（接上页）UPI, July 15, 1983; James J. Doyle, *DeLorean Attorneys Accuse Federal Agent of Illegal Activity*, UPI, July 14, 1983; James J. Doyle, *DeLorean Gets Trial Postponement and New Trial Date*, UPI, June 23, 1983; Jonathan Friendly, *TV News Officials Tell Why They Showed DeLorean Tapes*, N.Y. Times, Oct. 25, 1983; Robin Gaby Fisher & Bev McCarron, *DeLorean Is Now Cruising beneath Radar*, Times-Picayune(New Orleans, La.), Dec. 17, 1995; Lloyd Grove, *Barbara Walters Gets First Interview after Acquittal*, Wash. Post, Aug. 17, 1984; Dan Jedlicka, *Ambitious DeLorean Planning a Come-Back*, Chicago Sun-Times, Oct. 3, 2000; Dan Jedlicka, *Lure and Lore of DeLorean: Flashy Looking Sports Car Never Lived Up to Its Billing*, Chicago Sun-Times, Jan. 5, 1997; William H. Jones, *DeLorean Acknowledges GM Book*, Wash. Post, Nov. 15, 1979; Ken Hoover, *A Trial of Images: Do the Secret Tapes Show the Real John DeLorean?*, Nat'l L.J., July 2, 1984; Robert Lindsey, *Cocaine Trafficking and Its Huge Profits Luring Middle Class*, N.Y. Times, Oct. 24, 1982; Robert Lindsey, *Path that Lead [sic] to DeLorean Began and Ended with Cases of Money*, N.Y. Times, Oct. 21, 1982; Jay Mathews, *DeLorean, Tales out of Court—Wife Reveals Movie Talk during Cocaine Deal Trial*, Wash. Post, June 2, 1984; Jay Mathews, *Letter from the Trial: Covering DeLorean, a Mogul, a Model, and Glittering Banalities*, Wash. Post, Apr. 22, 1984; Jay Mathews, *The Trials of John DeLorean*, Wash. Post, Mar. 4, 1984; Jay Mathews, *US Tape Law Said No Issue on DeLorean*, Wash. Post, Nov. 11, 1983; Jay Mathews, *Vindicated: DeLorean Hopes to Resume Old Life*, Wash. Post, Aug. 16, 1984; Craig Pittman, *Couple Sentenced to Probation in DeLorean Movie Fraud*, St. Petersburg Times, Apr. 12, 1997; Craig Pittman, *DeLorean and a Broker Sued by Investors*, N.Y. Times, Aug. 25, 1983; Steven Rattner, Aid Halted, DeLorean Idles 1,100, N.Y. Times, Jan. 30, 1982; Steven Rattner, *Receivership Declared at DeLorean*, N.Y. Times, Feb. 20, 1982; H. G. Reza, *Lawyer Granted DeLorean Land for Defense Fee*, L.A. Times, Mar. 29, 1986; Reuters, 1,715 *Luxury Autos Recalled to Correct Potential Hazard*, N.Y. Times, Nov. 27, 1981; Reuters, *Around the Nation: Flynt Delivers Fine in Overstuffed Suitcases*, N.Y. Times, Nov. 17, 1983; Reuters, *DeLorean Is Cleared*, N.Y. Times, Oct. 13, 1981; Peter J. Schuyten, Untitled, N.Y. Times, Nov. 9, 1979; Jeremy Smith, *An Automobile with a History Attached: The DeLorean DMC-12*, Marion Online, at http://www.cityofmarion.net/features/DMC.php.

① See Erich Weyand, Comment, *Entrapment: From Sorrells to Jacobson—The Development Continues*, 20 Ohio N.U. L. Rev. 293(1993).

② See Valdes, supra n. 16, at 1715—1716.

③ See Cohen et al., supra n.70, at 960, 963—64.法官和检察官对于非审判结果的影响较小。见前文。田纳西州采用诱捕辩护的主动标准。Tenn. Code Ann. § 29-11-505.

在美国境内，司法管辖区对于如何规定此类辩护意见不一。[1]这种不同意见关切的是此类辩护应该多大程度集中于警方行为，又应该多大程度集中于警方行为施加于被告的影响上。客观规定明确将此类辩护定义为解决和设法防止不恰当的警方行为。例如，根据犹他州法规，非法诱捕在警方“创设一种在某人未准备实施某种犯罪的情况下使其犯该种罪的实际风险”时即告成立。[2]此种辩护并不要求被告人“并未准备实施该种犯罪”。如果警方实施了可能引起“某人本未准备实施”的犯罪，则不论被告人的倾向，即可适用诱捕辩护。[3]根据这一定义，德洛雷安案中的关键问题就是：警方对德洛雷安的“刺激”行为是否客观上不适当？此类辩护的概念与适当刑罚并无关系，因为它更侧重于被告不能控的警方行为的适当性，而不是被告所犯罪行的应谴责性。即使是在警方不参与的情况下犯下某一罪行的某个应被追责的罪犯，也可以根据这一客观规定获得辩护机会。

另一方面，主观标准似乎使辩护与适当刑罚产生更多关联，这种关联主要集中在诱捕行为对个人行为者自由选择的实际影响上。例如，特拉华州的法规只有在被告被“诱使”犯有他（被告）“本不会实施”犯罪的情况下才允许进行诱捕辩护。根据这个标准，此类辩护是“因为官员的不法行为致使犯罪想法的产生，然后引诱另一个人[实施犯罪]，而另一个人本不会这样做”的情况下才会产生。[4]在主观标准之下，被告人实施犯罪的主观倾向是至关重要的（该倾向的证据并不一定限于被告在诱捕之前的行为）。[5]这样一种主观的标准会问：是否是警察的行为诱使德洛雷安实施了他本不会实施的犯罪呢？

美国最高法院一些定义联邦诱捕辩护（不存在联邦诱捕法）的案例显示，主客观标准之间存在竞争。在索雷尔斯（Sorrells）诉美国一案中，[6]法院采取

---

① See 2 Robinson, supra n.91, §209(a), (b) n.1(collecting authorities).

② Utah Code Ann. §76-2-303.

③ See, e.g., *State v. Taylor*, 599 P.2d 496(Utah 1979).“示范刑法典”也采用同样客观的标准。它将非法诱捕定义为“创造出一种该犯罪将由除准备实施的人以外的人员实施的重大风险”的行为。Model Penal Code §2.13(1)(b).对于被告必须实际上是“除那些准备实施的人之外”的群体的一员这一点并不是必须要求。法典也只要求被告的罪行为对警方的行为“作出回应”。Model Penal Code §2.13(2).像犹他州一样，法典甚至没有要求被告人被警方“诱导”。

④ Del. Code Ann. tit. 11, §432.

⑤ 将哈里森案与雅各布森案作比较，Harrison v. State, 442 A.2d 1377, 1379—1380 (Del. 1982), with Jacobson v. United States, 503 U.S. 540(1992)。

⑥ U.S. 435, 442(1932).

了主观标准：亦即诱捕辩护旨在防止对主观上不具备犯罪倾向但却被引诱实施犯罪的“本应无辜”之人的定罪。一长串的案例都对此类辩护的这一特征提供了支持。①

但自罗伯茨(Roberts)法官在索雷尔斯案中支持这一标准开始，支持和异议的大致相同见证了，诱捕辩护是植根于司法程序廉正性不得被警方引诱服罪的不当行为所玷污这一观念当中的。基于这一合理理由，被告的倾向是无关紧要的；唯一相关的问题是警察逾越恰当行为边界的程度。②

权力机关也存在着独立于诱捕辩护的正当程序辩护。③这种植根于“宪法”的辩护，本质上是客观标准的一种更为苛刻的版本；它只有在警察实施侵犯“基本公平之规定并使得普遍正义感震惊”之行为的情况下才起作用。④基于相关州宪法中的正当程序条款，有几个州在适用正当程序辩护时采取了比联邦辩护更宽泛的态度。⑤

区分客观和主观规定是十分重要的，但更仔细的审查显示，这并不是一种与适当刑罚有关的区别，因为虽然主观标准可能显得像是一种与适当刑罚有关的借口，类似于胁迫中因被强迫犯罪而为被告开脱，⑥但这样的类型化是毫无根据的。⑦当强迫被告犯罪的压力过于强大，使得他不能就其造成的犯罪行为被公正地认定为有罪时，胁迫辩护才能够得以适用。诱捕中所谓的“诱发”要求在某种程度上与胁迫中的“强迫”要求是类似的。但胁迫辩护不会因行为人被强迫而被轻易适用，就像精神错乱辩护不会因行为人有某种精神疾病就

---

① See, e.g., *Hampton v. United States*, 425 U.S. 484, 489—490(1976)(plurality opinion by Rehnquist, J.).

② See Sorrells, 287 U.S. at 458(Roberts, J., concurring); *Sherman v. United States*, 356 U.S. 369, 380(1958)(Frankfurter, J., concurring); Hampton, 425 U.S. at 495(Brennan, J., dissenting).

③ See, e.g., *United States v. Twigg*, 588 F.2d 373(3d Cir. 1978); cf. Hampton, 425 U.S. at 491(Powell, J., concurring). But *cf. United States v. Russell*, 411 U.S. 423(1976).

④ Russell, 411 U.S. at 432(quoting *Kinsella v. United States ex rel. Singleton*, 361 U.S. 234, 246(1960)).

⑤ See, e.g., *State v.Williams*, 623 So.2d 462(Fla. 1993), corrected reh'g denied, 18 Fla. L.Weekly 5491(Fla. 1993).

⑥ 这似乎是许多作者的假设。See, e.g., Jonathon C. Carlson, *The Act Requirement and the Foundations of the Entrapment Defense*, 73 Va. L. Rev. 1011, 1037(1987); Roger Park, *The Entrapment Controversy*, 60 Minn. L. Rev. 163(1976). But see, e.g., Anthony M. Dillof, *Unraveling Unlawful Entrapment*, 94 J. Crim. L. & Criminology 827(2004).

⑦ See Christopher Moore, Comment, *The Elusive Formulation of the Entrapment Defense*, 89Nw. U. L. Rev. 1151(1995); 2 Robinson, supra n.91, § 209(b) at 515—516.

被轻易适用。要有一个正当的理由，即罪犯的残疾足够严重，从而达到一个正常人对行为人避免这类犯罪行为不抱有合理期待的程度。[①]

然而，即使在主观标准中，诱捕辩护也无法确保只有在存在压倒性胁迫的情况下才能适用。在诱捕辩护中，犯罪分子所受引诱之程度的先决条件，戏剧性得比胁迫犯罪中免除理由所必需的强迫之程度的要求还要低。主观规定一般要求不多于行为人在不受官员引诱情况下不会实施犯罪的程度。例如，德洛雷安仅需要展示他在一个较少引诱的情境中本不会如此做，就可以获得辩护；他需要展示无论如何他是被强迫拿钱的，展示他是被引诱和鼓励这样做的。

此外，如果主观标准构成真正的理由，则没有理由将这种辩护限制在政府人员引诱的情况下，或是将其从私人公民类似诱惑的辩护中排除，就像诱捕辩护所为的一样。[②]显然，如果私人公民使用同等程度的引诱，诱使德洛雷安形成买卖毒品的计划——也即，如果霍夫曼仅仅是霍夫曼，而不是政府的探员——德洛雷安将不会有任何辩护。因此，即使采用主观标准，也最终必将使其合法性(或缺乏)从州行为人的犯罪行为或过度行为中偏离。无论在哪种标准下，诱捕辩护中真正重要的理由是威慑和不容反悔的非豁免利益：警方不当引诱的威慑以及避免允许政府引诱犯罪并起诉该等犯罪的明显不公。

因此，诱捕辩护的目的类似于我们在本章前面部分讨论过的排除规则的基础[③]——防止警察不端行为——尽管这一规则的影响在此种情况下更为严重。替代了仅仅是为了限制可能被提出来针对被告罪犯的证据的作用，诱捕辩护对刑事责任提供了绝对的阻碍。然而，尽管有几次确定排除规则是否真的能阻止执法滥用的尝试，这一关键的经验问题在很大程度上仍未涉及诱捕辩护。我们很清楚缺乏针对诱捕辩护的存在或是辩护规范的适用的实证研究，实际上降低了强制性的警方策略的频率或严重性。(与排除规则一样，尽管辩护方明显减少了一些不当行为的事后影响，但这并不一定表明它会改变警方的事前行为。)总而言之，没有实证能证明牺牲适当刑罚的成本通过任何相应的获益而得到了全部或部分的抵消。

我们将在第十章中讨论一个更好的做法——更有效而且不会有失正义刑

---

① See Paul H.Robinson, Criminal Law §9.1 at 487(Aspen L. & Bus. 1997); idem §9.4 at 531—532.

② See, e.g., *United States v. Perl*, 584 F.2d 1316, 1321(4th Cir. 1978).

③ See, e.g., Wayne R. LaFave & Jerold H. Israel, Criminal Procedure §5.2 at 418 (West 1984)(noting similarities); National Comm'n on Reform of Federal Criminal Laws, 1Working Papers 318(U.S. Gov't Printing Office 1970); cf. Dillof, supra n.124, at 860—862.

罚——那就是使用行政程序来制裁那些违反了限制警方和检方行为之法规的执法官员和行政人员。

第十一节　道德信誉与合法性:权衡评估

回归本章开始的主题——实质正义与程序公平的矛盾及其可能的解决方案——我们是否可以概括地讨论,这两个原则作为拥有值得遵守的规则和结果的权威,在影响系统声誉方面的相对重要性?法律依据公众认可的道德规范的实质表达来引导服从的能力(即法律的道德信誉),与其基于公众对法律程序公正的普遍看法而行为的能力(即法律的合法性),之间的关系是复杂的。通常情况下,"道德性与合法性相互促进"。①事实上,尽管程序规则在确定合法性时发挥着实质的和可能至关重要的作用,②但在某种程度上,合法性也植根于公众对法律中道德内容的实质性同意。③合法性——道德性关系也可能朝着相反的方向运作:立法机关可能会催生一些被控个体将内化和接受的规范。④

然而,两者之间是有冲突的时候的。⑤目前已有探究在引导守法情况下道德信誉与合法性之间相对强度的初步努力。⑥例如,一项研究发现,在作出实施刑罚的判决时,人们会倾向于优先考虑实质性刑罚;比如,当罪名清楚时,即使以丧失程序公平为代价,人们就会倾向寻求公正的结果。⑦其他事项也进一步

---

① Tyler & Darley, supra n.2, at 725.

② See sources cited supra n.2.

③ See, e.g., Tyler & Darley, supra n. 2, at 726.

④ See, e.g., Tyler & Darley, supra n.2, at 715; Paul H. Robinson & John M.Darley, *The Utility of Desert*, 91 Nw. U. L. Rev. 453, 471—474(1997); Martin L. Hoffman, *Moral Internalization: Current Theory and Research*, in 10 Advances in Experimental Social Psychology 85, 85—86(Leonard Berkowitz, ed., Academic 1977).

⑤ See Tyler & Darley, supra n.2, at 730—732.

⑥ 针对作为引导守法之方法的道德与合法性的相对优势和弱点的讨论。See Tyler & Darley, supra n.2, at 724—737.

⑦ See Linda J.Skitka & David A.Houston, *When Due Process Is of No Consequence: Moral Mandates and Presumed Defendant Guilt or Innocence*, 14 Soc. Just. Res. 305(2001). 琳达·斯卡特卡(Linda Skitka)的论述通常支持这样一种说法:当两者冲突时,人们优先于进行实质性刑罚多于程序公平。See, e.g., Linda J.Skitka, *Do the Means Always Justify the Ends or Do the Ends Sometimes Justify the Means? A Value Protection Model of Justice*, 28 Personality & Soc. Psychol. Bull. 588(2002); Linda J. Skitka & Elizabeth Mullen, *Understanding Judgments of Fairness in a Real-World Political Context: A Test of the Value Protection Model of Justice Reasoning*, 28 Personality & Soc. Psychol. Bull. 1419(2002); Linda J. Skitka & Elizabeth Mullen, *The Dark Side of Moral Conviction*, 2 *Analyses of Soc. Issues & Pub. Pol'y* 35(2002).

支持了道德信誉的重要性,①虽然也有一些成果表明了合法性的重大作用。②无论如何,目前我们在这个问题上拥有的信息很不完整。鉴于该制度维护和加强社会机构以及促进守法之信誉及合法性的重要性意识的不断提高,这一领域为进一步研究提出了一系列丰富而至关重要的问题。

我们讨论的这些程序规则可能有助于提高刑事司法制度中的公信力,以弥补偏离应得刑罚的道德败坏成本。③但在另一方面,如果规则不具备促进体制合法性以达到超过其侵犯应得刑罚的破坏性的"成本效用",那么他们必须在其他地方找到正当理由,或者他们应该通过替代的、非暴力的机制来更加恰当地获得提前利益。

对于被认定是在实质道德信誉和程序合法性之间具有重大声誉性的权衡事项来说,一个可能的选择是以更加灵活的、平衡每个案件相对成本的方式取代现有的强制性规定。④以加拿大为例,目前,加拿大在排除性规则上采用如下这种方法:

> 当法院断定,证据是以侵犯或剥夺本宪章保障的任何权利或自由的方式获得的,考虑到在所有情况下,在诉讼中承认此种证据将会使司法行政蒙羞,则建立在这种方式上的该证据应当被排除。⑤

---

① See works cited supra n.135; Tyler, supra n.3, at 59—60 & table 5.1; idem at 32—37; idem at 60; idem at 68; Harold G.Grasmick & Robert J.Bursik, Jr., *Conscience, Significant Others, and Rational Choice: Extending the Deterrence Model*, 24 L. & Soc'y Rev. 837, 853—854(1990); Harold G.Grasmick & Donald E.Green, *Legal Punishment, Social Disapproval and Internalization as Inhibitors of Illegal Behavior*, 71 J.Crim. L. & Criminology 325, 334(1980).

② See Tyler, supra n.3, at 63; Herbert C. Kelman & V. Lee Hamilton, *Crimes of Obedience: Toward a Social Psychology of Authority and Responsibility* 89(Yale 1989); idem at 16; David Beetham, *The Legitimation of Power* 4—5(Prometheus 1991); Mark C. Suchman, *Managing Legitimacy: Strategic and Institutional Approaches*, 20 Acad. Mgmt. Rev. 571, 579 & n.2(1995).

③ 这似乎比其他规则更适用于某些规则。例如,目前制定的第四修正案排除规则似乎在促进合法性方面做得并不好。See supra nn.33—34 and accompanying text.

④ See Harvey Wingo, *Rewriting Mapp and Miranda: A Preference for Due Process*, 31 U. Kan. L. Rev. 219(1983). Michael J. Daponde, *Comment, Discretion and the Fourth Amendment Exclusionary Rule: A New Suppression Doctrine Based on Judicial Integrity*, 30 McGeorge L. Rev. 1293, 1315—1319(1999).

⑤ See Canadian Charter of Rights and Freedoms § 24(2)(emphasis added); see also James Stribopoulos, *Lessons from the Pupil: A Canadian Solution to the American Exclusionary Rule Debate*, 22 B.C. Int'l & Comp. L. Rev. 77(1999).

美国法律协会的提前传讯程序典范法典提出了一种类似的方法。①

另一种选择可能是允许以实质感性来传达程序规则的内容，正如克里斯托弗·斯洛博金(Christopher Slobogin)和威廉·斯坦茨(William Stuntz)曾以不同的方式建议采用第四修正案那样。斯洛博金认为，控制搜查和抓捕规则应当关注公众对不同类型政府干预中相对"侵扰"的看法，以便官员的行为与人们对何种类型之侵扰可以接受的感觉相匹配。②斯坦茨认为第四修正案保护措施的范围应根据被调查的实质性犯罪行为的严重程度而有所不同，以便更大程度的侵扰在更严重的犯罪中能够被允许，这样，虽然不能消除，但却可以减少适当刑罚的偏离。③

总而言之，我们希望明确我们的观点是什么。我们不希望提出程序权利不重要的建议，也不希望提出程序权益比不上应得刑罚重要的建议。我们只求探索可能会减少两者之间紧张局势的方式，并希望不需要以牺牲任何一方为代价。的确，正如我们已经看到这些具体规则，如排除规则和快速审判权，现有的程序公平与应得刑罚之间的紧张关系往往是以违反程序、注重实体的方式解决的，如法院为避免规则对犯罪刑罚的阻却而限缩程序规则之范围的做法。

对实体与程序之间关系的仔细审视以及为实现此类权利而探索新对策的努力，也许将促进对于权利本身更加健全的理解，并且促使伴随着适当刑罚规则的实施而产生的侵扰趋势的减少——或至少使其具备理性和经验上合理的理由。

---

① See Model Code of Pre-Arraignment Procedure §290.2(4); see also Philip S. Coe, *The ALI Substantiality Test: A Flexible Approach to the Exclusionary Sanction*, 10 Ga. L. Rev. 1(1975).

② See generally Christopher Slobogin, *The World without a Fourth Amendment*, 39 UCLA L. Rev. 1(1991); Christopher Slobogin & Joseph E. *Schumacher*, *Rating the Intrusiveness of Law Enforcement Searches and Seizures*, 17 Law & Hum. Behav. 183(1993).

③ See William J. Stuntz, O. J. *Simpson*, *Bill Clinton*, *and the Transsubstantive Fourth Amendment*, 114 Harv. L. Rev. 842, 870(2001).

第八章
刑法之外的社会利益

本章所要讨论的是一些为了保护无关刑法目标的利益而背离正义标准的情形。有时候，刑事责任被强加在不应受刑罚的主体之上。举个例子，虽然公司是一个虚构的、感受不到道德耻辱或惩罚的存在，但我们事实上还是会对公司施加刑事处罚。此外，有些道德上中立，但恰好违反了某些具体政府法规的行为也被刑事定罪。例如下文中将讨论的林赛(Lindsey)在其许可证规定之外的区域进行野营的案件。在本章将提到的两类案件中，执法部门均在缺乏道德可责性的情况下施加了刑事处罚。然而，对公司定罪和将违规行为定罪都并非是为了保护刑法上的利益，而是作为强有力的杠杆来确保民事监管机构执行其权力并履行其使命。

在本章所要讨论的另一类案件中，则存在把刑法之外的政策利益用来阻止施加应有惩罚的情形。比如，为了防止境外对我国驻外外交官员的报复而对派遣至本国的外交官员赋予刑事豁免权；以及为了使国内官员自由地履行公务而赋予他们官方豁免权。即使对于某些罪责确凿的累犯，这些豁免同样可能被适用，例如下文将要讨论的曼纽尔・艾里(Manuel Ayree)案。

第一节 “罪恶”的野营

位于爱达荷州的斯内克河部分水域，东边被内兹佩尔塞国有森林环绕，西边则延伸入瓦洛厄—惠特曼国有森林。该区域包括地狱峡谷国家游乐区的一部分，以及联邦法律指定设立的野外景观河流水系的一部分。地狱峡谷与斯内克河为野外冒险提供了得天独厚的环境。

然而，出于环境保护与安全因素的考虑，当地的探险家并不能随心所欲地进入这一区域。由于水流湍急而危险，人们只能在特定的时间进行漂流。同样，准许人们进行野营的地点也被限制在指定区域内，在其他区域进行野营是被禁止的。原因其一是该地部分水域的水位能够在短时内快速涨落，容易威胁到人们的生命安全；其二则是为了限制人数，避免这一区域出现人满为患的情况。因此，国家林业局对野营地点与漂流时间实行许可制度。为了避免相撞，该水域船只的下水时间也是间隔开的。这样的规制在保障被许可进入者安全的同时，又使他们能纵情享受野外探险的乐趣。此外，林业局沿河设立了几处消防站以防控夏季此区域高发的森林火灾。在夏季，沙滩上生起的一簇小火苗可以迅速蔓延至整个森林。最后，林业局制定了一些规章来保持这一区域的自然风貌：在此区域活动的人员必须在活动后自行进行清洁，并用合适的容器装走产生的垃圾。然而，随着 1976 年的地狱峡谷娱乐区法案将高水位标志以下区域的管辖权赋予爱达荷州和俄勒冈州，这一联邦法规的实际地理管辖权变得十分有限。在这两个州管辖权范围内的区域进行野外活动不受联邦管辖的限制。

1977 年 7 月，本杰明·“斯科特”·林赛(Benjamin “Scott” Lindsey)刚满 20 岁，而他的哥哥汤姆·林赛(Tom Lindsey)已经 26 岁了。当时，汤姆是布朗利大坝矿区的卡车司机，而斯科特则还未从之前遭遇的机动车事故中完全恢复过来。汤姆在斯内克河上漂流过几次，他想让他的弟弟也体验一下这种刺激的活动。汤姆·林赛素来以反政府、反监管的态度而闻名。因此，汤姆和林业局之间的矛盾从未停息过。

尽管如此，汤姆这次一反常态地决定遵守联邦法规，并向俄勒冈中途城林业局申请了十次准入许可。此类许可证仅允许在上午 9 时之后划筏入水，而汤姆仍然觉得准入时间太晚了。另外，汤姆还是个钓鱼爱好者，钓鱼的最佳时机便是清晨。因此，汤姆在给林业局相关地区负责人留了便条解释情况与阐述计划之后，便与斯科特以及他们的六个伙伴在 7 时乘着橡皮筏下水了。

当天傍晚，汤姆一行人在绵羊山脚的急流旁扎了营。第二晚，他们则在格拉尼特山脚下的一处砾石滩扎营。(这片区域位于高水位线以下，因此属于爱达荷州的管辖范围。)一位户外工作人员注意到汤姆一伙人有使用煤气炉的举动，因此他上报了他们的违规生火行为。其他露营者也向林业局投诉汤姆他们的行为藐视准入制度。

接到投诉后，三位林业局执法人员麦克·莫克雷(Mike Merkley)、埃斯·巴顿(Ace Barton)与迪克·齐格勒(Dick Ziegler)决定拘留汤姆一伙。他们乘直升机至这一区域，并降落在汤姆的营地。执法人员拆除了营地，并将汤姆他们的东西全抛进了河中。最初执法人员试图逮捕他们，但在林赛两兄弟恐吓说要把麦克·莫克雷淹死之后，执法人员还是离开了。此后不久，莫克雷对林赛两兄弟提起诉讼，却没有提及其余的六个人。没过多久，汤姆就收到了废除其准入证的通知。

汤姆·林赛随即去往了中途城游憩中心，并向工作人员出示了地狱峡谷娱乐区法案中的规定——在高水位线以下进行野营活动不需准入许可。当时汤姆并没有立刻得到林业局的回应，但最终他却收到了一封信函，信中告知他被指控犯有违禁野营与违禁生火的重罪。

林赛兄弟拒绝出庭，随即便收到了法院的逮捕令。遭到起诉三个月后，当着4岁女儿的面，汤姆被从其拖车棚屋的厕所拖了出来。与汤姆同住在这一拖车棚中的领班和主管均目睹了这一逮捕过程，因此汤姆丢了他的工作。而斯科特·林赛则是在为之前车祸受的伤进行水浴治疗的时候遭到警察逮捕的。[①]

第二节　违规行为的刑事定罪

政府监管正表现出一种越来越令人不安的倾向——将那些社会道德不认为应当谴责的行为也定为犯罪。这一刑事定罪的趋势已导致了30万左右的联邦"罪"，[②]这一数字令人震惊。在这种趋势下，政府将那些仅仅导致官僚意义上不便的行为也进行定罪，这种扩张定罪已大大超出了犯罪的传统定义——法律禁止的不法行为。这种做法与我们在第六章中讨论的基于威慑的规则大同小异，同样常常为了劝阻所谓的不当或不良行为，而寻求远远超过罪犯应得刑罚的惩治。然而，监管犯罪有所不同的是，不仅是惩罚的程度，还是刑罚的强制执行——而不是一些民事制裁，例如罚款——都有值得商榷的地方，并且都不太符合基于应得刑罚而制定的刑事责任制度。

正如林赛案，许多联邦法规正被常规化地转化为联邦罪名，甚至是严重的

① 林赛案事实来源：United States v. Lindsey, 525 F.2d 5(9th Cir. 1979); telephone interview by June Y. Kim with Tom Lindsey(June 21, 2001)(notes on file with authors); telephone interview by June Y. Kim with Warren S. Derbidge(June 21, 2001)(notes on file with authors); telephone inter-view by June Y. Kim with Mike Merkley(June 21, 2001)(notes on file with authors)。

② See John C. Coffee, Jr., *Does "Unlawful" Mean "Criminal"? Reflections on the Disappearing Tort/Crime Distinction in American Law*, 71 B.U. L. Rev. 193, 216(1991)(hereinafter Coffee, *Does Unlawful Mean Criminal?*).

罪名，而其唯一的目的却是为监管者提供更强力的执法手段。但这种违规行为的定罪偏离了应得刑罚的目的，因为它惩罚了道德上中立和客观上微不足道的行为。正如本案中，汤姆·林赛仅仅因为提早两个小时下水和使用煤气炉受到了刑事处罚。①

但这种对于微不足道行为进行定罪与执行的行为本身却有着非常重大的影响。这种监管不仅削弱了刑法的道德力量，还可能对执法与诉讼造成潜在的溢出效应。有人可能会视检控自由裁量权为任何越权立法的灵丹妙药，但这种自由裁量权的滥用可能会加剧过当定罪的危害。林赛案表明，对于违规行为的定罪可能导致选择性执法。权力方似乎已将汤姆·林赛认定为闹事者，并且很可能在这一事件之前他们就已经有意将矛头对准了汤姆。无论如何，他们似乎带着超乎寻常的热情去寻求机会逮捕与起诉汤姆。但是无论林赛案的情况如何，对于违规行为的定罪通常依赖官员的自由裁量权，而这种对任何级别的自由裁量权的依赖往往只能导致选择性的、差别性的对待，这种情况是刑法应当反对而非提倡的。

除了将轻微违法过当地囊括进刑罚范畴外，对于违法行为的泛滥定罪也使结果与其初衷背道而驰。首先，若在缺乏道德可谴责性的情况下强加刑事责任，这种做法破坏了刑法的立法根基。②刑事处罚之所以存在是为了对那些民事责任不涉及的不道德行为进行谴责，但在道德中立的案件中采取刑事制裁，只会逐渐淡化刑事责任的谴责效应。

目前这种模糊刑事和民事界限的趋势非常令人不安，因为它并没有带来什么直接的好处。通过将这些违法行为定为刑事犯罪，实际上并未带来更严厉的制裁。对于大部分违规行为的定罪远不至于监禁。被定罪的违规行为大部分是轻罪，因此依法不太可能被判处长期的监禁。即使是这种违法行为中最为恶劣的，危及生命或财产的罪行，判处长期徒刑的可能性也不高。例如，在 2001 财政年度，1 410 名联邦案件被告的违法行为被认定为重罪，其中不到

---

① 林赛被指控在没有许可证的情况下(36C.F.R.261.52e)露营，以及在没有许可证的情况下生火(36 C.F.R. 261.52a)。这两项规定均来源于 16 U.S.C. §551，16 U.S.C. §472，7 U.S.C. §1011(f)，16 U.S.C. §1246(i)，16 U.S.C. §1133(c)—(d)(1)，16 U.S.C. §620(f)。对于这类行为的处罚为 500 美元以下的罚款或 6 个月的监禁，或两者兼而有之。

② See Paul H. Robinson & John M. Darley, *The Utility of Desert*, 91Nw. U. L. Rev. 453, 479—482(1997). But see Stuart P. Green, *Why It's a Crime to Tear the Tag Off a Mattress: Overcriminalization and the Moral Content of Regulatory Offenses*, 46 Emory L.J. 1533, 1613(1997)(claiming that "the moral content of regulatory offenses is far more complex and varied than previously recognized").

半数被判处监禁，而这些人所得刑期的中位数是 15 个月。在违反农业法、反垄断法、食品法、药品管制法或交通运输法的七十八个徒刑罪犯中，其中任何类别的刑期中位数均不超过 13.5 个月。更多的违规者只被判处缓刑或未受刑罚。许多受到惩罚的人被要求支付罚款或恢复原状，而这些惩罚更像是民事而非刑事处罚。①

第三节　林赛案后续

爱达荷州法院审判长雷·麦尼科尔斯(Ray McNichols)针对林赛的起诉，他认为联邦政府对州属财产没有管辖权。②

林业局提起了上诉，试图强制执行其在高水位线以下地区的规定。第九巡回上诉法院裁定，为了保护邻接联邦财产或通航水域，联邦政府有权管理非联邦土地上的行为。林业局职员对第九巡回法庭的判决感到满意，因为该决定使林业局有权执行其对斯内克河的规定。案件被发回地方法院，但检方律师并没有进一步追究。

汤姆·林赛多年来仍然持续遭到林业局职员的骚扰。他目前是一名独立的矿工和司钻，在 95 号州际公路附近的私人矿区工作。斯科特·林赛现在是一名木匠。

第四节　公司犯罪

与违规之罪一样，对公司施加刑事责任往往是合理的，因为它将民事制裁变得更加强有力。③有争议的是，对公司进行刑事起诉提供了民事诉讼无力提

① See Bureau of Justice Statistics, U.S. Dep't of Justice, *Sourcebook of Criminal Justice Statistics*, table 5.19(Kathleen Maguire & Ann L. Pastore, eds.)(Sentences Imposed in Cases Terminated in U.S. District Courts), available at http://www.albany.edu/sourcebook/pdf/t519.pdf(downloaded June 15, 2005).

② 距离露营事件发生一年后，麦克·默克利在匹兹堡登陆公司(Pittsburgh Landing)周围架设了监视摄像机，该地区是一个建于河上的漂流和皮划艇下水区。该地区还架设了昂贵的木制警示牌和许可箱。汤姆的一个朋友因没有许可证下水漂流被捕，再一次点燃了汤姆对林业局的怒火。汤姆砸坏了一个许可箱，并将许可箱扔到河里。汤姆因为破坏政府财产而被起诉，最初被判重罪，后降为轻罪缓刑，并罚款 250 美元。

③ 关于公司刑事责任问题的补充评论、利弊，see the works listed in Joseph F.C.DiMento, Gilbert Geis, & Julia M. Gelfand, *Corporate Criminal Liability: A Bibliography*, 28 W. St. U. L. Rev. 1(2000)。

供的威慑力:污名化刑事定罪。①支持者认为,很多民事过错不足以被定罪,因此,民事责任最多只能发出一个模糊的信号。②他们认为,只有刑事责任才能施加道德压力。

但这样的公司刑事责任似乎与应得刑罚不相称,尽管此处的理由不同于我们之前所讨论的偏离正义标准:将责任归咎于一个虚拟的、概念化的实体对实现应得刑罚并没有直观的意义。因为对非人类实体的定罪没有明确的道德意义,所以每次这样的定罪都会使刑法的区别特征和主要关注产生歧义:其重点是道德上的可责难性。试图以此来弥补那些个人可责罚性涵盖不到的方面,会侵蚀和破坏刑法最重要的根基。

有人可能会基于应得刑罚的理由支持公司犯罪这一说法,但是这样的理由同样站不住脚。最近一些名为"集体实体性"③的心理学理论和"多元主体理论"④的哲学学说表明,"故意"或其他类似的概念同样可以存在于单位机构之类的集体之上。因此,社会道德直觉可能不会认为将诸如公司这样的组织认定为责任主体是不融贯的或不正当的。我们认为这项工作非常有意思,也具有很好的前景。如果进一步的研究能够提供令人信服的证据来支持对集体实体责任认定符合广义上的应得刑罚概念,那么反对基于应得刑罚对公司定罪的声音也会渐渐消失。然而目前看来,大家还未对抽象主体的刑事责任能力达成共识。⑤缺乏明确和充分的理由或依据作为支撑,就将道德制裁纳入法律

---

① See Coffee, *Does Unlawful Mean Criminal?*, supra n.2, at 261.

② See, e.g., Lawrence Friedman, *In Defense of Corporate Criminal Liability*, 23 Harv. J.L. & Pub. Pol'y 833, 855—856(2000); Dan M. Kahan, *Social Meaning and the Economic Analysis of Crime*, 27 J. Legal Stud. 609, 618—19(1998). But see Gilbert Geis & Joseph F. C. Dimento, *Empirical Evidence and the Legal Doctrine of Corporate Criminal Liability*, 29 Am. J. Crim. L. 341, 363(2002).

③ See, e.g., Robert P. Abelson et al., *Perceptions of the Collective Other*, 2 Personality & Soc. Psych. Rev. 243, 246 n.2(1998); David L. Hamilton & Steven J. Sherman, *Perceiving Persons and Groups*, 103 Psychological Rev. 336(1996); Matthew J. O'Laughlin & Bertram F. Malle, *How People Explain Actions Performed by Groups and Individuals*, 82 J. Personality & Soc. Psych. 33(2002); Jennifer L. Welbourne, *The Impact of Perceived Entitivity on Inconsistency Resolution for Groups and Individuals*, 35 J. Experimental Soc. Psych. 481, 499, 500—501(1999).

④ See, e.g., Michael E. Bratman, *Faces of Intention: Selected Essays on Intention and Agency* (Cambridge 1999); Margaret Gilbert, *Sociality and Responsibility: New Essays in Plural Subject Theory* (Rowman & Littlefield 2000); Christopher Kurtz, *Complicity: Ethics and Law for a Collective Age* (Cambridge 2000); J. David Velleman, *How to Share an Intention*, 58 Phil. & Phenomenological Res. 29(1997).

⑤ See, e.g., Geis & Dimento, supran.9, at 362.

拟制是违反直觉和值得怀疑的。

对公司进行刑事归责的复杂性主要在于如何对这样一个实体施加惩罚，而不是仅仅是威慑或返还性损害赔偿。显然，无论是何种惩罚，公司都无法真正“感受”或“体验”它。只有人能真正地被惩罚——需要强调的是，在上述情形中，具体的个人才是有能力并且应当接受惩罚的。即使企业行为在某些情形下确实是团体行为，我们也可起诉集体犯罪(通过共谋或共犯责任)，同时仍然可以对真正应受惩罚的犯罪个体施加严重的刑事处罚。这样反而可能导致使个体受到应得刑罚的重点被混淆，而为让无知觉的公司受到惩罚作出无用的努力，从而偏离了这一做法的最初目标。①虽然有些人认为确定企业责任有助于对个人被告进行定罪，②但这一观点与公司犯罪领域的大多数实证主张一样，缺乏具体数据作为支撑。③为了指控较大实体，一些本应被用于指控个人的公诉资源很可能被浪费，而个人才是真正能够从道德上感知惩罚的刺痛的。

如果把对公司的民事诉讼转化为刑事诉讼，反而会使刑法的公信力与效力大打折扣。④部分作者认为，总的来看，在规范组织这方面，民事责任实际上比刑事责任更为有效。⑤确定具体如何惩罚公司的困难在于，目前试用的机制仅仅是对其他非刑事惩罚的照搬。而最严重的刑事制裁——剥夺生命或自由，则不能适用于一个组织。刑法上对公司可用的制裁基本上与民法可用的制裁相同：罚款、返还性赔偿、限制组织后续行动的禁制令。一些刑事诉讼的特点，如快速审理，与民事诉讼程序相比可能更有优势。但为了获得更

---

① Cf. Geis & Dimento, supran.9, at 369—370.

② John C.Coffee, Jr., *Corporate Criminal Responsibility*, in *Encyclopedia of Crime & Justice* 253, 260(Sanford Kadish, ed., Gage 1983).

③ See Geis & Dimento, supran.9, at 372.

④ 目前的美国法律认可公司的刑事责任，这可能意味着美国刑法已经偏离了传统的道德责任标准。欧洲国家则很少认可这种责任。See V. S.Khanna, *Corporate Criminal Liability: What Purpose Does It Serve?*, 109 Harv. L. Rev. 1477, 1488—1491(1996); John C.Coffee, Jr., *"No Soul to Damn, No Body to Kick": An Unscandalized Inquiry into the Problem of Corporate Punishment*, 79 Mich. L. Rev. 386(1981)(hereinafter Coffee, *No Soul to Damn*). See Coffee, *Does Unlawful Mean Criminal?*, supra n.2, at 230; Celia Wells, *Corporations and Criminal Responsibility* 95—107(Oxford 1993).

⑤ See generally Daniel R. Fischel & Alan O. Sykes, *Corporate Crime*, 25 J. Legal Stud. 319(1996); Khanna, supra n. 16; see also Albert W. Alschuler, *Ancient Law and the Punishment of Corporations: Of Frankpledge and Deodand*, 71 B.U. L. Rev. 307, 311—312(1991); *Developments in the Law: Corporate Crime: Regulating Corporate Behavior through Criminal Sanctions*, 92 Harv. L. Rev. 1227, 1365—1374(1979).

好的执行效果，立法机关也可以优化公司诉讼的民事诉讼程序来达到同样的目的。

实际上刑事规则无可避免地限制了组织诉讼的成功率。组织可以利用宪法保障来为自己作刑事辩护，例如排除合理怀疑和一事不再审原则，但在民事案件中是不能使用这些原则的。[①]此外，若刑法在应该适用严格责任与过失责任[②]的时候拒绝适用，则可能会对起诉组织造成限制。拒绝这两种责任实际上并不会影响公司责任的承担。因此，证明标准更低的民事诉讼反而可能带来更好的诉讼效益。实证证据（鲜有）证明了这一结论，因为几乎没有证据表明刑事责任阻止了公司的不正当行为，[③]甚至证明了其无法阻止。[④]

无论是违规之"罪"还是公司之"罪"都可以通过民事而非刑事诉讼得到更有效的解决。此外，民事诉讼机制可以为除了过去行为的可责性之外的问题提供更合适的归责与执行方式。譬如，实行民事罚款或其他救济方式可以包含预防职务犯罪的内部机制改革。[⑤]

正如我们将在第十章中进一步讨论的那样，我们相信规制准犯罪的最佳方式是使用行政机关制定的行政处分方式，正如在其他国家或美国少数地区的实践那样。这种变革容易流于象征化，但仍然非常重要，因为这将明确民法和刑法之间的区分，并促进刑法的道义权威性，而不会缩小对相关罪犯的惩罚范围。

部分受保护的官员或公务人员（例如外交使团、法官、检察官和其他人）可能会因其职务而获得刑事起诉的豁免权。为了使这些官员能够妥善地履行工作，和防止对他们的恶意或报复性的起诉，这种豁免是必要的。与此同时，豁免的成本很高，因为它免去了一些已知罪犯的责任，而他们之中有人也许犯下了非常严重的罪行。

---

① See Laura J. Kerrigan et al., *Project: The Decriminalization of Administrative Law Penalties: Civil Remedies, Alternatives, Policy, and Constitutional Implications*, 45 Admin. L. Rev. 367, 374—375(1993).然而在某些特定情况下，即使立法上认定为民事而非刑事范围的行为，强制执行时仍然会使用宪法上的刑法保护措施。See idem at 397—419.

② See generally Paul H. Robinson, *Criminal Law* §4.3(Aspen L. & Bus. 1997).

③ See Sally S. Simpson, *Corporate Crime, Law, and Social Control* at xi—xii(Cambridge 2002); idem at 159.

④ See idem at 21; see also Jennifer Arlen, *The Potentially Perverse Effects of Corporate Criminal Liability*, 22 J. Legal Stud. 833(1994).

⑤ See Coffee, *No Soul to Damn*, supra n.16, at 430—432, 454—455.

第五节　外交人员强奸案

1981年1月8日，“简”(化名)下班后登上了拥挤的回程巴士，思念着在城外工作的男友。当巴士到达曼哈顿上东区的站点时，她挤下了公车，随即前往了拐角处的杂货店。抱着购物袋，她走向了马路对面自己所居住的公寓。像往常一样，她在公寓入口处稍作停留，检查她的邮箱。在她身后的门落锁前，一个名叫曼纽尔·艾里(Manuel Ayree)的年轻黑人男子溜进了公寓。男人不高，但体型精壮有力，打着领带，身着熨烫平整的休闲裤，打扮非常得体，手上还拿着一串钥匙。简以为他住在这栋公寓里。他从容地跟在她身后上了楼梯，中途还点燃了一支烟。他一直跟着简上到了她所在的楼层，并慢慢靠近了她家的门。

正当她打开了门准备进屋的时候，简突然感觉到男人贴上了她的后背。他带着浓重的口音说：“照我说的做，不然杀了你。我有枪。”简保证会听他的话，并向他祈求不要杀害她。虽然她的心跳快得几乎要蹦出来了，但她还是努力表现出平静的样子，以免激怒男人。当他们走到厨房的时候，男人拿起了一把牛排刀，再次恐吓简。简表示可以给男人钱来请求他离开，而男人无视了她的请求，问她是否独居在此，简谎称并非独居。“如果你不告诉我实话，我就杀了你。你到底是不是一个人住?”他再次发问。简这次承认了，并从钱包里拿出几张现金递给男人。她希望这样男人就会离开了。她思考要不要告诉他她有性病来阻止可能发生的性侵犯，但这些话并未起作用。他命令她进入房间。可折叠沙发床还保持着前晚展开的样子。他命令她脱下裤子，躺在床上，然后脱下了自己的裤子，性侵了她。简痛苦地哭嚎了起来。结束后，男人用简的毯子擦拭了自己。

男人命令简躺在床上不准起身。简几乎以为自己就要被杀害了，但随后她便听到男人走出了房间，走下了楼梯。简慢慢起身，打电话报了警。她被带到了强奸案件紧急处理部门，随后警察对她作了询问，护士为她做了身体检查。那天晚上简投宿于朋友家，一夜无眠。次日，她接到了一个来自探员彼得·克里斯蒂安森(Pete Christiansen)的电话，彼得让她回到公寓与他碰面。于是，简在自己的公寓里向彼得复述了前晚噩梦般的经历。

同一个冬天，艾里以类似的手段强奸了一名纽约的自由撰稿人卡萝尔·赫尔姆斯(Carol Holmes)。艾里尾随卡萝尔进入她的居所，用刀抵住她的下巴威胁她服从自己。他命令她脱下衣服，躺在客厅里的床垫上，强行性侵了她。随后，艾里提起裤子走向卫生间，卡萝尔一丝不挂地跟在他身后，试图让他感到不适来使他离开。艾里点起了一根烟，并用烟烫伤了她。突然，他们听到门外传来一阵脚步声。卡萝尔认出那是邻居下楼的声音。艾里感到恐慌，迅速逃了出去。卡萝尔紧随其后跑了出去，大声呼喊着“抓住他，抓住他！他强奸了我”。然而没有人响应她的呼救，艾里逃走了。一辆救护车将卡萝尔带到了莱诺克斯山医院的强奸案件处理部门，她在那接受了警方的问询，并得到了检查与治疗。随后在警局，克里斯蒂安森探员对她进行了详细的询问。

这次遭遇之后，卡萝尔经常梦到有人入侵她的公寓袭击她。她听到有报道说附近有人看到过这个强奸犯，这让她感到非常害怕。于是她急于揪出这个犯人。每天下午，她都和自己的男友布鲁斯(Bruce)在附近四处搜寻艾里的踪迹。

与此同时，强奸案还在发生着，克里斯蒂安森探员感到了挫败。几乎所有的强奸都发生在上西区；每一次，强奸犯的手法都如出一辙：他尾随一个女人进她的公寓楼，假装是楼里的居民，然后强迫受害者进入她的房间，并实施强奸。除了简和卡萝尔，后续报道的类似强奸案已发生了至少十起。截至 1981 年 2 月，在卡萝尔、简和其他受害者的帮助下，克里斯蒂安森绘制出了强奸犯的素描画像。他将草图的副本交给警方密探，并告诉他们在约克维尔附近重点搜寻。

一个周五，卡萝尔和布鲁斯像往常一样搜寻强奸犯的踪迹。他们在经过第 89 街角落的杂货店，并继续向卡内基动物医院和史岱文森广场二手商店方向行走的时候，正好撞见曼纽尔·艾里走出自己的公寓，穿过第 89 街去往第二大道的方向。对比克里斯蒂安森给出的素描画像，两名坐在黄色出租车中的便衣警察认出了他。与此同时，克里斯蒂安森探员正驾着便车在第二大道上向南行驶。听到消息后，他将车在第 89 街靠边停下，走向了街角的电话亭。此刻，艾里正走过卡内基动物医院和史岱文森广场二手商店，而他的身后紧紧地跟着那辆黄色出租车。

同时，卡萝尔和布鲁斯在快要走到第 88 街的时候决定往回走。就在转身的刹那，卡萝尔看到艾里迎面走来。他们转过身后，卡萝尔看见艾里向他们走去。她盯着艾里，在他们就要擦肩而过时，她告诉布鲁斯，这就是艾里——那个强奸犯。于是毫不迟疑地，布鲁斯抓住艾里，与其随即展开了一场搏斗。卡萝尔冲向第 88 街拐角处的电话亭，并告诉接线员立刻报警。出租车上的警察，以及克里斯蒂安森探员和另外两名伪装成慢跑者的便衣警察迅速抵达了现场。艾里被推上出租车的后座，带到了警局。

在警局，艾里声明自己有外交豁免权，要求被立即释放。克里斯蒂安森探员作出了迅速的反应，通知其他受害者前来指认艾里。但不幸的是，他没有联系上大多数受害者，好在最终联系到了正在工作的简。听闻艾里已被捉拿，简立刻起身，从办公室跑向了车站。加纳外交使团的几名成员不久后也赶到警局，确认了这名强奸犯——19 岁的曼纽尔·艾里是第三任特使的儿子。面对使团，卡萝尔讲述了她的恐怖经历。这时，简赶到了警局，警察向使团说明她是艾里所伤害的另一个受害者。在辨认室里，简一听到艾里的声音，便立刻确定艾里就是那名强奸犯。

然而在警局待了大约四十五分钟后，曼纽尔·艾里便被释放了。走过卡萝尔身边时，他露出一抹讽刺的笑容，“我告诉过你，我有外交豁免权。”随即便走了出去。

卡萝尔立即咨询了贝尔多克、莱文和霍夫曼律所的律师。律师团加班加点地准备起诉，希望美国国务院向加纳施压免除艾里的豁免权。然而，赛特·艾里(Seth Ayree)始终矢口否认儿子的罪行，并反过来指责这样的指控带有种族主义倾向。2 月 9 日星期一，律师事务所向曼纽尔·艾里提起民事诉讼。同时，国务院官员会见加纳官员，并警告他们，如果艾里不“自愿”离开，那么他和他的家人将被驱逐出境。

周二上午，加纳举行官方新闻发布会，宣布曼纽尔·艾里将离开美国，不再返回。他们还宣称，将在加纳对此案进行充分调查。同日晚上，曼纽尔·艾里离开了美国。然而，回到加纳后他一直未被调查，也未被审判。①

第六节　外交与公务豁免

1978 年的《外交关系法》②采用了《维也纳公约》关于外交关系的条款，规

---

① 艾里案事实来源：ChuckAsh-man & Pamela Trescott, *Diplomatic Crime: Drugs, Killings, Thefts, Rapes, Slavery and Other Outrageous Crimes!* at 25(Acropolis 1987); Robert Ferrigno, *There's Also a Short Arm of the Law*, Chicago Trib., Sept. 27, 1987; Jo Ann Moriarty, *Untitled*, States News Service, June 25, 1987; Eric Pianin, *Bounds of Diplomatic Immunity: Victims to Testify in Support of Helms Bill Limiting Exemptions*, Wash. Post, Aug. 5, 1987。

② 22 U.S.C. §§254a—d. 22 U.S.C. §288d(b). See People v. Leo, 425 N.Y.S.2d 709 (N.Y. Crim. Ct. 1979).

定“外交人员享有接受国刑事管辖的豁免权”①，自此，许多外交使员被免于刑事起诉。该法赋予外交使节（即大使）和外交公务人员家庭成员以及行政、技术人员充分的豁免权，但只向特派团其他成员提供了有限的豁免权。例如，外交官员的服务人员只以为履行公务而采取的行为为限获得豁免。那些大使的私人工作人员与恰巧为美国公民的使团成员也不享有豁免权。②大约有 20 万常住美国的居民（大部分居住于华盛顿特区和纽约）享有外交豁免权。而他们之中，每年大约有 40—50 人在美国犯下罪行。③

豁免规则的依据是考虑到外国外交官在接受国受到刑事起诉可能会导致境外报复行为。④但是，艾里之案反映出这种防范措施可能会产生严重偏离应得刑罚的潜在危险。在某种程度上，这种豁免是一种必然的下下之策，因为没有其他有效的方式来实现相互保护和防止报复的目的。但对其施加两个方面的限制可以将这种偏离及其影响降到最低。

第一，尽管无法惩罚，但对于判决制度和特别程序的改革可以使刑事司法制度对这类犯罪进行定罪。我们将在第九章进行具体的讨论。

第二，豁免权可以被限制为仅能恰好实现其目的的程度，而事实上也已经有了这方面的实践。现今意义上的外交豁免权范围在许多情况下已经被缩小，其广度被限制在履行外交官职责方面的范围内。⑤另外，外交使节的豁免权并非是完全免除惩罚的权利。接受国可以宣布一名外交官为“不受欢迎的人”，并要求派遣国召回外交官或终止外交官工作。⑥如果要求被拒绝，接受国可以拒绝将涉案人视为外交人员。⑦虽然以这种方式失

---

① Vienna Convention of Diplomatic Relations, Apr.18, 1961, art.31, 23U.S.T.3227, T.I.A.S. No.7502, 500 U.N.T.S. 95(hereinafter Vienna Convention).

② See Vienna Convention, supra n.25, at art. 37(1)—(4).

③ 这些数据来源于 2004 年 2 月 10 日美国国务院议事办公室的研究助理员 Joseph Wheatley 和 Chenobia Calhoun 的电话会议。

④ See Note, *The Diplomatic Relations Act of 1978 and Its Consequences*, 19Va. J. Int'l L. 131, 142 n.64(1978).也许是认识到这一问题，1978 年法案允许总统根据互惠互利原则，比《维也纳公约》提供或多或少的优惠待遇。See 22 U.S.C. §254c.根据法案，他国不得单方派遣一名其国公民。See United States v. Enger, 472 F. Supp. 490(D.N.J. 1978).

⑤ See Albert H. Garretson, *The Immunities of Representatives of Foreign States*, 41 N.Y.U. L. Rev. 67, 70(1966).

⑥ See Taylor-Carroll de Mueller, *Some Aspects of Diplomatic Immunities in the United States*, 6 Law of the Americas 1, 13(1974).

⑦ See Vienna Convention, supra n.25, at art. 9, §§1—2.

去庇护地位的外交官可能不会因为以前的罪行受到惩罚，[①]但大多数司法机构表示，受到影响的州可以对涉案外交官施加限制，直到其被驱逐出境。[②]另外，由于豁免来源于派遣国赋予的使节身份，因此该外交官可能会接受以派遣国法律为依据的审判和惩罚。[③]或者该国可以废除此外交官的豁免权，从而使其在接受国接受刑事起诉。[④]这些替代方案中总有一个能将享有豁免权的罪犯绳之以法。但是，正如艾里案所示，这些机制不足以防止严重偏离司法正义的情形。

司法、立法和行政豁免，或它们组合——所谓的政府或官方豁免，都与外交豁免存在相似之处，因为它们通常在公职范围内保护政府官员和工作人员免受刑事起诉和定罪。[⑤]区别在于，政府豁免仅官员不被逮捕，而不使其免于被起诉；而且这种豁免一般只是暂时的，旨在允许公务人员在执行公务期间不受打扰。[⑥](官方豁免通常不仅仅豁免定罪，还豁免起诉，这种豁免通常由法院决定，其结果往往是驳回起诉而非无罪宣判。例如，立法豁免权不仅保护立法者"免受诉讼结果的影响，而且还免去了其辩护责任"。)[⑦]

一些豁免可能看起来像正当防卫，例如自卫和一些本应禁止但由于某些其他目的而被允许的行为。然而，豁免与其所保护的法益有明显差别。正当

① See Taylor-Carroll de Mueller, supra n.30, at 16.

② But cf. Dept. of State, 43 Bulletin No.1101, 173, 177—178(Aug. 1, 1960).

③ See Vienna Convention, supra n.25, at art. 31, §4; see generally Taylor-Carroll de Mueller, supra n.30, at 13.

④ See, e.g., United States v. Arizti, 229F.Supp.53, 55(S.D.N.Y.1964); In re Doe, 860 F.2d 40(2d Cir. 1988).

⑤ 关于司法豁免，see authorities collected at Paul H.Robinson, 2 *Criminal Law Defenses* §204(b) n.2(West 1984 & 2004 supp.)。关于立法豁免，see authorities collected at idem §204(c) n.10。The Speech and Debate Clause of the U.S. Constitution, U.S. Const. art. I, §6, cl. 1,也保护联邦立法委员和一些立法会工作人员履行立法职责所产生的民事或刑事责任。行政部门的官员通常不会向司法和立法部门成员赋予广泛的刑事起诉豁免。关于保留信息的行政特权，see generally *Construction and Application, under State Law, of Doctrine of "Executive Privilege,"* 10 A.L.R.4th 355(1981 & 2004 supp.)。行政部门决策过程的敏感性稍弱一点，因此行政官员的豁免范围更为有限。See, e.g., United States v. Nixon, 418 U.S. 683, 706(1974).在尼克松案中，美国最高法院认为，绝对的、不合理的特权将妨碍司法部门在刑事诉讼中采取正义的宪法义务，这与宪法第三条规定的法院职能有明显的冲突。Idem at 707.尼克松案的法院只强制要求复印相关文件；它回避了总统在任职期间是否可以成为刑事案件被告的问题。See idem at 687 n.2.

⑥ See, e.g., Bennett v. Ahrens, 57 F.2d 948(7th Cir. 1932).

⑦ Powell v. McCormack, 395 U.S. 486, 505(1969); 2 Robinson, supra n.36, §204(b) at 475 n.3.

防卫是为了免除行为人为防止更大损害而采用违法手段的责任。而豁免，则像其他无需开脱罪行的辩护一样，依赖的是由放弃指控被告而非被告犯罪行为所带来的公共政策利益。罪犯不受惩罚，并非因为他的行为是有正当理由的，尽管事实上他应受处罚。即使假设一名官员的行为不管以哪种标准来看都是犯罪，也应受惩罚，公共政策之利益都可能促使我们放弃对其的指控，从而避免对官方行为产生潜在的不利影响。

虽然现在可能不能够，或者不应当限制现行政府豁免的范围。但是，正如同外交豁免，至少完善判决制度有助于处置"不受惩罚的违法行为"。这样一来，即使官员可能得不到刑事处罚，但起码能够明示该官员的行为仍然具有道德上的可责性。这种变革可以避免在同类案件中由于免除指控而发出一些误导性信号，使罪犯以为有漏洞可钻。换句话说，刑事司法制度可以通过证明自己并非对犯罪行为视而不见来维护自身的权威性。与外交豁免一样，其中的困难在于缺少官方裁决；这一辩护甚至为犯罪者免除了起诉。我们将在第九章中详细讨论替代判决制度的可能性和具体实现方式。

DSBF 第三部分

恢复道德信赖

正如上文所示，很多规则在偏离了应得刑罚的同时，也的确促进了其他重要目标的实现。但这并不意味着这些原则是必要或正当的。事实上，大多数情况下，这些规则都可以被其他既能促进相同利益，又能有效避免或至少不会产生那么严重地偏离应得刑罚的规则所取代。然而，这些替代性机制也非常复杂，值得进一步的细节审视。

我们主张两种类型的改革。第九章叙述了第一种改革，即发生在刑事司法系统内部的改革。具体而言，我们认为相比现行针对滥用辩护设立的偏离原则，为预防滥用辩护，转换举证责任是一种更为合理的方式。此外，细化裁决体系也能够避免偏离应得刑罚的规则适用。最后，一个引入替代性惩罚来代替监禁、同时以统一的处罚单位来度量刑罚的体系，或许可以在不违背应得刑罚的情况下，更好地实现犯罪控制的目标。

第十章所阐明的是从刑事司法系统外部进行的、意在解决生发于体系内部问题的第二种改革。在某些情况下，相较于以偏离应得刑罚为代价来促进其他利益实现的刑法，民法提供了更好的利益提升机制。我们建议，在发生行政机关侵权行为时，相比较现行刑事程序中适用的非法证据排除原则，民事赔偿或行政处罚可能是一个更加有效和公正的手段。我们也探讨了建立一个特别的、对轻微行政违法或企业违法行为进行追责的行政系统的可能性。这一体系在其他国家已经存在，而在美国此类事务只能通过刑事司法系统去处理。最后，比起现行的刑事系统中的预防性监禁，一个公开透明的在刑事监禁执行完毕后进行民事拘留的制度，是一个能够更加可靠高效地使民众免受危险犯侵扰、维护社会稳定的方法。

第九章
刑事司法改革

前文提及的几个可行的改革都与刑事司法体系相关。特别是第二章中我们提到的，相比现行针对滥用辩护设立的偏离原则，为预防滥用辩护，转换举证责任是一种更为合理的方式——然而最高法院的宪法判例却对此进行了限制。同样地，在第六章中，我们提出了一种能够避免偏离原则的适用以及可以减轻道德信誉损失的更为具体的裁决体系——然而英美刑法习惯上只认可一般裁定。在第七章中，我们还就一种可以替代现存的监禁体系的更细致的体系进行了讨论，也即允许，甚至鼓励各种非监禁惩罚措施的体系。本章中我们将对这些提案做更彻底的探讨。

第一节 举证责任转换

如第二章我们所讨论过的，约束法庭战术所最终追求的是推进应得刑罚，但这一做法仍常遭怀疑。法庭战术存在的问题是明显的，且对于滥用辩护的恐惧是一种无事实根据的过度反应。例如，司法机关认定联邦监狱中监管持枪罪犯的狱警朱利奥·马里奥(Julio Marrero)的法律适用错误的辩护，将为罪有应得的犯罪者主张的虚假“错误”放行，但这其实并没有事实依据。

如果偏离应得刑罚的实际成本难以明确，也就是第一章中我们所探讨的，那么对滥用偏离正义标准行为的大范围容忍就可以理解了。但是一旦成本能够被确认，那么除非有证据能够佐证这些所谓的滥用，而不是仅有假想出的无依据的顾虑的话，我们就不能继续容忍。这些偏离正义条文的支持者应举证证明他们考虑的正当性，和他们所提出的背离理论正义能够推动实际正义的观点。另外，针对所有保证应得刑罚同时进行反滥用辩护保护的方式，他们也应当对其可行性进行辩驳。

比起全盘否定滥用辩护，这种方式能够便捷地将对辩护内容的举证责任转到被告身上。（写给无法律基础的读者：举证责任一词与通常理解的词汇——证明责任——是同义词，它指明了需要负责说服陪审团或其他检察员的一方，且这种说服需达到证明事实或者“排除合理怀疑”的程度，抑或是给出“证明力强的确定证据”，或达到其他标准。①）这样一种举证责任的转换将使被告提出的无关案件事实的辩护难以成立，但却能够让被告得以提出符合事实的辩护并得到无罪判决。

需要注意的是，免责辩护通常包含精神状态或行为能力问题，而这些问题的真相只有被告才最清楚。因此，被告承担举证责任是再合理不过的。另外，即使所有控方主张的犯罪构成要件都具备，免责辩护也能够免除被告的刑事责任，这完全符合民事案件中举证责任转到被告身上的标准。②由于通常情况下仅在被告犯罪事实无异议时才会引入潜在责任阻却条件的问题，所以在这种情况下令被告承担举证责任表面上并无不妥。

比方说，现在的法制体系下，对未达到刑事责任年龄这种完全依据被告年龄（如第二章所述）的辩护，所采用的方法为明确检验法（bright-line）及或全或无检验法（all-or-nothing），而令被告承担举证责任的方法则能够替代上述方法，且更为灵活。若被告作出未达到刑事责任年龄的辩护，那么除非公诉机关提出相反证据，法院将直接对其进行认定；同样地，除非被告提出相反证据的辩护，法院也将直接推定该行为人已达到刑事责任年龄。（在后一种情况中，如果被告年龄已经超出青少年法庭的适用标准，被告将可能得到充分辩护或其他形式的缓刑，这也是当前对待无行为能力人的处理方式。）这种可驳斥的推定在国家法典和普通法中都有先例。③若想推翻已有的推定，当事人不仅要

---

① 对于大多数的辩护，被告都当然地承担举证责任，这些辩护必须契合争议点，有时候还要经过检察员的认定，因此，被告必须给出证据，比如正当防卫，虽然这样接下来需要由公诉机关来证明被告主张的正当防卫不成立。

② See Clifford S. Fishman, 1 *Jones on Evidence* §3:12 at 242(7th ed., Law. Co-op. 1992 & 2004 supp.); idem §3:26; idem §3:28.

③ 在部分州，被告年龄低于刑事责任年龄只会导致免责的抗辩。See Ariz. Rev. Stat. Ann. §13—501(14 周岁以下); Cal. Penal Code §26(under fourteen); Nev. Rev. Stat. §§194.010(1)—(2), 193.210(8—14 周岁); Okla. Stat. Ann. tit. 21, §152(1)—(2)(7—14 周岁); S.D. Codified Laws Ann. §22-3-1(1)—(2)(10—14 周岁); Wash. Rev. Code Ann. §9A.04.050(8—12 周岁)。这也是英美法系采用的方式，低于 7 岁的儿童可以得到辩护；7—12 周岁或 14 周岁的儿童有被豁免的权利，但这种豁免可以被推翻。See William Blackstone, 4 *Commentaries on the Laws of England* 23(1769); Sir MatthewHale, 1 *Historia Placitorum Coronae* 22(George Wilson, ed., T.Payne 1778).

证明被告达到刑事责任年龄但生理缺陷属于无行为能力人，同时还要证明这种缺陷足以使被告免于被指控的罪名。这种推定方式能够达成两个目标：第一，它能够保证被告受审于正确的法庭，青少年法庭或成人法庭（因此也合理安置了那些年龄尚小但心智已成熟的犯罪者）；第二，它能够保证法庭在定罪量刑时也能充分考量刑事责任年龄问题，而不是仅作为管辖的考量因素。

关于因实行犯罪行为时的精神状态而免责的问题，比起排除辩护权或部分辩护权，或者另外在实体领域对其进行限制，更好的处理方式为：保留同等的辩护权，但令被告对辩护承担举证责任。在司法界臭名昭著的欣克利（Hinckley）案中，试图刺杀里根总统的约翰·欣克利（John Hinckley）最后因其患有精神问题而被判无罪，根据哥伦比亚特区的法律，公诉方需承担证明欣克利患有精神问题这一点不能排除合理怀疑的责任。[①]此例对我们启发很大。如若当时相关法律对此有其他规定，如大部分美国司法案例那样，[②]那么推动了改革的欣克利无罪释放一案可能永远都不会发生。

以上我们探讨过的有争议的学说，特别是合理的法律适用错误（reasonable-mistake-of-law），未达刑事责任年龄，以及精神病事由的辩护，立法机关都有权制定对策。最高法院已经将对精神问题[③]等责任阻却事由的举证责任转由被告承担写入宪法性条文，然而在现行法律体系下，想要用相似的改革措施来避免严格责任规则的适用，仍是困难重重。

在第三章中我们提到过，许多严格责任的支持者辩称：严格责任是一种有效的自身过失（或自身疏忽）原则，尽管在个案中，一个符合谋杀重罪或法定强奸罪构成要件的人可能不被认定为犯罪，例如智力低下的 20 岁少年雷蒙·加尼特不知其性伴侣为未成年人而与之发生性关系，但在绝大多数案件中严格责任仍适用。认可严格责任原则适用基础的学者们指出了公诉方的责任之重大，他们必须证明被告人有罪且达到了排除合理怀疑的程度。学者们还提出，如果由公诉方承担举证责任，那么一旦指控不成立，犯罪者被释放，将会为社会带来威胁。此外，他们还指出，如果不应用严格责任原则，控诉成本必将更加高昂。

---

① See e.g., United States v. Amos, 803 F.2d 419, 420(8th Cir. 1986).

② See e.g., 18 U.S.C. §17(b); authorities listed at Paul H. Robinson, 2 *Criminal Law Defenses* §173(a) n.7(West 1984 & 2004 supp.).

③ See Patterson v. New York, 432 U.S. 197(1977); Rivera v. Delaware, 429 U.S. 877(1976); Leland v. Oregon, 343 U.S. 790(1952).

当一个案件应当提起公诉而指控存在困难时，比适用严格责任原则更好的方式为，保留刑事责任中的可责性要求但令被告承担举证责任。[①]一些国家已经在这样实行了，例如在加拿大，"严格责任"允许被告驳斥推定的可责性（但不适用于强制监禁以外的轻罪的"绝对责任"）。[②]英国采用的方式与此类似，其适用的严格责任形式被认定为介于过失责任和绝对责任之间的一种妥协。[③]澳大利亚和新西兰则更为细致地采用了一种概括性的规则：如若证明被告人不具备可责性，则被告人无罪。亚洲和非洲的一些国家采用的则是允许对严格责任进行善意辩护的法律规则。[④]

针对美国可辩驳推定中的严格责任原则，这些国家都有效地对可责性的不可辩驳推定进行了互通。在这种方式下，被告可以证明其在罪名的某些构成要件方面不具备可责性，从而证明对他的指控不成立。

可惜的是，在宪法环境下，最高法院针对举证责任转换适用范围的决议为各州的改革之路设置了障碍。在 20 世纪 70 年代以来发生的一系列案件中，即使案件对"辩护"或"减刑"问题并无过多要求，政府仍必须对所有犯罪的构成要件承担举证责任。这些案件中首要的是确立了指控必须证明"案件中所有被指控的决定性事实"都排除合理怀疑的规则的 Inre Winship 案。[⑤]而穆兰尼（Mullaney）诉威尔伯（Wilbur）案还要求政府反驳被告对挑衅犯罪的辩护，而挑衅犯罪在缅因州谋杀犯罪法令中被认定为与预谋杀人的构成要件相矛盾。[⑥]但在帕特森（Patterson）诉纽约一案中，法院认为政府并不需要对被告"激情杀人"（当前一种缓刑情节的扩大适用）的主张承担反证责任。"激情杀人"辩护不属于对构成要件的否定，而是为减刑提供一个单独的考量。[⑦]

---

① See Laurie L.Levenson, Good Faith Defenses: Reshaping Strict Liability Crimes, 78 Cornell L. Rev. 401(1993).

② See Reference re Section 94(2) of the Motor Vehicle Act, 2 S.C.R. 486(Can. 1985); Regina v. City of Sault Ste. Marie, 2 S.C.R. 1299, 1315—1316(Can. 1978); Eric Colvin, Principles of Criminal Law 22(2d ed., Thomson 1991); Levenson, supra n. 8, at 442—445; G. L. Peiris, Strict Liability in Commonwealth Criminal Law, 3 Legal Stud. 117, 124—125, 129—130(1983).

③ See Levenson, supra n.8, at 435—442; Joseph Yahuda, Mens Rea in Statutory Offences, 118 New L.J. 330, 330—331(1968).

④ See Levenson, supra n.8, at 445—448.新西兰，不同于澳大利亚仅要求被告为罪行给出正当基础，而政府仍需承担证明指控成立的责任。Idem at 447.

⑤ 397 U.S. 358, 364(1970)（在被告人 12 岁以下的偷窃犯罪案件中，应当应用正当程序令被告承担举证责任）。

⑥ 421 U.S. 684(1975).

⑦ 432 U.S. 197(1977).

对大部分可责性问题中的举证责任转换的禁止得以宪法化后，就重罪谋杀来说，有关被告人可责性的推定将不能够被推翻，这在很大程度上推动了严格责任的确立。这一禁令，就其结果来说，是损害了雷蒙德·加尼特等被指控者的利益，因为在这样的禁令下，政府不再需要为可责性提供任何证据，而排除合理怀疑的证据也不再是那么重要了。

为解决这个问题，法庭需对举证责任转换的限制做进一步缩小，即只针对被指控罪名的客观要件——也就是实行行为、实行环境以及行为结果这些确立犯罪行为危害性的因素——以及构成更严重犯罪行为的可责性要求（如谋杀案的分级规则）。因此我们可以设想一种新的原则：赋予各州在举证责任转换问题上以一定程度的权利，禁止在犯罪客观要件的证明问题及正当防卫客观要件的反证问题上进行责任转换，但可以针对可责性的最低要件及所有责任阻却事由进行责任转换。需要注意的是，只要现行法律中有相关规定，就应允许所有针对免责辩护的证明责任转换；以及如果被告需承担举证责任的要求能够反映出现行法律正在逐步抬高对可责性程度的最低要求，那么对可责性最低要求的证明责任转换也应被允许。帕特森案中对举证责任转换持不同意见的学者支持另一种方式，尽管他们将其划归于与犯罪行为有关的辩护，而不是犯罪的可责性要件，但实际上这与上述方法在本质上是十分接近的。[①]事实上，针对帕特森案主流意见的注解也极力推荐了这种方式。注解中阐明：穆兰尼案并没有完全禁止可责性要件的证明责任转换，而是提供了一种对重罪谋杀指控的可行的“辩护”，令被告人能够证明他缺乏可责性。[②]

这一方式包括了现行最高法院判例法的三项优点。第一，不同于禁止举证责任转换[③]却又未严格禁止[④]的现行法律，它更看重条文正式结构中是否将这一点列为犯罪构成要件，并将形式绝对地置于实体之上。最高法院内部也意识到，[⑤]司法机关其实在认定一个争议点究竟属于“要件”还是“防卫”的问题上拥有绝对的自由裁量权。第二，因为对于涉及被告人是否无正当理由造成了损害或者防卫过当等事实问题的要求都是十分合理的，所以诉讼中保留严

---

① See Patterson, 432 U.S. at 229—230 & n.14(Powell, J., Brennan & Marshall, JJ.).

② See Patterson, 432 U.S. at 214 n.15.

③ See e.g., Mullaney v. Wilbur, 421 U.S. 684(1975); Sandstrom v. Montana, 442 U.S. 510(1979).

④ See Martin v. Ohio, 480 U.S. 228(1987); Patterson v. New York, 432 U.S. 197 (1977).

⑤ See Patterson, 432 U.S. at 210; idem at 211 n.12.

格证据要求。最后一点，它能够推动复杂又存在细微区别的各责任规则的进一步完善，相比较注重严格责任却彻底抛弃可责性要求而无比僵硬的定罪规则，在这种方式下被告人的利益和公平正义都可以得到维护。

第二节　改进裁决体系

我们前面所讨论过的部分对应得刑罚的偏离能够通过对现行裁决和处分体系的简单调整得以改善。这些偏离包括基于保留明确禁止行为要求的规则，甚至还有以应得刑罚为代价的规则(第五章讨论的内容)和某些目的与刑罚无关的非无罪辩护(第八章讨论的内容)。当前，大量的"无罪"判决令无罪判决的基础变得晦暗不明，也因此使得无罪判决的涵义变得很模糊，这一点存在一定的危险性。以各种能够让刑法的运作结构维持法律禁止行为的明确分类的判决代替单一的无罪判决，并且让这些禁止行为的范围透明化，而各种细化的判决也能够明确体现无罪判决的缘由，究竟是没有违法行为，违法行为具有正当性，还是该行为不具有期待可能性，抑或是行为具有不可罚性。[①]

因此，达德利(Dudley)的"无期待可能性"[②]之违法行为启发我们，尽管刑罚可能因免责情形而有失公平，他(达德利)在杀害他的船员并饮血时也的确违反了社会行为规范。只有"无违法行为"或者"具有正当性的违法行为"的判决才能表明被告人的行为合乎行为规范；其他裁决都只是表明该行为值得谴责并且应当预防其再次发生。这样一种体系能够维持并且真正地明确法律的指令，同时也能够推进维护刑法的公共道德信用之目标。杜德利不会遭受法律的制裁，但这并不表明其杀人和食人行为是正当的。

另外，该体系对不作无罪辩护的案件也有益处，如外交豁免或行政豁免这些出于社会与政治目的而需要作偏离应得刑罚辩护的案件。[③]当非无罪辩护排除了被告的应得刑罚，"免于刑罚"的判决至少能够表明违法者是应当被谴责的，其行为并不一定会得到宽恕。曼纽尔·艾里(Manuel Ayree)至少应被判决"免于刑罚"，以表明他犯下了无数强奸罪行，只是得到了独立豁免的辩护，

① 对这一提议更全面的反馈，see Paul H.Robinson et al., *Making Criminal Codes Functional: A Code of Conduct and a Code of Adjudication*, 86 J.Crim. L. & Criminology 304, 327—332(1996); Paul H. Robinson, *Structure and Function in Criminal Law* 145—146, 204—207(Clarendon 1997)。

② 第五章，"海难食人案"。

③ 第八章，"外交和政治豁免"。

而不是现行体系下模棱两可的不予判决。在现行体系下，免于刑罚的判决能够很简单地杜绝虚假控诉，这样一来，受到非无罪辩护的被告便等于没有违法行为而不需要承担任何责任。①

学界甚至有呼声要求，对于受到免于刑罚判决的犯罪者，参考当前对待赦免犯的情况，②保留部分非惩罚性定罪或间接后果定罪。此类定罪的派生后果中包括了对一系列基本权利的剥夺，③比如公民身份、就业权、④诉讼权、质证权、作为陪审员或法庭信托人的权利、选举权、亲权和婚姻权、持械权、继承权、领取保险金、退休金和工人赔偿金的权利。民事没收、民事制约或禁令、民事责任和民事关禁⑤可能性的提高则被列入其他定罪的派生后果。定罪派生后果的适用范围可以扩至在衍生诉讼中对作为证人或被告/证人⑥的犯人的控告，以及对衍生犯罪的加重判决。⑦因此，尽管一个猥亵儿童者可能因证据排除规则或陷阱侦查辩护而被判无罪，他/她也将失去驾驶校车的资格。

免于刑罚的定罪可以应用于不入罪及不入刑的处罚。对于非无罪辩护，当被告人确有犯罪行为但被判决免于刑罚的，公诉人应当可以寻求对被告的不入罪或不入刑的处罚。认定被告人的犯罪者身份，然后在免于刑罚的判决中应用正式或法外的处罚，这是在出现了无数污点判决后确立的规则，而这种

① 20 世纪 90 年代初，加利福尼亚州议员提出了一项法案，以“没有证据证明有罪”代替“无罪”判决，目的是“在以后的法庭案件中消除任何公开的基于错误混淆无罪与无辜概念的愤慨”。Jon Matthews, *We the Jury Render a Verdict of—“Not Proven”?* Sacramento Bee, Jan. 24, 1996, at A3. Andrew D.Leipold, *The Problem of the Innocent, Acquitted Defendant*, 94Nw. U. L. Rev. 1297, 1305 n.25(2000).

② See, e.g., Fed. R. Evid. 609; State v. Clark, 402 So.2d 684(La. 1981)(same); cf. Hozer v. State Dep't of Treasury, 230 A.2d 508, 511—512(N.J. Super. App. Div. 1967).

③ See e.g., Mo. Stat. Ann. §§561.016—.026; Minn. Stat. Ann. §609.165; N.D. Cent. Code §12.1-33-01; see generally Eric E.Younger, *Not Completely Dead—but Seriously Injured: Collateral Consequences of Misdemeanor Arrest and Conviction*, 52 L.A. Bar J.50(1976).

④ See, e.g., Ariz. Rev. Stat. Ann. §13—3410; Schanuel v. Anderson, 708 F.2d 316 (7th Cir. 1983).

⑤ See, e.g., N.J. Stat.Ann. §2C:13—12.1; N.D. Cent. Code §§12.1-33-01 to-02.1; *The Collateral Consequences of a Criminal Conviction*, 23 Vand. L. Rev. 929(1970); President's Commission on Law Enforcement and Administration of Justice, *Task Force Report: Corrections* 88—92(V.S.Gov't Printing Office 1967); Model Penal Code §§6.04, 6.13。

⑥ See, e.g., Fed. R. Evid. 404, 609.

⑦ 针对惯犯或持续性犯罪者的法规，see Conn. Gen. Stat. Ann. §53a—40; Del. Code Ann. tit. 11, §4214; N.C. Gen. Stat. §14—7.1; N.J. Stat. Ann. 2C:44—3(a)。针对授权对惯犯加重刑罚的法规，see Haw. Rev. Stat. §706—606.5. See also 1 Robinson, supra n.6, §38(a) at 180—181。

处罚应该当然适用于艾里(Ayree)这种逃脱了刑法制裁的恶劣强奸犯。

由于非无罪辩护能够支持对社会政策的考量且昭示个别犯罪者的罪行，那么为实现与此竞合的政策目的，社会就没有理由不去调整这类辩护或其带来的后果。这类辩护的范围和影响应考虑社会利益的平衡，而不是僵硬地为追求一个利益而完全忽视其他利益(达致公平)。

实践中保障这种结果以及实现免于刑罚的处置的最大障碍是：许多非无罪的辩护在阻断刑事责任的同时也阻断了刑事指控。比方说，外交豁免阻断了对被告的审判，如同无刑事责任能力以及双重困境一样，都允许免于刑罚判决的适用。同样地，行政豁免经常作为一个法律问题在审判进行前被提请决定。因此，在这些情况下，免于刑罚的判决便不当然意味着被告人是值得谴责的。外交人员主张的豁免也并不一定意味其施行了犯罪行为。

但是这些困难也并非无解，通过程序规则便能够很好地解决它们。如果法官通过审查发现被告并不适用基于非无罪理由的指控，那么当他驳回起诉时，可能会判决对被告作免于刑罚的处置。如果被告人对此有异议，那么是否应当接受处罚的问题将被独立审判。当定罪的派生后果被应用时，主张应用的一方应当承担举证责任。一般看来，确立被告罪名的成本显然低于派生后果的益处。但在一些个案中，比如由于陷阱侦查或立法限制而被判无罪的猥亵儿童者如今申请校车驾驶证，或者曾被豁免的作伪证者如今在死刑案件中做证人的情况下，这种成本是值得付出的。为获得这些结果而支出的资源成本可能仅在数量有限的部分案例中能够得到回报，但可以确定的是，比起给予所有这种犯罪者以一个笼统的“无罪”，让这种派生处罚应用于我们上文所提到的该类案件，所付出的成本是十分有意义的。

第三节　应用替代惩罚的方法

在第六章中，我们探讨了应得刑罚的目的是如何与传统实用性控制犯罪的利益出现频繁冲突以及为了后者进行妥协的。偏离主义和无行为能力的目标是，需要更严厉的刑事判决以保证犯罪者不能再危害社会并实现打击潜在的犯罪者的效果。劳动改造有时候显露出刑罚减少而犯罪者罪刑不相适应的情况，与不溯及既往的犯罪控制相比，应得刑罚要求溯及既往追究过去犯罪行为的责任，正是因为这一点，应得刑罚适用的争议也是不可避免的。出于犯罪控制的目的将势必牵扯到很多与犯罪本身是否应当遭受谴责无关的犯罪者和社会的一系列因素。①

但是兼顾两种考虑也并非不可能，至少能够比现下的情况作很大程度的提升。这种可能性之所以存在，是因为应得刑罚的概念中首要包含的是刑罚的量而非刑罚的方式。如今，刑罚体系可以说全都由两种刑罚——监禁和缓刑——所构成，但事实上其他各式的制裁方式在当下也是可行的，如居所软禁、周末监禁、电子或其他形式的监视、罚款、受害者赔偿金、社区劳动、个人或家庭劝诫、戒毒治疗、定期吸毒检测以及强制职业培训等。由于从限制力度和惩罚力度来看，这些制裁方式比缓刑的力度大又比监禁的力度小，因此它们通常被称为“中间制裁”。

这样来看，如果毒瘾是导致犯罪的主导影响因素，那么比起监禁，治疗和劝诫能够更好地减少犯罪；如果贫穷和走投无路是犯罪的主要原因，则职业培训会是最有效的；如果构成犯罪的原因是不小心对受害人造成了伤害，那么调解了结的赔偿受害人和“恢复性”的方式会起到减少同类犯罪的作用。②

所有这些惩罚模式都是可供以应得刑罚为基础追究刑事责任时的选择，它们都设置了对犯罪者一定程度的干扰、激怒或折磨。因此，只要总体而言施加给犯罪者的惩罚与他们的罪行相当，这些惩罚就能够起到与监禁同样的效果。对于需要更严厉处罚的犯罪行为，这些非监禁的选择也同样能够通过加强惩罚力度而适用，也即添加或者引入一些更繁重的任务，比如说，罚金的限制或者数量可能与犯罪者的财产状况或者收入挂钩。这一方式已经在其他国家得到实践：比如在芬兰，一位经济富裕的诺基亚高级执行官就曾经为超速缴纳103 000美元的罚款。③其他国家则应用了“羞耻”机制，比如公告犯罪者的姓名和他们的罪行。④针对一些非监禁或者半监禁的制裁方式可以提高限制性或者加

① See Paul H. Robinson, *Hybrid Principles for the Distribution of Criminal Sanctions*, 82 Nw. U. L. Rev. 19, 22—28(1987).

② See Paul H. Robinson, *The Virtues of Restorative Processes, the Vices of Restorative Justice*, 2003 Utah L. Rev. 375.

③ See Matti Huuhtanen, A $103 000 Speeding Ticket? Finnish Millionaire Proves It: The More You Earn, the More You Pay, Phila. Inquirer, Apr. 21, 2002.罚款后来减至不足5 300美元——CEO上诉成功，法院错误地使用了年收入来计算罚款数额，但其他案件中的高额罚款都得到了实施，例如冰球运动员Teemu Selanne因其在2000年的危险驾驶被罚款超过40 000美元。See idem.德国、奥地利、瑞典和丹麦都采用类似的“日额罚金制”将罚款数额的高低与犯罪的严重程度和犯罪者的收入相匹配。See Judith A.Greene & Sally T. Hillsman, *Tailoring Criminal Fines to the Financial Needs of the Offender*, 72 Judicature 38, 39(1988); see generally Moshe Bar Niv(Burnovski) & Zvi Safra, *On the Social Desirability of Wealth-Dependent Fine Policies*, 22 Int'l Rev. L. & Econ. 53(2002).

④ See Developments in the Law: Alternatives to Incarceration, 111 Harv. L. Rev. 1863(1998).

重其程度，比如与其令犯罪者在家里或者强制社区服务中做更令人讨厌的任务，不如让其在一个废旧房子中做艰苦的工作(并且犯罪者可能为之支付费用)。

无论应用哪种刑罚，一个能够体现平衡处罚效果所需的处罚量的转化关系的系统是保证处罚量稳定的关键。换言之，我们需要一个统一的“货币”，一个处罚单位，能够保持自身惩罚性不变而转换成各种类型的实际处罚。如果应用了这样的转化系统，判决就能够以处罚单位的数量的形式作出，这样一来，虽然数量是一定的，但是具体的实行模式却可以灵活多样——每一个单位可以用来“购买”相等数量的任一适用的刑罚，选择刑罚种类时，应在分析当前犯罪者的犯罪要素后，选用能够最大程度起到打击犯罪效果的惩罚方式。

我们可以使用先进的裁判体系，然后通过设置固定、统一且以应得刑罚为基础的规则，以处罚单位的形式作出判决，但法官仍然享有自由裁量权来基于犯罪本身或犯罪者的特征决定将处罚单位转化为何种具体的惩罚形式。①(这种惩罚替代体系的一个隐性优势在于，只要刑罚的总水平保持在稳定状态，就能够实现刑罚模式的“后台”转化——由惩教人员在判决作出后根据需要进行调整，或在“前台”，即法官在作出判决之时转化。)这一体系可以在保证应得刑罚的前提下减轻因监狱过度拥挤而带来的经济、社会成本过高的压力，这是它在适用过程中带来的附随利益。

确立这一体系的最大实践困难可能在于如何在所有适用的惩罚措施中建立一个价值守恒的单位。将所有上文列举的制裁手段以一个度量单位表示出来，比如一个单位表示监禁X天，或社区服务Y小时，以此类推……这似乎是一项十分棘手的工程。②不过，实证研究已经对各种惩罚进行了评估，并提出了各种刑罚可以互相作参照进行换算的想法。这些研究的结果有力地证实了比例化惩罚措施的合理性，而这正是处罚单位体系运作的刚需。这一体系的实行能够从根本上减少在判决时权衡应得刑罚和犯罪控制的顾虑。

---

① See Paul H. Robinson, *Desert, Crime Control, Disparity, and Units of Punishment, in Penal Theory and Practice: Tradition and Innovation in Criminal Justice* 93—107(Antony Duff et al., eds., St. Martin's 1994).

② See Robert E. Harlow et al., *The Severity of Intermediate Penal Sanctions: A Psychophysical Scaling Approach for Obtaining Community Perceptions*, 11 J. Quantitative Criminology 71(1995); See Maynard L. Erickson & Jack P. Gibbs, *On the Perceived Severity of Legal Penalties*, 70 J. Crim. L. & Criminology 102(1979); Leslie Sebba, *Some Explorations in the Scaling of Penalties*, 15 J. Res. In Crime & Delinquency 247(1978); Leslie Sebba & Gad Nathan, *Further Exploration in the Scaling of Penalties*, 22 British J. Criminology 221(1984).

有的州已经在逐步实行处罚单位制了。在华盛顿州实行的一个体系下，对刑期在一年或一年以下的犯罪者，八个小时社区服务，或者一天的“半监禁”，可以替换为一天的监禁。①俄勒冈州在其判决指导中明确了对于 46 种犯罪行为和犯罪者在刑期尚未确定时所适用的“制裁单位”的最大数量。一个制裁单位可以表示十六个小时的社区服务，或一天的监禁，或居住地保守治疗，或软禁，或免职。②当然，以上所列的方案是远远不够的，还应当包括更多类型的判决和更多制裁的方式，比如罚金，但它们的确表明了这种刑罚方式至少对一部分犯罪者是可行的。

可应用的中间制裁与监禁相比似乎有些力度太轻，有的读者担心处罚单位的应用可能会导致对正义的忽视，或单位体系最终只会适用于大部分轻罪的情况。③这是一个合理的顾虑，应用处罚单位的方式诚然存在一些局限性，但我们要呼吁大家关注其三个方面的对比优势：第一，在现行体系下，更轻微的刑罚也在高频应用，甚至有时候应用于重罪的情况下。比如在 2000 年，大约三分之一的州法院对重罪犯以及超过五分之一的暴力犯罪者作出不予监禁的判决，仅判处缓刑。④

第二，监禁的高成本和监狱空间的拥挤经常使得被告人实际接受的惩罚轻于其应得惩罚，这是基于对犯罪行为严重性或与其他犯罪对比后按比例判处的刑罚进行评估后得出的结论。为缓解监狱拥挤的现状或创造新的惩罚模式（毒品犯罪常被认定为适用强制措施中的最低判决），许多罪犯，包括暴力性重罪犯，都必须在服刑期满前释放，⑤这是当前现行体系的写照。这一问题已

① See Rev. Code. Wash. §9.94A.680; *David Boerner*, *Sentencing in Washington* §6.17(Butterworth 1985).

② See Or. Admin. Rules §§213-005-0011 & -0012; Kathleen Bogan, *Oregon's Sanction Units Exchange System for Felony Sentencing Guidelines*, 4 Fed. Sent. Rep. 36 (1991).

③ See, e.g., Michael Tonry, *Intermediate Sanctions in Sentencing Reform*, 2 U. Chicago L.Sch. Roundtable 391, 406—408(1995).

④ See Bureau of Justice Statistics, U.S. Dep't of Justice, *Sourcebook of Criminal Justice Statistics table* 5.47(Kathleen Maguire & Ann L. Pastore, eds.).

⑤ See, e.g., James P.Gray, *Why Our Drug Laws Have Failed and What We Can Do about It: A Judicial Indictment of the War on Drugs* 29—30(Temple 2001); R. H. Peters, *Drug Treatment in Jails and Detention Settings*, *in Drug Treatment and Criminal Justice* (J.A.Inciardi, ed., Sage 1993); David B. Kopel, *Prison Blues: How America's Foolish Sentencing Policies Endanger Public Safety*, May 17, 1994, http://www.cato.org/pubs/pas/pa-208.html; Joe Tyrrell, *No Room for Mercy in 1998 Drug Case: Man Sold Marijuana in Bar near a School*, Newark Star-Ledger, Mar. 4, 2002; Nancy Gibbs, Truth, Justice and the Reno Way, Time, July 12, 1993, at 20, 26.

经提上国会议事日程，密歇根州的参议员斯宾塞尔·阿伯拉罕(Spencer Abraham)在国会上对联邦法官要求释放罪犯来缓解监狱拥挤之后费城逐渐上升的犯罪率作了相关报告。[①]无论是代替监禁抑或是并罚，替代惩罚措施的逐步普及将会在一定程度上减轻监狱的压力，让那些确实应得长期徒刑的罪犯得以切实接受惩罚，并保证这些罪犯能够实际服刑。

最后一点，也可能是最重要的一点，监禁的惩罚性可能被过度夸大，毕竟其程度高低是只有接受惩罚的人才能感受到的。当然，任何系统性的惩罚措施都可能会包括威慑性的成分，但是威慑导向的惩罚系统也面临着为达最佳威慑效果而调整威胁性惩罚量的困境。立法者认为他们可以通过改变刑期来轻易地达成这样的效果，但实际上研究表明这样的威慑计算法不仅不容易，而且还缺乏可预测性，毕竟用以确定感官惩罚量的因素是十分复杂的。

举个例子，"享乐适应"和"主观幸福感"研究表明，判断感官惩罚性的标准受时间和环境的变化影响。布里克曼(Brickman)和坎培尔(Cambell)在两人的一篇著名文章中介绍了"享乐适应症"的概念，[②]这一概念的涵义为：刚刚从心理中性的状态转到更积极乐观的状态中的人起初会倾向于新的状态，但随着时间流逝，这种倾向性消失，他们会再次回归到中性；中乐透彩票或者从气候恶劣地区搬到加州南部地区的人，起初是欣喜的，但是一段时间过后他会回复到自身以前的中性情绪状态。这一适应效应适用于两个方向，无论是事故后瘫痪的人还是中乐透彩票的人都一样会调整自己适应新的状态，并把这样的新的状态作为自己新的平衡状态。[③]将此概念应用到监禁的特定情境下，最新研究结论得出："尽管在最初设计时，监禁应当是令人不愉快的，但大部分对监狱生活的研究都显示出服刑人员在一段时间后很强的适应性。"[④]因此，随着

① See 142 Cong. Rec. S3703, 3704(Apr. 19, 1996)(statement of Sen. Abraham).

② Philip Brickman and Donald T. Campbell, *Hedonic Relativism and Planning the Good Society*, *in Adaptation-Level Theory*: A Symposium 287—302(M. H. Appley, ed., Academic 1971).

③ Shelly Taylor, *Adjustment to Threatening Life Events*: *A Theory of Cognitive Adaptation*, 38 Amer. Psych. 1161(1983); Ronnie Janoff-Bulman & Camille Wortman, *Attributions of Blame and Coping in the "Real World"*: *Severe Accident Victims React to Their Lot*, 35 J. Personality & Soc. Psych. 351(1977).

④ Shane Frederick & George Loewenstein, *Hedonic Adaptation*, *in Well-Being*: *The Foundations of Hedonic Psychology* 302—329(Daniel Kahneman et al., eds., Russell Sage Found. 1999).

服刑期的推进，服刑的痛苦会加速度减少，尽管单位时间监禁的成本守恒，但付出成本所带来的收益却在显著降低。

另外，“时长忽视”研究表明，相比时间的长度，惩罚的强度对感官惩罚严重性的影响更大。①实验中显示，由时长带来的痛苦遗忘速度很快，②相应地，不合理的建构刑罚体系，正如延长刑期一样，貌似会持续统一地增加惩罚度，但实际上，由于研究表明记忆强度很大程度上受结束时强度的影响，而环境适应效应也证明了强度会随着时间持续而下降，因此，很有可能刑期越长，惩罚效果越差。

这一心理学依据与刑罚体系有三个方面的相关性：首先，它表明，在定义一个单位的处罚量时，替代惩罚措施在转化为相应的监禁刑期时可能会比最初预想的量要少，并且随着刑期的加长，会越来越少，由于上文提到刑期结束时惩罚性会递减到最低，所以刑期最开始的 30 天监禁比第 100 天到第 130 天的监禁要“痛苦”，比第 1 000 天到第 1 030 天的监禁加倍“痛苦”，故监禁的刑期不能被惩罚力度所替代。因此，一个精心设计的处罚单位体系可能不会对徒刑刑期内的每一天一视同仁，而是加重早期惩罚的砝码，更多地用后期的刑期来交换替代惩罚措施。

第二，这一心理学依据还表明，为达到特别的威慑效果，也就是防止犯罪者再次实施犯罪，而设置加长刑期的做法是完全错误的。刑期越长，罪犯记忆中的痛苦就越轻，当他习惯监狱生活后，每一天都比前一天更加轻松。这样一来，无论是一天中的平均感官惩罚强度，还是刑期结束时的惩罚强度（即罪犯对服刑期间的印象）都会大幅下降。由于监狱管理良好，或者至少不那么严苛，再回到监狱似乎也没那么可怕。③

---

① Daniel Kahneman, *Objective Happiness*, *in Well-Being: The Foundations of Hedonic Psychology* 4(Daniel Kahneman et al., eds., Russell Sage Found. 1999).

② D. Redelmeier and Daniel Kahneman, *Patients' Memories of Painful Medical Treatments: Real Time and Retrospective Evaluations of Two Minimally Invasive Procedures*, 116 Pain 3(1996). Kahneman 总结了增加持续时间（例如痛苦的医疗程序）对后来报告事件反应的影响：这些实验的一致发现是，持续时间总是与全球评估的其他决定因素相关联，参与者似乎将其用作每个实验的一个次要额外之处（用于评估疼痛），就好像他们告诉自己“这一段是痛苦且漫长的”，或“这一段痛苦但短暂”。Daniel Kahneman, *Evaluation by Moments, Past and Future*, *in Choices, Values and Frames* 698(Daniel Kahneman & Amos Tversky, eds., Russell Sage Found. 2000).

③ See Paul H. Robinson & John M. Darley, Does Criminal Law Deter? A Social Science Investigation, 24 Oxford J. Legal Stud. 173(2004)，附件出自 http://www.law.upenn.edu/fac/phrobins/OxfordDeterrenceAppendix.pdf。

第三,心理学数据还表明,替代惩罚措施的实用性,特别是与监禁并罚的程度的替代惩罚,能够使犯罪者在监狱的痛苦变得更强烈。比如,一个被允许周末走出监狱的罪犯会周期性地感受到自由的滋味,那么当他再回到监狱的时候会比一直待在监狱内更痛苦。

第十章
重构民刑关系

我们前文提及的很多改革建议都有一个共同点,即民法能够为刑法上应得刑罚主义所追求的目标提供一个更好的机制。在第八章中,我们提议建立一个以行政违法体系代替违反行政法规或社团实体违法时的刑事责任。在第七章中,我们提出,针对许多行政机关侵权的案件,比起排除非法证据或驳回起诉,或许引入民事损害或行政制裁会更合适。在第六章中,我们提出了关于刑事监禁执行完毕后进行民事关禁的方案,这样的体系比起单纯将预防性拘留隐形于刑事体系的设置,是一个能够维护社会稳定并打击犯罪的更可靠、有效的方法。下面我们就这些提议进行详细的剖析。

第一节　以行政责任代替违反行政法规的刑事责任

美国通常采用行政程序来执行行政规章。刑事化行政犯罪的习惯,一方面是因为立法者呼吁更严格的制裁,另一方面是因为其存在与刑事责任中相契合的要件。我们能够理解加大惩罚力度的立法意图,但是如第八章所言,我们尚无法确定这一意图所必要或者所追求的是应用刑法。许多欧洲国家,包括德国、意大利和西班牙在内,都创设了一个替代性体系,对非刑事的"犯罪"或者"违法行为"进行定义并且通过行政机关对其进行制裁。①正如业界对此的描述:

参照德国违法法的规定,违法罚金最高可达一百万德国马克(约 6.5 万美

① See Guy Stessens, *Corporate Criminal Liability: A Comparative Perspective*, 43 Int'l & Comp. L.Q. 493, 503(1994); Gunter Heine, *New Developments in Corporate Criminal Liability in Europe: Can Europeans Learn from the American Experience—or Vice Versa?*, 1998 St. Louis-Warsaw Transatl. L.J. 173, 174.

金),罚金还包括对违法行为所得的没收。因此在一些特定领域,如反垄断,罚金可能会突破限制达到几百万马克。斯堪的纳维亚半岛的国家也在对违反发行标准等国家规定的处罚中引入了非刑事的金钱处罚。1987年,奥地利建立了没收违法所得利益的普遍权力,这一制裁通常被认定为一种特殊的救济,而非刑事罚金。①

在法国、比利时等其他国家,行政制裁建立在一个专门基础之上,在起草法律的过程中,这样做似乎十分合理。②比如1993年的比利时洗钱法,为防止银行洗钱,授权比利时银行管理局对违法银行处以不超过五千万比利时币(约158万美元)罚金的权利。③这些执行机关"既没有刑事处罚权也没有采取行政措施的权利",④因此,它们反映出的是社会性的谴责,这一点不应与刑事犯罪行为所反映出的更高的谴责性及更为严重的道德评估相混淆。⑤

这类行政机关在保留刑法在应得刑罚上的特别重视之外,还具有额外的优势。由于它们本质上不属于刑事体系,所以裁决程序不需要顾及刑事裁决体系中的一系列程序权利,虽然立法者如果认为这些程序性权利有效又合适的话,它们也当然能够得到维持。比如在德国法律体系下,"尽管行政机关能够处以罚金(Geldbussen),但上诉请求仍应送至刑事法庭",这样才能"保障辩护权"。⑥行政体系的管辖分配也有助于将"社会治安及'无被害人'等充斥美国刑事法庭并且恶化公安和检控裁量权问题"的案件从刑事司法程序中剥离开来。⑦除此之外,由于犯罪行为包含技术问题而最好由具备相关法规领域专业

① Idem at 174—175.针对德国没收规则通常可能超过限额的问题,Stessens指出"德意志联邦制裁"似乎在这方面保有纪录:因定价费用而被罚款2.24亿德国马克。Stessens, supra n.1, at 516.

② See Stessens, supra n.1, at 503.

③ See idem at 504.

④ Heine, supra n.1, at 174; idem at Stessens, supra n.1, at 503.

⑤ 不幸的是,欧洲近来也出现了令人不安的趋势,即遵循美国的监管犯罪和公司刑事责任模式。See Heine, supra n.1, at 175; See Eli Lederman, *Models for Imposing Corporate Criminal Liability: From Adaptation and Imitation toward Aggregation and the Search for Self-Identity*, 4 Buff. Crim. L. Rev. 641, 645(2000) Heine, supra n.1, at 177—178.)即便如此,这种趋势一直是有争议的:"从许多欧洲国家的角度来看……当国家过度使用镇压措施时,刑法的重要作用将大打折扣。刑事制裁与某些责任原则越脱离,刑法的惩罚性质失去的就越多。"Idem at 185—186.

⑥ Stessens, supra n.1, at 504 & n.50.

⑦ Richard S. Frase & Thomas Weigend, *German Criminal Justice as a Guide to American Law Reform: Similar Problems, Better Solutions?*, 18 B.C. Int'l & Comp. L. Rev.317, 320—321(1995).

知识的行政机关来处理的情况下，设置一个除了刑事法庭之外的执行机关也是社会的需求。①

在追究共同犯罪责任的情况下，行政处罚机制不需要遵循共同故意的要件，那样会带来许多复杂的问题，比如：当犯罪行为由一个人实施而不是共同实施时，这种共同犯罪什么情况下应当判定为替代性刑事责任。在判定引起共同责任的行为人、确定导致共同责任的行为的施行时间或所有人的行为都具备可责性的排除其他条件考量的情形时，行政制裁体系有着更高的灵活性。最后的这种优势，相比美国当前法律，可能显著轻微，因为法庭坚持雇主责任原则，允许刑事犯罪行为和共同犯罪可责性的扩大归罪。比方说，在当前美国共同犯罪规范下，一个人不必然同时具备犯罪的客观行为和主观状态两个要件，且即便在没有一个人有充分的犯罪主观目的的情况下，不同行为人的认知可能是达成合意的。②而且，一个共同犯罪体通常会对它的表意的③而非实际的代表群体的行为负责，甚至是不按事先合意而做出的行为。④但是显然，以上所有仅仅是强调了意图追究一个非人类的实体的刑事责任的复杂抑或是徒劳，以及设置共同犯罪责任的自相矛盾的条文如何与规制普通刑事责任的条文保持一致性。

我们无法相信这样一个行政制裁的方式可以在本国实行，但事实上，从某种程度上来说，这样一个体系已经存在了。⑤许多联邦机构被授权对违反行政法规的行为应用民事程序，同时也允许包括罚金、没收财产、停止政府补贴和许可、法令救济、驱逐出境⑥以及赔偿等在内的通常由刑事法庭应用于行政违法和共同犯罪案件的处罚措施。实际上，民事行政救济的制裁一般会比对应的刑事处罚更为有效，而这并不是因为执行机关的执行程序规定和举证责任

---

① See Stessens, supra n.1, at 502.

② See John C.Coffee, Jr., *Corporate Criminal Responsibility*, in 1 *Encyclopedia of Crime and Justice* 253(Sanford H.Kadish, ed., Gale 1983); Steven Walt & William S. Laufer, *Why Personhood Doesn't Matter: Corporate Criminal Liability and Sanctions*, 18 Am. J. Crim. L. 263, 266(1991).

③ See United States v. Bank of New England, N.A., 821 F.2d 844(1st Cir. 1987).

④ See United States v. Beusch, 596 F.2d 871(9th Cir. 1979); see Walt & Laufer, supra n.10, at 266.

⑤ See Kenneth Mann, *Punitive Civil Sanctions: The Middleground between Criminal and Civil Law*, 101 Yale L.J. 1795(1992).

⑥ See Laura J.Kerrigan et al., *Project: The Decriminalization of Administrative Law Penalties: Civil Remedies, Alternatives, Policy, and Constitutional Implications*, 45 Admin. L. Rev. 367, 387—395(1993).

更轻。正如批判家所言：

由于刑事程序中的举证责任太重而定罪的可能性又相对较小，短期监禁的处罚并不能够让人们自觉遵守法律，反而是金钱、财产或生意上的损失以及生活上的威胁更能够督促他们遵守政府法规……因为对于程序要求符合规定的案件，即便刑事责任下的惩罚可能会比民事责任的处罚更轻，陪审团通常也不愿意对共同行为作出有罪的决定。①

由于定罪率的降低，定罪后有机会摆脱监禁，加上即便执行彻底刑期仍短的监禁，刑事制裁在减少美国共同犯罪违法行为上收效甚微也就不值得惊讶了。

现行的刑事程序和救济附有多余的官僚主义和浪费，尽管联邦机构通常对违法者的违法行为进行初步审查，但一般无权开展刑事侦察，需将案件移送司法部审查起诉。②行政性质的民事强制措施比刑事强制措施的效果更加显著的原因并不止于此。上文提及的民事审查的程序要求以及证明责任相对更低是原因之一，出于这方面的考虑，行政程序倾向于高效办事。政府可以通过允许私力救济，使权利遭受侵害的公民代替政府或者作为政府代表提起诉讼，以此省去诉讼费用。因此最终民事诉讼中剩下的都是有高额金钱赔偿可能的案件。③

因此，弃用已设立的刑事机构，运用民事行政系统来惩治具有刑事特征的违法行为，赋予其管辖权，并设立比当前民事违法行为更严重的处罚，能够实现三个目标：第一，能够解决不触及社会道德的刑事案件导致的刑事、民事界限模糊及刑法道德权威降低的问题；第二，废除现行过于繁复的系统，依靠政府机构提起民事诉讼，由司法部提起刑事诉讼；④第三，改进后的民事系统能够提高程序和证明责任问题处理的灵活性。⑤与此同时，由于大多数能够施行这一机制的行政机关已经设立且拥有运作有序的执行和司法部门，执行这项提议可能不需要大动干戈，也不会导致大量新的官僚体制。

---

① Idem at 377—378.

② See Kenneth Culp Davis & Richard J.Pierce, Jr., 1 *Administrative Law Treatise* §4.3(3d ed., Aspen 1994).

③ See Kerrigan et al., supra n.14, at 374—377.

④ Cf. Mann, supra n.13, at 1865.

⑤ 这样改革可以给被告提供更好的保障，因为当机构对他们提起民事诉讼时，他们当下的刑事权利将被剥夺。关于宪法保护何时适用于民事监管执法程序的讨论，See Kerrigan et al., supra n.14, at 397—419。

其他国家的经验和先例启发我们：行政救济可以保证处罚充分并且能够预防违法行为的再度发生。因而我们没有理由为了执行与道德谴责关系微弱的法律条文而削弱刑法的效力。

第二节 在保证罪责刑一致的前提下减少警察及检察官的不法行为

在第七章中，我们讨论了各种违反应得刑罚主义的法条和救济措施，比如第四修正案和第五修正案中为抑制检察官和警察的不法行为而设置的证据排除规则和快速审理原则。我们对这些原则是否在实践中实现了其立法目的保持怀疑，但是即使这些原则阻止了检察官和警察的不法行为，也依然不能保证它们行为的正当性，这些原则应当仅仅在其他方式无法达成目的时适用。而事实上，替代性的、未偏离应得刑罚主义的机制是可以适用的，且能够在保证应得刑罚的基础上达到控制检察官和警察权利的目的。

一个常用来阻止警察不法行为的措施是要求违反程序的官员真正地为自己的行为负责，要么给予权利受侵害方以赔偿金，要么向行政机构缴纳罚金。无数学者曾提出过关于这一方式的各种构想，特别是将其作为第四修正案证据排除规则①的替代性措施。国会上曾提出过一个以警察民事赔偿救济替代第四修正案证据排除规则的法案，但并没有被通过。②另一个提案建议令刑事违法者获得减刑，而不是排除该项程序不正当的证据，以便即使没有证据排除的救济也能够保证诉讼的基础。③（我们认为这一方案不甚合理，因为它仍然会导致偏离应得刑罚的后果，即便是不那么严重的偏离。我们提到这个方案仅

---

① See, e.g., L. Timothy Perrin et al., *If It's Broken, Fix It: Moving beyond the Exclusionary Rule*, 83 Iowa L. Rev. 669, 743—753(1998); Christopher Slobogin, *Why Liberals Should Chuck the Exclusionary Rule*, 1999 U. Ill. L. Rev. 363; Akhil Reed Amar, *Fourth Amendment First Principles*, 107 Harv. L. Rev. 757, 811—816(1995); Stephen J. Markman, *Six Observations on the Exclusionary Rule*, 20 Harv. J. L. & Pub. Pol'y 423, 427—429(1997); Donald Dripps, *The Case for the Contingent Exclusionary Rule*, 38 Am. Crim. L. Rev. 1(2001). *Symposium on Reform of the Exclusionary Rule*, 26 Pepp. L. Rev. 789(1999). Wayne R.LaFave, 1 *Search and Seizure: A Treatise on the Fourth Amendment* § 1.2(4th ed.,West 2004).

② See S.3, 104th Cong. 507(b)(1995).

③ See Harry M. Caldwell & Carol A. Chase, *The Unruly Exclusionary Rule: Heeding Justice Blackmun's Call to Examine the Rule in Light of Changing Judicial Understanding about Its Effects outside the Courtroom*, 78 Marq.U. L. Rev. 45(1994).

仅是因为它相比那些坚持权利侵害影响刑事处分的观点，是更加合理的方案。）类似的有关讯问程序的提案，不比搜查和逮捕的方案多，但也有一些，比如明尼苏达州法律规定：执法者如果在捕前讯问中剥夺了被讯问者会见律师的权利，他应当向被讯问者支付100美元的罚金。①

这一领域的相关文献十分详尽，与其搜索这些资料可能会存在对一些方案断章取义的概括总结，不如参考其相关读物的内容。②虽然我们不会针对性地讨论每个提案的优点，但我们能够就提案如何减少应得刑罚的偏离得出一个概括性的发现。

首先，尽管替代救济方案都是围绕第四修正案的证据排除规则提出的，但其并非不可能完全替代诱使犯罪辩护或违反快速审理原则的救济。这一系列原则的设置有一个共同的目标，即防止案件相关机关的不法行为或滥用职权，而以一个能够实现此目标的原则，加以修改，令其能够代替其他所有的原则发挥作用，这完全是可以实现的。不论是排除了艾勒（Eyler）杀人案③中关键证据的证据排除规则，还是令贩毒的德洛雷安（DeLoren）得以无罪释放的诱使犯罪辩护，都成功地使通过违法程序抓捕他们的警察得到了惩罚，而不是基于缺乏可责性的原因免除其刑事责任。金钱或者行政制裁能够在不影响诉讼的基础上制裁违反程序法的警察。

第二，这样一种制裁检察官和警察不法行为的替代体系不仅适用于侵犯犯人权利的案件，还适用于侵犯犯人之外的其他人权利的案件，这一点不同于现行的证据排除规则、快速审理原则或诱使犯罪辩护，后者只保护像艾勒或者德洛雷安这样需要辩护或者排除证据的犯罪者。有人抨击说，对于这些原则仅服务于犯罪者的批评是具有错误引导性的言论，并宣称由于原则的重心在于预先对不法行为的阻止而非事后对权利遭受侵害一方的赔偿，所以这些原则实际上实践了第四修正案并使我们的权利免受侵害，能够保障所有人的利

---

① See Minn. Stat. §481.10; see also Peter Erlinder, *Getting Serious about* Miranda *in Minnesota: Criminal and Civil Sanctions for Failure to Respond to Requests for Counsel*, 27 Wm. Mitchell L. Rev. 941(2000).然而，虽然明尼苏达州的法定民事补救措施比米兰达规则早近90年，但似乎私人原告在历史上只有一次获得了赔偿，而该裁决还在上诉时被推翻了。详见 Mullins v. Churchill, 616 N.W.2d 764(Minn. App. 2000)；另见 Erlinder, idem at 952—960(讨论 *Mullins* 案)。

② 对于这几个问题的讨论其自身也引用了许多文献，see works cited supra nn.20—23 and in chapter 7 nn.11—19, 25—28, 139—143。

③ 见第七章。

益。[①]诚然，这是宪法的自我辩护，抑或是为防止政府滥用权力总目标的辩护，而非为证据排除规则所作的辩护，但是，任何提供有效的预先手段防止公安机关不法行为和有效执行宪法授权的救济措施都能够做到这些。另外，无论立法的目的为何，我们无法质疑的是现行原则的一个功用（或主或辅）是提供且只为犯罪者提供事后救济措施。

第三，这些替代性救济措施能够实际提供救济，不仅仅只是一个行为规范准则。一般来说，法律救济既包括事前的预防也包括事后的赔偿，或是对过去不法行为的补救，但是证据排除规则并未遵循这一模式，只是提供了事前预防。证据排除规则并非为了向违法行为受害者提供救济而设，如果那样的话，它就没有多少存在的意义，如同例外情形中“善意”犯罪行为中的受害者并得不到救济一样。[②]

认识到这些规则并不是为了提供赔偿措施从某种程度上而言是一种安慰，因为它们在这方面基本没起到什么作用。正如我们前面提到的，它们只救济犯罪者，这表明尽管《权利法案》的真正目的在于保护包括守法公民在内的所有人的自由免受不合理的侵犯，但它的存在实际上只防止了对违法者不适当的定罪。然而因为毫无依据的搜查被拘留或者受到侮辱的守法公民实际上应当获得与拉里·艾勒这种因罪行被发现才受到侮辱的人同等数额或更多的赔偿。相应地，寻找一种与一般救济无异的救济途径就十分有意义了，也就是既可以作为事后寻求赔偿的途径也可以作为事前行为规范准则。直接由侵权机关赔偿金钱给权利遭受侵害的公民能够避免证据排除规则的立法目的与其实际效用之间的不符。

最后，最重要的争议并不在于替代性救济措施能否越过第四修正案适用，也不在于它能否对受害方发挥效用，而是在于其能否实现比现行原则更彻底和直接的防止不法行为的中心目标。基于这种考量，替代性救济措施必须首先表明现行的救济措施——证据排除规则、确认辩护的无罪以及驳回起诉——存在一定的缺陷。[③]

毋庸置疑的是，如果侵权的机关工作人员将会被追究个人责任，那么他们

---

① See, e.g., 1 LaFave, supra n.20, § 1.2(a) at 30—31.

② See United States v. Leon, 468 U.S. 897(1984). William A. Schroeder, *Restoring the Status Quo Ante: The Fourth Amendment Exclusionary Rule as a Compensating Device*, 51 Geo. Wash. L. Rev. 633, 636(1983); Jerry E. Norton, *The Exclusionary Rule Reconsidered: Restoring the Status Quo Ante*, 33 Wake Forest L. Rev. 261(1998).

③ 见第七章。

肯定会尽可能地避免不法行为。事实上,这种替代性的监管机制没能得到实施的一个考虑是担心它们太过于有效,以至于公安机关因此瘫痪并导致犯罪率上升。①但是我们可以构思一种妥协方式,即令公安机关和检察机关的违法行为得到与普通违法行为同样的公平的判决,这样一来,对其不法行为的防止便不至于太过严厉。(需注意的是,这是在防止不法行为的措施确实有效存在的情况下的建议:给相关官员以可执行的行为标准。)

对于惩罚侵犯个人权益官员的法律制裁,无论是直接制裁还是通过推动制度改革令其对此负有责任,②更重要的可能是给这些官员一个能够真正地学习和遵守搜查逮捕相关法律的强大动力。这能够真正地保证他们提高对相关法律,或至少是其中一些方面的知识的熟悉程度,因为被指控侵权的官员将是决定其搜查过程是否适当的法律程序的当事人。到那个时候,公安人员最多也就是不了解规制其行为的庞杂繁复的宪法条文罢了。③

如果我们重视正义的价值,那么探索这样一种能够监管公安机关行为又不歪曲正义的替代性措施就是值得的。

第三节　廓清危险性与可责性的界限

如我们第六章所讨论过的那样,当前的刑事司法体系在实现对无行为能力人的价值目标时,可能会混淆预防性地拘留具有社会危险性的行为人与惩罚性地拘留犯罪者之间的区别。但是惩罚与预防是适用拘留条件不同的两种功能,其适用的程序也不同。如果试图令一个系统来行使这两种功能,则会导致两方面都无法发挥效用的后果。在当前混合体系下,通过在"三振出局"法中的应用,预防性拘留被隐藏在了刑事司法程序中,但无论在司法公正方面还是社会稳定方面都存在很多问题。④

---

① See, e.g., Perrin et al., supra n.20, at 732 n.452; William C.Heffernan & Richard W.Lovely, *Evaluating the Fourth Amendment Exclusionary Rule*: *The Problem of Police Compliance with the Law*, 24 U.Mich. J.L.Reform 311, 361(1991).

② See, e.g., 1 LaFave, supra n.20, §1.2(f).

③ See, e.g., Perrin et al., supra n.20, at 728—729; Heffernan & Lovely, supra n. 30, at 333—334.

④ 见第六章;see Paul H. Robinson, *Punishing Dangerousness*: *Cloaking Preventive Detention as Criminal Justice*, 114 Harv. L. Rev. 1429, 1438—1442(2001); Christopher Slobogin, *A Jurisprudence of Dangerousness*, 98 Nw. U. L. Rev. 1(2003)(hereinafter Slobogin, *Jurisprudence of Dangerousness*); cf. Christopher Slobogin, *The Civilization of Criminal Law*, 58 Vand. L. Rev.(forthcoming 2005).

另外，我们没有必要牺牲一个来成全另一个，因为司法公正和社会稳定之间的矛盾能够通过分离这两者而得到很好的解决：设置一个专注于处罚过错的刑事司法体系，和一个仅为预防犯罪的刑事监禁后的民事关禁体系。这一提案的着力点在于不以司法公正作为刑事司法体系唯一的标准，而这是绝大多数外行人眼中刑事司法体系所应当追求的和其应当具有的功能，因此困难之处就在于如何以开放认知的预防拘留体系替代之。

预防性拘留措施有先例可循，许多国家如今都有各种以民事关禁形式来维护社会稳定的措施。大多数司法机关允许对具有社会危险性的人如精神病人、吸毒者或传染病患者采取民事关禁措施。[①]而且许多国家目前设有对"性爱狂魔"[②]的刑事监禁后续的民事关禁措施。在这种民事关禁程序下，犯罪者如果服刑期结束后仍表现出一定的社会危险性，政府有权决定对其执行拘留。（但此处不同于我们提案中的意见，当前对"性爱狂魔"的立法并没有在设置其刑期时排

---

① 授权对危险精神病患者施行拘留的法规，See, e.g., Conn. Gen. Stat. Ann. §17a—498; Idaho Code §66—329; La. Rev. Stat. Ann. §28:55; Mass. Ann. Laws ch. 123, §12; Minn. Stat. §253B.02, subd. 13, 17; Mo. Rev. Stat. §552.040; N.H. Rev. Stat. Ann. §135—C:34; N.J. Stat. Ann. §30:4—27.1; N.Y. Mental Hyg. Law §9.37; Utah Code Ann. §62A-5-312; Wash. Rev. Code §71.05.280; Wis. Stat. §51.20; Wyo. Stat. Ann. §25-10-101。授权对患有有传染病的人实施拘留的法规，见 e.g., Ala. Code §22-11A-10（肺结核），-14 & -18（性传播疾病），-24（法定传染病）；Colo. Rev. Stat. §25-1-650（传染病）；Del. Code Ann. tit. 16, §505（传染病）；Fla. Stat. ch. 384.28（性传播疾病）；Haw. Rev. Stat. §325—8（传播性、传染性或其他危害公共卫生的疾病）；Iowa Code Ann. §139.3（传染病）；Kan. Stat. Ann. §65—128（传播性或传染性疾病）；Minn. Stat. §144.4180（传染病）；N.H. Rev. Stat. Ann. §141—C:11（传染病）；N.C.Gen. Stat. §130A—145（传染病）；Ohio Rev. Code Ann. §3707.08（传染病）；R.I. Gen. Laws §23-8-4（传染病）；Tenn. Code Ann. §68-5-104（传染性或传播性疾病）；Wis. Stat. Ann. §143.05（传染病）。For statutes authorizing detention of persons with a chemical dependency, see, e. g., Cal. Welf. & Inst. Code §§3000—3111; D.C. Code Ann. §§24—601 to-611(1992); Minn. Stat. §253B.02, subd. 14(1990); S.C. Code Ann. §§44-52-50 to-210.授权对吸毒者实施拘留的法规，See Paul H. Robinson, *The Criminal-Civil Distinction and Dangerous Blameless Offenders*, 83 J.Crim. L.& Criminology 693, 712 n.59(1993)。

② 第一个这种类型的法规是 Wash. Rev. Code §71.09(1991)。其他州也随之制订了相似法律。See e.g., Iowa Stat. §709C.2(4); Kan. Stat. Ann. §59—29a01; Minn. Stat. §253B.02(18b); Wis. Stat. §980.堪萨斯州法规的合宪性在 1996 年 12 月遭到质疑。当时有五个州还有这种规定——亚利桑那州、加利福尼亚州、明尼苏达州、华盛顿州和威斯康星州——包括新泽西州和纽约在内的三十八个州提交了法庭简报，敦促最高法院维护法律。See Kansas v. Hendricks, 521 U.S. 346, 371(1997).堪萨斯州法令是在发现现有的民事非自愿承诺程序不足以应付某些性犯罪者对社会的危害性的情况下颁布的："性暴力者通常具有反社会人格特征，不适合现有对精神疾病治疗的方式，而正是这些特征使他们倾向于从事性暴力行为。性暴力者从事重复性暴力行为的可能性很高。"Kan. Stat. Ann. §59—29a01 (as enacted by L. 1994, ch. 316, §1).

除对社会危险性的考量。此例中的情形相比隐藏的预防拘留体系中所附随的详细体系，其对拘留的惩罚性和预防性的区分更为模糊。)

尽管存在这样的先例，我们仍应当考虑建立一个更大的预防拘留专门体系。一个很紧迫的担忧在于刑事监禁后的民事关禁可能会被认定为违宪。尽管民事关禁领域的范围近期得到了少许拓宽，但若要适用该措施，除了对社会危险性的认定之外，还需要一些其他因素，如精神上的异常。①但这样会导致一个不合常理的后果：以对危险杀人犯的周期危险性调查阻碍民事关禁的适用，却又允许基于预防犯罪的需要对罪行轻微的诈骗犯处以不得假释的无期徒刑。②

抛除合宪性问题不谈，有些人单纯地认为拘留体系令人不舒服且十分危险，我们理解这种担忧。古拉格群岛政府潜在的权力滥用是公认的事实，但我们必须清楚现行刑法体系下这些问题和实际存在的权力滥用现象达到了怎样的程度。举个例子，部分预防性拘留的不好传闻源自对其于犯罪行为发生前施行惩罚的量的质疑。虽然同样的质疑也可能针对实际预防拘留的当前体系提出，因为其对犯罪定义的扩大解释或者在判决中单纯为了预防犯罪的目的可能使得惩罚远超过应得刑罚。通过将预防性拘留设置在刑事司法体系下以模糊掉其预防性特征的做法，可能会减少对这一问题的公开争议和缓和公众的激动情绪，但并不能改变这种监禁是基于对尚未发生的犯罪行为的恐惧基础之上判处的。

最后，有些人可能不无依据地怀疑民事关禁体系在准确预测犯罪者危险性和威胁性方面的能力。当前情况下，尽管专家的预测力随着时间的经过一直在提升，但我们不得不承认，其根据经验预测可能再次实行犯罪行为的犯罪者的准确力十分有限。③但是当前隐藏在刑事监禁体系下的预防拘留起到的作用也是微乎其微，因为它不考察每个犯罪者的个人危险性，而是简单粗暴地令所有在目标群体内的犯罪者都受到加重刑罚的惩罚。目标明确、手段与目标相一致的民事关禁体系，相比现行的体系，能够很大程度地减少因“错误信息”

---

① See Kansas v. Hendricks, 521 U.S. 346, 358(1997)(citing Heller v. Doe, 509 U.S. 312, 314—315(1993); Allen v. Illinois, 478 U.S. 364, 366(1986); Minnesota ex rel. Pearson v. Probate Court, 309 U.S. 270, 271—272(1940)).

② See Rummel v. Estelle, 445 U.S. 263(1980).

③ See e.g., John Monahan et al., *Rethinking Risk Assessment*: *The MacArthur Study of Violence and Disorder* (Oxford 2001); Slobogin, *Jurisprudence of Dangerousness*, supra n.33, at 9; idem n.32).

而设置的不必要的拘留。并且如果对危险性评估的预测准确性过低，那么其错误将必须被明确列出并改正。在现行体系下，无正当理由给予犯罪者最长期限监禁的行为即便经由“三振出局”法或其他法律证明不合理，政府也不对此负有任何责任。

无论如何，对当前隐藏预防性拘留体系的替代改革是值得我们冒着风险去探索的，对社会、对可能被处以拘留的人，都是有好处的。①

社会最好支持这一体系，因为这样一种显性的预防性拘留体系能够给司法公正提供保障，同时还能够保障社会不受危险犯罪者的威胁。给予刑事司法体系一个推动司法公正的更好的机会，对其自身有很大价值，且能够为体系带来更好的道德信用，并进一步拥有更强的对犯罪的长期控制力。显性预防拘留体系能够为社会提供更好的保护，因为在该体系下个人的危险性能够得到直接考察，是否具有危险性的评估结果将会更加准确。周期性的复查能够进一步保证评估的准确性，这一点不同于现行体系下需要提前数年对危险性作预测的规定。更高的准确性意味着对危险分子更高的拘留率和大量减少的不必要的拘留，从而对社会的保障得到提高，同时也减少了资源浪费和不必要的自由侵犯。

基于同样的原因，界限明确、显性的预防拘留体系也将惠及可能的被拘留者。评估的准确性提高意味着大大降低对不具有危险性的公民的拘留率，周期性的复查意味着仅针对实际具有危险性的时期施行拘留，一旦危险性消除，拘留也会随之结束。但是如果拘留措施在“三振出局”法中被认定为属于其所犯罪行的应得刑罚，就没有进一步达到前述拘留要求的必要了，且事实上现今并没有这种再评估。取而代之的是通过将拘留藏在应得刑罚面具下来逃避周期性的审查。

另外，对拘留预防性本质的公认能够推断出拘留中被拘留人拥有不受到惩罚性对待的权利，并且拘留应遵循最小限制原则，也就是被拘留人应有充分的自由。当公民因出于保护社会利益的目的而不是应得刑罚被拘留时，拘留条件便应当然地排除惩罚性。但当拘留是出于应得刑罚时，犯罪者就无权质疑拘留环境的惩罚性了，因为监禁的目的就在于在保证犯罪者尊严的前提下对其施加痛苦。将预防性拘留隐藏于惩罚之中，这样一来，现行的体系便无需为其惩罚性的拘留环境遭受质疑。进一步说，拘留中对人身自由限制的程度

---

① See Robinson, supra n.33.

应当被限制在社会安全需要的最低限度内，如果施行软禁、锁踝链、戒毒或其他监禁措施足以为社会安全提供充足保障，就应当排除适用更高的限制措施。但是因为应得刑罚不适用这样的最低限制原则，现行体系规定拘留机关不必证明其所施加的拘留是保障社会安全基础上的最低限度。

除了这一系列原因，显性预防拘留体系应当尽量规制得精细化，其运作程序最好向社会公开，毕竟没人能保证立法机构或者法院不滥用权力。但是要诟病一个透明度高的体系要难得多，体系开放性预防的本质令其必然将遭受严格的监察，也应当受到严格的监察，而这正是现行体系所规避的。现在学界所争议的，也即不赞同的，如惯犯的刑期是否过长等问题将被预防拘留引出的新的值得讨论的问题所取代：危险性预测参照的因素有哪些？具有威胁性是否足以构成限制人身自由的充分理由？是否有成本更低或者对权益损害更小的有效措施？这些都是现行隐性体系所规避掉的问题。

试想如拉梅尔(Rummel)案中处置的那样，立法机构意图在于通过对显性预防拘留的立法，以使得政府得以对情节轻微的诈骗犯罪处以终身性拘留的第三次定罪。[①]这样立法会导致辩护困难，且不易寻求政治角度的支持。我们甚至可以猜想一下拉梅尔若被执行预防性拘留的话，最高法院对此的意见。不适用假释的无期徒刑在刑事司法体系中很常见，特别是对人性泯灭的犯罪行为，更是应当给予重判，因此公众普遍能够接受刑事案件中的无期徒刑判决，但是在民事预防性拘留中，若判处被拘留者以终身性拘留且不对其危险性作进一步审查的话，就无疑是十分荒谬的了。

总而言之，如果政府在施行预防性拘留时有滥用权力的危险，那么隐藏在刑事司法体系中的预防性拘留无疑将放大这种危险。

---

① See Rummel v. Estelle, 445 U.S. 263(1980).

结　论

在纷繁复杂的社会生活中实现公平正义

本书提出了几个基本主张。其一，实现公平正义是十分重要的——这不仅是出于执行正义本身，还因为怠于主持公正除对刑事司法系统产生不可捉摸的道德损耗之外，还会产生实际代价。其二，尽管实现正义是重要的，刑法有时却会出于一些自认为良好的理由来做其他的事。

具体而言，我们确定了八项刑法所孜孜追求的总体目标，探索了其中之一的“正义”（或言，应得刑罚）与其他七者之间的冲突。在调查原因以及何者可能会是与应得刑法相冲突的规则的过程中，我们做了三件事：其一，我们调查并列举了这些刑法原则各自渴求的目的；其二，我们对这些可能会与应得刑罚相悖的具体原则进行了分类整理；其三，我们提出了一些建议，助其消灭或减少与应得刑罚之间的分歧。

这种分歧所导致的后果是真实存在的，我们以毒品法律与毒品政策为例。在涉及毒品犯罪的政策领域内，无论是实质性的刑事禁令还是执法方式都与应得刑罚有着大量偏离。如此，会使民众丧失对毒品法律乃至整个刑事司法系统的信赖，可预见性地导致维护法律权威难上加难——

首先，很多毒品犯罪缺乏普通案件中的核心罪错因素。例如，拥有毒品但不实施相关犯罪就已经构成毒品法律惩治的对象；此外，一些毒品犯罪的关键构成要件只具备极少甚至没有可谴责性，比如拥有毒品的数量。这些规则的适用可能会引起人们对滥用的担忧（第二章）以及政府增强可信度的困难（第三章）。

其次，其执法实践也与应得刑罚有着背离。考虑到我们在第四章所说的资源限制，执法部门不可能将每一名罪犯都绳之以法。警方倾向于去那些罪犯容易出没的地点搜寻，这就意味着警方会在那些容易发生毒品交易但收入低廉、种族杂乱的地区投入不成比例的高度关注。①此外，我们在第七章讨论的非法证据排除规则也非常容易受到毒品犯罪的影响，其反过来也会影响警方与毒品之间的战争。还有，因为毒品犯罪通常是你情我愿的行为，通常还会以规模庞大、涉及人数众多为典型特征，我们在第四章所提起的证人豁免制度在毒品犯罪中便有了用武之地。然而，一旦适用证人豁免制度，有些罪犯可能就会因为其他耍了小聪明的同伙提供的证词而受到严厉的惩处，但与其罪错相当的幸运同伙则受了一点儿处罚甚至免受处罚。

最后，一旦涉毒罪犯被捕，其受到的处罚往往是非常严苛的。就算承认毒品犯罪是极其严重的罪行，其结局纯属罪有应得，我们依然难以赞同联邦刑事司法系统对于毒品犯罪的惩处结果，将其刑期与其他严重罪行相比时，毒品犯罪的量刑经常超越了大众有关合理性的基本认知。②的确，毒品的量刑考量似乎完全不在意与应得刑罚相悖，而是意在实现我们第六章所讨论的震慑以及剥夺再犯能力的目标。③

这样的结局是什么呢？有关毒品的严刑厉法反而经常被违反，在依据法律严打毒品犯罪的地区，人们反而会对刑事司法系统的合法性存疑。因为那些遵守毒品法律的人看起来是生活在一个刑事规则与人们的应得刑罚毫无关联的世界。如此这般，我们又怎么会意外民众对司法系统不够公平的抱怨呢？④总览全书，我们已经反复说过，刑事司法系统在民众视野下可信度和合法性的降低将会危及法律的权威以及其获得遵从的能力。⑤

在与毒品犯罪旷日持久的战争中，一直以来，我们都情愿牺牲应得刑罚来换取其他诸如威慑、剥夺再犯能力等目标的实现，其结果就是我们反而可能失去我们最厉害的武器：一个正义的法律体系所具有的得到尊重、促进遵从的能力。⑥最坏的可能则为，犯罪率没有降低，而出于实现更强威慑的需要又继续增强执法力度和惩治水平，最终进一步损害了刑事司法系统的道德信赖，人们的

① See William J.Stuntz, Race, Class, and Drugs, 98 Colum. L. Rev. 1795, 1820—1821(1998).

② Kevin Reitz, American Law Institute, Model Penal Code: Sentencing: Plan for Revision, 6 Buff. Crim. L. Rev. 525, 596(2002).

③ See Paul Butler, Retribution, for Liberals, 46 UCLA L. Rev. 1873, 1884—1888 (1999). See also Paul Butler, Much Respect: Toward a Hip-Hop Theory of Punishment, 56 Stan. L. Rev. 983, 1003—1004 & nn.117—119(2004).

④ See Stuntz, supra n.1, at 1826—1827 & nn.73—75.

⑤ Idem at 1829, 1831—1832.

⑥ See generally idem at 1825—1832.

遵从意愿只会不升反降。

我们的讨论并不是说，那些与应得刑罚相偏离的规则都是不可接受的。我们只是在努力甄明牺牲正义的代价，以及检验是何种规则招致了这些代价：有些规则并不是不可避免的；有些规则却自身就很有问题；还有些规则可以用更贴近应得刑罚的方式替换；但更多的是，对于许多规则而言，我们并不清楚其实施的代价和提供的利好。我们的目的便是指出，我们当前所知着实浅鄙，需要更多的实证研究予以探寻。

我们并不奢望该书能够完全解决所有，甚至哪怕一个有关这些规则的争论。没有哪种方法能够完全消除法律与应得刑罚之间系统性以及偶发性的偏离。但是，通过厘清这些争论的条款，我们可能会得出能够更好地平衡刑事司法系统所追求的诸多目标的改革建议。这些对于刑法之目的、问题的悉心列举以及详尽分类，能够帮助相关人士更清楚地理解其原因，尽量减少问题。

后　记

本书及其翻译过程在很大程度上是教学与科研互动的结果和探索。我在为研究生开设的《刑法总论》、《刑法分论》等专题研讨课教学工作中，深刻感受到同学们对于阅读研究英语原著、论文的兴趣与热情。适逢正在推进宾夕法尼亚大学法学院罗宾逊教授经典专著《失义的刑法》的翻译工作，我便组织了8位英语专业八级的法律硕士研究生成立翻译小组，历时一年，完成了本书的翻译。本书翻译分工情况如下——谢杰（导论、第一章、第四章）、葛蔡铭（第二章）、吴洁如（第三章）、杜岚（第五章）、高一凡（第六章）、陈子薇和修晓萌（第七章、排名不分先后）、李王方衍（第八章）、尹一炜（第九章、第十章），最后由我校对、统稿。我们对本书付出了诸多努力，但由于水平有限，不足之处在所难免，希望读者批评指正，也期待着未来在“教”、“学”、“研”的互动中取得更多成果。

谢　杰

2018年6月8日于上海

图书在版编目(CIP)数据

失义的刑法/(美)保罗·罗宾逊
(Paul H.Robinson),(美)迈克·卡希尔
(Michael T.Cahill)著;谢杰等译.—上海:上海
人民出版社,2018
(海外法学译丛)
书名原文:Law Without Justice: Why Criminal
Law Doesn't Give People What They Deserve
ISBN 978-7-208-15248-9

Ⅰ.①失… Ⅱ.①保… ②迈… ③谢… Ⅲ.①刑法-
研究 Ⅳ.①D914.04

中国版本图书馆CIP数据核字(2018)第126393号

责任编辑 秦 堃 史尚华
封面设计 一本好书

失义的刑法
[美]保罗·罗宾逊 迈克·卡希尔 著
谢 杰 等 译

出　版 上海人民出版社
(200001 上海福建中路193号)
发　行 上海人民出版社发行中心
印　刷 常熟市新骅印刷有限公司
开　本 720×1000 1/16
印　张 14.25
插　页 2
字　数 230,000
版　次 2018年7月第1版
印　次 2021年7月第2次印刷
ISBN 978-7-208-15248-9/D·3234
定　价 58.00元

“独角兽法学精品”书目

《美国法律故事：辛普森何以逍遥法外？》
《费城抉择：美国制宪会议始末》
《改变美国——25个最高法院案例》
《人工智能：刑法的时代挑战》
《链之以法：区块链值得信任吗？》
《上海法制史（第二版）》
《人工智能时代的刑法观》
《无罪之罚：美国司法的不公正》
《告密：美国司法黑洞》
《推开美国法律之门》
《美国合同法案例精解（第6版）》
《美国法律体系（第4版）》
《正义的直觉》
《失义的刑法》
《死刑——起源、历史及其牺牲品》
《制衡——罗伯茨法院里的法律与政治》
《弹劾》

人工智能
《机器人是人吗？》
《谁为机器人的行为负责？》
《人工智能与法律的对话》
《机器人的话语权》
《审判机器人》
《批判区块链》
《数据的边界：隐私与个人数据保护》
《驯服算法：数字歧视与算法规制》
《人工智能与法律的对话2》

区块链
《人工智能治理与区块链革命》

德国当代经济法学名著
《德国劳动法（第11版）》
《德国资合公司法（第6版）》
《监事会的权利与义务（第6版）》